高校思想政治教育治理引论

冯 刚 王 振 等著

团结出版社

图书在版编目（CIP）数据

高校思想政治教育治理引论 / 冯刚，王振著 . -- 北
京：团结出版社，2022.9
　ISBN 978-7-5126-9638-9

　Ⅰ . ①高… Ⅱ . ①冯… ②王… Ⅲ . ①高等学校 – 思
想政治教育 – 研究 – 中国 Ⅳ . ① G641

中国版本图书馆 CIP 数据核字（2022）第 172233 号

出　　版：团结出版社
　　　　　（北京市东城区东皇城根南街 84 号　邮编：100006）
电　　话：（010）65228880　65244790（出版社）
　　　　　（010）65238766　85113874　65133603（发行部）
　　　　　（010）65133603（邮购）
网　　址：http://www.tjpress.com
E-mail：zb65244790@vip.163.com
　　　　　tjcbsfxb@163.com（发行部邮购）
经　　销：全国新华书店
印　　装：三河市东方印刷有限公司

开　　本：170mm×240mm　　16 开
印　　张：16.75
字　　数：241 千字
版　　次：2022 年 9 月　第 1 版
印　　次：2022 年 9 月　第 1 次印刷

书　　号：978-7-5126-9638-9
定　　价：58.00 元

丛书编委会

主　编： 冯　刚

副主编： 吴满意　吴增礼　张小飞　吴成国

编　委（以姓氏笔画为序）：

王习胜　王　振　邓卓明　代玉启　白永生　冯　刚　成黎明　严　帅

李　明　李　琳　吴满意　吴增礼　张小飞　吴成国　张　智　罗仲尤

赵　君　胡玉宁　钟一彪　秦在东　徐先艳　谈传生　龚　超　鲁　力

谢成宇　谢守成

《高校思想政治教育治理研究》丛书
前　言

新时代高校思想政治教育治理研究从初步兴起到不断发展，逐渐成为高校思想政治教育研究的重要内容构成，是思想政治教育研究因事而化、因时而进、因势而新的发展结果，也是思想政治教育研究聚焦教育规律、思想政治工作规律、学生成长规律的发展结果。总的来说，遵循国家治理体系和治理能力现代化建设的战略部署，适应新时代思想政治教育治理理念政策的创新发展，回应思想政治教育实践的现实需求，是新时代高校思想政治教育治理研究兴起的三大重要因素。①

首先，开展高校思想政治教育治理研究是遵循国家治理体系和治理能力现代化建设战略部署的必然要求。

习近平总书记在中央全面深化改革领导小组第十二次会议上指出："要高度重视思想政治工作，改革推进到哪一步，思想政治工作就要跟进到哪一步。"② 今天，我们处在全面深化改革的历史阶段。2013 年 11 月，十八届三中全会通过的《中共中央关于全面深化改革若干重大问题的决定》指出，全面深化改革的总目标是完善和发展中国特色社会主义制度，推进国家治理体系和治理能力现代化。2017 年 10 月，党的十九大报告提出："必须坚持和完善中国特色社会主义制度，不断推进国家治理体系和治理能力现代化，坚决破除一切不合时宜的思想观念和体制机制弊端，突破利益固化的

---

① 冯刚等：《新时代高校思想政治教育治理论》，中国社会科学出版社 2021 年版，第 41 页。
② 《习近平主持召开中央全面深化改革领导小组第十二次会议强调：把握改革大局　自觉服从改革大局　共同把全面深化改革这篇大文章做好》，《人民日报》2012 年 5 月 6 日。

藩篱，吸收人类文明有益成果，构建系统完备、科学规范、运行有效的制度体系，充分发挥我国社会主义制度优越性。"① 可见，中国特色社会主义进入新时代，治理的意义和价值也愈加显现，特别是党的十八届三中全会将"完善和发展中国特色社会主义制度，推进国家治理体系和治理能力现代化"作为全面深化改革的总目标后，有关国家治理现代化的论题更是成为学界关注的焦点。对思想政治教育治理现代化，乃至高校思想政治教育治理现代化的理论诉求蕴含其中。②

2019 年 10 月，党的十九届四中全会通过了《中共中央关于坚持和完善中国特色社会主义制度、推进国家治理体系和治理能力现代化若干重大问题的决定》，总结了国家制度和国家治理体系的优势，强调要加强制度理论研究和宣传教育，提出"加强和改进学校思想政治教育，建立全员、全程、全方位育人体制机制"。《决定》拓展了高校思想政治教育治理研究的视域，也使高校思想政治教育治理现代化研究有了直接的理论遵循。③2021 年 7 月，中共中央、国务院印发《新时代加强和改进思想政治工作的意见》提出，要"加强学校思想政治工作，加快构建学校思想政治工作体系，实施时代新人培育工程，完善青少年理想信念教育齐抓共管机制，培养德智体美劳全面发展的社会主义建设者和接班人"。这些都对构建新时代高校思想政治教育治理体系提出了新要求，也对加强新时代高校思想政治教育治理的研究提出了新任务。

其次，开展高校思想政治教育治理研究是适应新时代思想政治教育治理理念政策的创新发展，推动高校思想政治教育高质量发展的客观需要。

党的十八大以来，以习近平同志为核心的党中央高度重视思想政治工作，把高校思想政治工作摆在突出位置，作出一系列重大决策部署，出台了一系列新时代高校思想政治教育政策制度，它们是开展高校思想政治教

---

① 《习近平谈治国理政（第三卷）》，外文出版社 2020 年版，第 17 页。
② 冯刚等：《新时代高校思想政治教育治理论》，中国社会科学出版社 2021 年版，第 40 页。
③ 冯刚等：《新时代高校思想政治教育治理论》，中国社会科学出版社 2021 年版，第 40 页。

育治理的重要依据。比如中共中央、国务院通过《关于加强和改进新形势下高校思想政治工作的意见》，对"构建教书育人、科研育人、实践育人、管理育人、服务育人、文化育人、组织育人长效机制"提出了明确要求；教育部印发《高校思想政治工作质量提升工程实施纲要》着力推动"十大育人体系"质量提升；教育部等八部门印发和实施《关于加快构建高校思想政治工作体系的意见》，对构建高校思想政治教育治理体系做出了明确的工作部署。文本上的政策规范必须要转化为现实中的工作行为，即高校思想政治教育治理实践是实现政策制度从文字要求转化为行动规范的基本方式，而"只有进行系统的高校思想政治教育治理研究，为实践提供科学的理论指导，才能用最适宜的治理手段、最合理的治理方式，通过最便捷的治理途径，达致最满意的治理效果，让新时代思想政治教育政策制度释放出最大的治理效能。所以，开展高校思想政治教育治理研究是贯彻落实新时代高校思想政治教育政策制度，实现其创新发展的内在要求"①。所以，在"十四五"规划和实现二〇三五年远景目标的大背景下，进一步关注和研究新时代高校思想政治教育治理的基础理论、重点内容、动力系统、评价方式、政策环境等不仅是推进国家治理现代化的题中应有之义，也是高校思想政治教育高质量发展的现实需要，对加强和改进高校思想政治教育、丰富思想政治教育学科内涵具有十分重要的理论和现实意义。

最后，开展高校思想政治教育治理研究是回应新时代高校思想政治教育实践发展的现实需求。

习近平总书记指出："一种理论的产生，源泉只能是丰富生动的现实生活，动力只能是解决社会矛盾和问题的现实要求。"② 新时代思想政治教育环境、条件的变化，推动着高校思想政治教育工作的调整优化、守正创新。当前，世界百年未有之大变局加速演进，我国经济社会发展模式面临深刻调整，现代信息技术深刻改变着我们的生产生活方式、思维方式，这些增加了高

---

① 冯刚等：《新时代高校思想政治教育治理论》，中国社会科学出版社2021年版，第45页。
② 《习近平谈治国理政（第三卷）》，外文出版社2020年版，第63页。

校思想政治教育治理实践的复杂性，要求高校思想政治教育治理实践更加具有系统性、整体性和协同性。高校思想政治教育治理实践的复杂性和系统性，要求它的现代化进程需要以理论研究为基础，探究重要的基本问题，厘清重要的基本概念，并且以具体实践为导向，聚焦实践前沿，把握实践需求。开展新时代高校思想政治教育治理研究正是回应思想政治教育实践发展的现实需要。

"如何实现高校思想政治教育的有效治理不仅仅是实践课题，也是理论课题，具体涉及治理什么、为什么需要治理、如何治理、治理效果怎么样等一系列问题。"[1] 高校思想政治教育治理作为一个理论课题，涉及的重点问题包括：高校思想政治教育治理为什么要实现现代化，高校思想政治教育治理现代化的理论支撑和实践基础是什么，高校思想政治教育治理需要实现什么样的现代化，新时代高校思想政治教育治理体系治理能力的基本特征是什么等。[2] 其中，高校思想政治教育治理的基本内涵、基本特征、价值要义等是研究重点。高校思想政治教育治理作为一个实践命题，需要有丰厚的科学理论作指引。思想政治教育治理实践的复杂性和系统性，要求它的现代化进程必须以思想政治教育实践为导向，聚焦实践前沿，把握实践需求，并寻求与之相对应的科学理论作支撑。[3] 高校思想政治教育治理实践的运行研究是高校思想政治教育治理研究的重要组成部分。其中，高校思想政治教育治理的载体运用、方法创新、危机应对、队伍建设、质量评价、外部环境等应该是研究的重点内容。

综上所述，立足新时代，开展高校思想政治教育治理研究具有重要的理论价值和现实意义，是思想政治教育学科发展的新增长点。本丛书旨在从不同侧面对上述问题做出探索性研究，为构建高校思想政治教育治理体系和治理能力在学理和实践体系方面提供参考。丛书包括《高校思想政治教育治理引论》《高校思想政治教育治理能力研究》《高校思想政治教育数据治理研究》《高校思想政治教育治理生态研究》《高校思想政治教育治理

---

① 冯刚等：《新时代高校思想政治教育治理论》，中国社会科学出版社 2021 年版，第 43 页。
② 冯刚：《推进新时代思想政治教育治理体系现代化》，《中国教育报》2020 年 3 月 19 日。
③ 冯刚：《推进新时代思想政治教育治理体系现代化》，《中国教育报》2020 年 3 月 19 日。

评价研究》5本分册，分别从基本理论、治理能力、数据治理、环境治理和治理评价等方面开展深入研究。《高校思想政治教育治理研究》系列丛书的编写，邀请了思想政治教育学界理论与实践方面的相关专家学者共同参与，其中既有马克思主义学院长期从事思想政治教育研究的资深专家，也有在大学生思想政治教育一线工作的中青年骨干，还有来自高校思想政治工作不同战线的相关负责同志。因此，丛书的编写工作不仅注重对理论问题的深入探讨，也注意在理论与实践的良性互动下，不断总结与提升高校思想政治教育相关实践经验，坚持理论与实践相统一，坚持思想政治教育学科与多学科协同研究相促进，不断推动高校思想政治教育治理研究的持续深入发展，从而为培养理论研究的学术团队和实践领域的行家里手，推动高校思想政治教育治理的高质量发展做出贡献。

　　丛书主要对高校思想政治教育治理的理论基础、治理能力、数据治理、治理生态、治理评价等基本问题做了初步研究和探索，并没有涵盖高校思想政治教育治理涉及的所有问题，期待学界对高校思想政治教育治理问题给予更多的关注，有更多学界同仁参与到这一问题的研究中，共同推动思想政治教育学科内涵式发展，实现思想政治教育研究的理论创新，推动高校思想政治教育治理的实践创新，为提高高校思想政治教育的育人治理和效能，建设中国特色世界一流大学，推动国家治理现代化贡献力量。

目　录

绪　论……………………………………………………………001
　　一、高校思想政治教育治理是学科研究的一个新视域……………001
　　二、高校思想政治教育治理研究具有凸出的特点………………006
　　三、着力把握高校思想政治教育治理的规律性认识………………012

第一章　高校思想政治教育治理理论来源…………………………015
　第一节　中华传统治理智慧的传承与发展………………………015
　　一、"德法结合"的治理方略…………………………………016
　　二、"和而不同"的治理方式…………………………………018
　　三、"居安思危"的治理思路…………………………………021
　第二节　现代公共治理理论的借鉴与超越………………………023
　　一、融通整体性治理的思维意识………………………………024
　　二、发展数字化治理的方式方法………………………………026
　　三、呈现包容性治理的模式样态………………………………028
　第三节　中国共产党国家治理经验智慧的延伸与深化……………030
　　一、映现站位于治理全局的宏观性战略…………………………030
　　二、彰显致力于解决复杂问题的综合性视角……………………032
　　三、贯通聚焦于持续实践的反思性状态…………………………034

第二章　高校思想政治教育治理价值………………………………037
　第一节　在落实立德树人根本任务中的价值……………………037
　　一、彰显立德树人根本…………………………………………038

　　二、优化立德树人机制 ·································· 040

　　三、增强立德树人能力 ·································· 043

第二节　在思想政治教育内涵式发展中的价值 ·············· 047

　　一、加速思想政治教育的目标协同 ···················· 047

　　二、推动思想政治教育责任的落实 ···················· 050

　　三、促成思想政治教育质量的跃升 ···················· 054

第三节　在国家治理现代化发展中的价值 ·················· 056

　　一、为国家治理提供软实力支持 ······················ 057

　　二、为国家治理培养高素质人才 ······················ 059

　　三、为国家治理创造良好的条件 ······················ 061

第三章　高校思想政治教育治理主体 ······················ 065

第一节　高校思想政治教育治理主体的特征 ················ 065

　　一、多样性 ·· 066

　　二、协同性 ·· 068

　　三、专业性 ·· 070

　　四、发展性 ·· 072

第二节　高校思想政治教育治理主体的基本构成 ············ 074

　　一、各级党委、政府和行政机构 ······················ 074

　　二、高校相关职能部门 ······························ 075

　　三、群团及社会组织 ································ 076

　　四、家庭成员及在校学生 ···························· 078

第三节　高校思想政治教育治理主体的权责 ················ 079

　　一、政府部门在高校思想政治教育治理中的权责 ·········· 079

　　二、高校内部治理主体的权责 ························ 080

　　三、高校思想政治教育治理监测评估主体的职权 ·········· 082

第四章　高校思想政治教育治理原则 ······················ 084

第一节　高校思想政治教育治理的方向性原则 ·············· 084

　　一、坚持中国共产党的领导 ·························· 084

　　二、坚持中国特色社会主义制度 ······················ 087

　　　三、培养社会主义建设者和接班人 ·············· 089

　第二节　高校思想政治教育治理的科学性原则 ·········· 091

　　　一、遵循客观规律 ·············· 091

　　　二、完善制度机制 ·············· 093

　　　三、凸显实践导向 ·············· 096

　第三节　高校思想政治教育治理的协同性原则 ·········· 097

　　　一、治理主体之间的协同 ·············· 098

　　　二、治理要素之间的协同 ·············· 100

　　　三、治理环节之间的协同 ·············· 102

　第四节　高校思想政治教育治理的开放性原则 ·········· 103

　　　一、立足历史视野 ·············· 104

　　　二、立足跨学科视野 ·············· 108

　　　三、立足国际化视野 ·············· 109

第五章　高校思想政治教育治理方式 ·············· 112

　第一节　高校思想政治教育治理方式的类型 ·············· 112

　　　一、要素治理 ·············· 113

　　　二、过程治理 ·············· 116

　第二节　高校思想政治教育治理方式的特征 ·············· 119

　　　一、协同性 ·············· 119

　　　二、整体性 ·············· 122

　　　三、公共性 ·············· 123

　　　四、法治化 ·············· 125

　第三节　高校思想政治教育治理方式的技术创新 ·········· 127

　　　一、媒体融合推动高校思想政治教育治理新形态 ······ 127

　　　二、大数据应用创新高校思想政治教育治理新范式 ······ 130

　　　三、人工智能引领高校思想政治教育治理新趋向 ······ 133

第六章　高校思想政治教育治理动力 ·············· 137

　第一节　高校思想政治教育治理动力的内涵、类型与特征 ····· 137

　　　一、高校思想政治教育治理动力的内涵 ·········· 137

二、高校思想政治教育治理动力的类型 ················· 140

三、高校思想政治教育治理动力的特征 ················· 143

第二节　高校思想政治教育治理动力的构成 ················· 148

一、高校思想政治教育治理的根本动力 ················· 148

二、高校思想政治教育治理的直接动力 ················· 149

三、高校思想政治教育治理的基本动力 ················· 151

第三节　高校思想政治教育治理动力的建构 ················· 161

一、高校思想政治教育治理动力的建构方向 ············· 161

二、高校思想政治教育治理动力的建构路径 ············· 164

第七章　高校思想政治教育治理体系建设 ················· 171

第一节　高校思想政治教育治理体系的构成要素 ············· 171

一、高校思想政治教育教学治理体系 ··················· 172

二、高校日常思想政治教育治理体系 ··················· 174

三、高校思想政治教育保障治理体系 ··················· 177

第二节　高校思想政治教育治理体系的顶层设计 ············· 180

一、把正确的政治方向贯穿治理体系建设全过程 ········· 180

二、激发高校思想政治教育治理体系的创新动力 ········· 183

三、推进高校思想政治教育治理体系现代化 ············· 185

第三节　高校思想政治教育治理体系的制度机制 ············· 187

一、把高校思想政治教育制度优势更好转化为治理效能 ····· 187

二、健全高校落实立德树人的长效机制 ················· 189

三、实现高校思想政治教育治理体系现代化与人的现代化的和谐统一 ···· 190

第八章　高校思想政治教育治理能力建设 ················· 193

第一节　高校思想政治教育治理能力的科学把握 ············· 193

一、国家治理能力与思想政治教育治理能力 ············· 193

二、高校思想政治教育治理能力的基本意蕴 ············· 196

三、高校思想政治教育治理能力的构成要素 ············· 197

第二节　高校思想政治教育治理能力的时代要求 ············· 200

一、落实习近平总书记提出的"六个要求" ············· 200

　　二、提升高校思想政治教育治理制度执行力 ………………… 204

　　三、能力要求与人的现代化的诉求紧密结合 ………………… 206

第三节　高校思想政治教育治理能力的提升进路 …………………… 207

　　一、在理论与实践的融合中提升治理素养 …………………… 208

　　二、加强高校思想政治教育治理智库建设 …………………… 210

　　三、注重交叉学科的学理研究与实践应用 …………………… 213

第九章　高校思想政治教育治理的文化向度 ……………………… 216

第一节　文化在高校思想政治教育治理中的价值 …………………… 216

　　一、文化是高校思想政治教育治理的"助推器" …………… 217

　　二、文化是高校思想政治教育治理的"导航灯" …………… 218

　　三、文化是高校思想政治教育治理的"黏合剂" …………… 220

第二节　高校思想政治教育治理的文化结构 ………………………… 222

　　一、高校思想政治教育治理的物质文化 ……………………… 222

　　二、高校思想政治教育治理的精神文化 ……………………… 224

　　三、高校思想政治教育治理的制度文化 ……………………… 225

　　四、高校思想政治教育治理的行为文化 ……………………… 227

第三节　文化视域中高校思想政治教育治理的重点内容 …………… 228

　　一、文化视域中的高校意识形态治理 ………………………… 229

　　二、文化视域中的高校校园文化治理 ………………………… 231

　　三、高校思想政治教育治理要坚持以文化人 ………………… 232

第四节　文化视域中高校思想政治教育治理的发展逻辑 …………… 234

　　一、文化视域中高校思想政治教育治理的生成与标准 ……… 235

　　二、文化视域中高校思想政治教育治理的创新与机制 ……… 237

　　三、文化视域中高校思想政治教育治理的发展与质量 ……… 238

参考文献 ……………………………………………………………… 240

后　记 ………………………………………………………………… 248

绪　论

推进高校思想政治教育治理研究，是新时代高校思想政治教育内涵式发展的内在要求。2021 年，中共中央国务院印发的《关于新时代加强和改进思想政治工作的意见》中强调："坚持和加强党的全面领导，把思想政治工作贯穿党的建设和国家治理各领域各方面各环节，牢牢掌握工作的领导权和主动权。"①新时代思想政治工作在贯穿党的建设和国家治理各个领域的同时，其自身的创新发展离不开治理的支撑。在思想政治教育学科视域内，高校思想政治教育治理是学科研究的一个新视域，它是高校思想政治教育理论与实践深度融合、创新发展的内在要求。加强高校思想政治教育治理研究，需要在交叉学科理论研究的滋养下，坚持问题意识和实践导向，立足高校思想政治教育治理的特点，着力把握其中的规律性认识，以此推进高校思想政治教育治理研究的深度创新。

一、高校思想政治教育治理是学科研究的一个新视域

治理主要指的是一种由共同的目标支持的活动，这些管理活动的主体未必是政府，也不一定非得依靠国家的强制力量来实现，强调多元参与。高校思想政治教育治理研究是学科理论研究和实践创新的一个新视域。作为一个新视域，它不仅是党和国家全面深化改革的必然要求，也是新时代高校思想政治教育创新发展的必然趋势。深刻把握高校思想政治教育治理，需要把它放在中国特色社会主义伟大实践中理解，需要从理论深化和实践

---

① 《中共中央国务院印发〈关于新时代加强和改进思想政治工作的意见〉》，《人民日报》2021 年 7 月 13 日。

创新两个维度理解，这样才能有助于把握高校思想政治教育治理新视域的客观性，才能了解到相关研究的必要性。

（一）高校思想政治教育治理论题的缘起

在中国特色社会主义伟大实践的改革创新中，治理论题逐渐走进多领域多学科视域。党的十八届三中全会将"完善和发展中国特色社会主义制度，推进国家治理体系和治理能力现代化"[①] 作为全面深化改革的总目标，治理论题不断成为理论与实践领域关注的一个重要论题。党的十九届四中全会强调，"发展社会主义先进文化、广泛凝聚人民精神力量，是国家治理体系和治理能力现代化的深厚支撑。必须坚定文化自信，牢牢把握社会主义先进文化前进方向，围绕举旗帜、聚民心、育新人、兴文化、展形象的使命任务，坚持为人民服务、为社会主义服务，坚持百花齐放、百家争鸣，坚持创造性转化、创新性发展，激发全民族文化创造活力，更好构筑中国精神、中国价值、中国力量"。[②] 为了进一步促进国家治理体系和治理能力的现代化发展，教育领域不断深入探讨治理论题。比如，北京市"十四五"时期教育改革和发展规划中明确提出，首都教育必须在构建更加科学高效的教育治理体系方面进行深入探索，深化新时代教育评价改革，对塑造首都教育的新生态提出了变革性要求，教育系统要准确把握教育变化趋势规律，加快提升管理的规范性和精细化程度，加快完善教育治理体系与治理能力现代化。从国家治理到社会治理，从基层治理到教育治理，治理论题在全社会的关注下逐渐成为了一个多学科关注的研究热点。

思想政治教育学科需要对治理论题做出必要的回应。党的十八大以来，高校思想政治教育持续创新发展。习近平总书记在全国高校思想政治工作会议上强调："做好高校思想政治工作，要因事而化、因时而进、因势而新。要遵循思想政治工作规律，遵循教书育人规律，遵循学生成长规律，不断提高工作能力和水平。"[③] 无论是"三因"，还是对规律性认识的重视，都对

[①] 《十八大以来重要文献选编（上）》，中央文献出版社 2014 年版，第 512 页。

[②] 《中共中央关于坚持和完善中国特色社会主义制度　推进国家治理体系和治理能力现代化若干重大问题的决定》，《人民日报》2019 年 11 月 6 日。

[③] 《习近平谈治国理政（第二卷）》，外文出版社 2017 年版，第 378 页。

新时代高校思想政治教育治理提出了新要求。中共中央国务院印发的《关于加强和改进新形势下高校思想政治工作的意见》中指出："坚持全员全过程全方位育人"，"把握师生思想特点和发展需求，注重理论教育和实践活动相结合、普遍要求和分类指导相结合，提高工作科学化精细化水平"。①新时代高校思想政治教育体系的不断丰富，以及大思政工作格局的构建，都要求进一步关切治理论题。2021 年，中共中央国务院印发的《关于新时代加强和改进思想政治工作的意见》指出，坚持遵循思想政治工作规律，把显性教育与隐性教育、解决思想问题与解决实际问题、广泛覆盖与分类指导结合起来，因地、因人、因事、因时制宜开展工作。坚持守正创新，推进理念创新、手段创新、基层工作创新，使新时代思想政治工作始终保持生机活力。②思想政治工作的守正创新任务，对思想政治教育治理论题研究进一步提出了新的要求。因此，无论是中国共产党的治国理政，还是高校思想政治教育的创新发展，都使得治理论题成为了高校思想政治教育研究的一个重要新视域。

（二）高校思想政治教育治理的实践创新之需

新时代高校思想政治教育实践环境的新特征，对高校思想政治教育治理提出了新需求。当今世界正经历百年未有之大变局，我国发展正处在实现中华民族伟大复兴的关键时期。新时代高校思想政治教育面对的环境不是狭小、封闭、局限的，而是世界发展大变局和中国特色社会主义伟大实践大环境。世界范围内思想文化相互激荡、我国社会思想观念深刻变化，如何让高校意识形态工作为国立心、为民族立魂，如何在多元当中把握主导、在多样当中把握方向，如何适应不断开放的高校思想政治教育环境带来的挑战，如何协同和共享校内与校外环境和资源，对这些问题的认识和解决，都是高校思想政治教育治理实践创新的现实需求。

新时代高校思想政治教育实践主客体的新特点，对高校思想政治教育

---

① 《中共中央国务院印发〈关于加强和改进新形势下高校思想政治工作的意见〉》，《人民日报》2017 年 2 月 28 日。

② 《中共中央国务院印发的〈关于新时代加强和改进思想政治工作的意见〉》，《人民日报》2021 年 7 月 13 日。

治理提出了新需求。落实立德树人根本任务，培养担当民族复兴大任的时代新人，高校思想政治理论课教师和日常思想政治教育工作者是重要的教育主体，但教育主体不仅限于此。中共中央国务院印发的《关于加强和改进新形势下高校思想政治工作的意见》中强调："要健全地方党委抓高校思想政治工作制度，切实加强组织领导和工作指导，坚持和完善党委定期研究、领导干部联系高校等制度，建立部门协作常态机制，形成党委统一领导、党政齐抓共管、职能部门组织协调、社会各方积极参与的工作格局。"[①]高校内部协同、社会各方参与，不仅有利于构建高校思想政治教育工作大格局，同时也对高校思想政治教育治理实践提出了新需求。同时，新时代背景下，青年学生的主体意识不断提升，社会参与度也不断深化。《新时代的中国青年》白皮书中指出："新时代中国青年以更加自信的态度、更加主动的精神，适应社会、融入社会，参与社会发展进程，展现出积极的社会参与意识和能力，成为正能量的倡导者和践行者"，"在依法承接政府职能转移、开展行业自律、满足社会公众多样化服务需求、倡导文明健康生活方式、促进政府与社会沟通等方面发挥建设性作用，展现了强烈的参与意识和社会责任感"。[②]青年学生的时代特征以及发展需求，对高校思想政治教育工作内容和工作方式提出了创新要求，这也客观上要求加强高校思想政治教育治理实践创新研究。

新时代高校思想政治教育实践体系的新特点，对高校思想政治教育治理提出了新需求。新时代高校思想政治教育工作体系不断完善，成为高校思想政治教育创新发展的重要表现。2020年，教育部等八部门下发《关于加快构建高校思想政治工作体系的意见》，要求健全立德树人体制机制，把立德树人融入思想道德、文化知识、社会实践教育各环节，贯通学科体系、教学体系、教材体系、管理体系，加快构建目标明确、内容完善、标准健全、运行科学、保障有力、成效显著的高校思想政治工作体系。高校思想政治教育工作是一个结构丰富的科学体系，从宏观角度讲，各个育人体系需要

---

① 《中共中央国务院印发的〈关于新时代加强和改进思想政治工作的意见〉》，《人民日报》2021年7月13日。

② 《新时代的中国青年》，《人民日报》2022年4月22日。

协同联动、协同创新;从微观角度讲,各个育人体系内部同样具有众多要素,各个要素同样需要协同用力。无论是外部各体系之间的协同,还是内部各要素的系统运行,都需要共享思想政治教育资源,提升不同育人主体的思想政治教育动力,促进思想政治教育信息能够在横向和纵向工作中顺畅传递。这些都对高校思想政治教育治理提出了客观需求,有效治理是确保高校思想政治教育工作体系持续创新的重要因素。

(三)高校思想政治教育治理的学理创新追问

中国共产党思想政治教育工作在革命、建设和改革实践中积累了丰富的经验,为思想政治教育学科凝练规律、升华理论提供了丰厚滋养。高校思想政治教育治理作为学科一个研究新视域,同样需要在实践创新、总结经验、凝练规律、深化理论的发展逻辑中持续发展。对此,需要着重加强高校思想政治教育治理的学理构建。首先,高校思想政治教育治理作为一个学科研究新论域,它的研究对象应该如何界定。高校思想政治教育治理研究是有明确的研究对象的,即高校思想政治教育治理活动,但是对于高校思想政治教育治理活动本身而言,它的理论内涵和实践特征需要进一步深化研究。其次,高校思想政治教育治理的研究方法如何创新。高校思想政治教育治理具有凸出的实践导向和交叉学科特点,高校思想政治教育治理研究需要坚持理论与实践相结合的方法论指导,综合借鉴管理学、政治学等交叉学科的方法论,逐渐探索创新高校思想政治教育治理的研究方法。最后,高校思想政治教育治理的基础理论体系如何创新。高校思想政治教育治理不仅是一个实践命题,更是一个理论命题。同时高校思想政治教育治理实践也需要有科学理论作指导。但是,高校思想政治教育治理的基础理论体系如何确定呢?这是高校思想政治教育治理理论深化需要解决的一个问题。聚焦高校思想政治教育治理实践导向,融合高校思想政治教育学原理和治理理论,在高校思想政治教育治理原则、主体、方式、体系、动力等方面重点着力。

厘清高校思想政治教育治理与高校思想政治教育管理的关系。高校思想政治教育管理是高校思想政治教育相关主体,对高校思想政治教育资源进行有效整合，以达到教育目的和完成教育任务的过程。管理是高校思想政治教育各要素系统性和有序性的必然要求，也是现代社会组织有效运行的重要机制。高校思想政治教育管理理论从学科建立起就开始长期探讨，随着中国特色社会主义办学理念和高等教育管理理论的深化，高校思想政治教育管理理论不断完善并创新发展。在现代高校思想政治教育实践中，高校思想政治教育治理与管理是两个不同的论域，在理论支撑、实践理念和工作内容等方面都有所差异。那么，就必须要从学理上讲清楚，高校思想政治教育为什么除了管理还要探讨治理，高校思想政治教育管理和治理有哪些区别和联系。一方面，高校思想政治教育管理和治理有着不同的实践导向。高校思想政治教育管理聚焦高校思想政治教育活动中各要素的有效整合，使高校思想政治教育活动有序开展；而高校思想政治教育治理，更加聚焦高校思想政治教育管理活动本身，增进高校思想政治教育主体动力，促进高校思想政治教育资源共享，增进高校思想政治教育实践创新发展的内生动力。另一方面，高校思想政治教育管理和治理需要协同创新。高校思想政治教育的内涵式发展，离不开管理和治理的协同联动，如何在治理实践中提升管理效能，如何在管理创新中增进治理活力，需要在学理深化和实践创新中进一步研究。

二、高校思想政治教育治理研究具有凸出的特点

新时代高校思想政治教育治理研究，需要以系统哲学的思维方法看待高校思想政治教育的制度优势和系统性特征，着眼于高校思想政治教育创新发展中的系统性、整体性和协同性的内在要求，进一步推进新时代高校思想政治教育工作守正创新。为此，从学理研究的角度而言，需要进一步把握新时代高校思想政治教育治理的特点。理解高校思想政治教育治理的凸出特点，有助于充分坚定党对高等教育的领导，发挥中国特色社会主义办学制度优势，应对新时代高校思想政治教育的各种挑战，推进高校思想政治教育治理研究的科学化和精细化。

（一）高校思想政治教育治理的建设性

高校思想政治教育治理研究的范畴在时代发展进程中不断清晰。在高校思想政治教育学理研究的发展历程中，高校思想政治教育治理研究曾经更多地聚焦于高校思想政治教育活动存在的问题，更多地强调治理中的"治"，通过"治"来解决高校思想政治教育活动中存在的不足。"思想政治教育治理是指对思想政治教育活动的统筹谋划、综合推动，解决抓什么、如何抓等问题，集中体现为思想政治教育政策文件。思想政治教育治理体系也主要体现为思想政治教育政策体系。推进思想政治教育治理体系现代化的过程，也就是完善思想政治教育政策体系的过程。"① 这一观点代表了早期高校思想政治教育治理研究的特点，使高校思想政治教育治理研究的范畴更多的聚焦于发现问题、解决问题，通过政策规划和政策引导，使高校思想政治教育在"治"的过程中实现创新发展。这些理论研究对推进新时代高校思想政治教育内涵式发展具有一定意义，但是没有把"治理"作为一个综合性整体概念，从管理学和政治学的角度加以深化分析。随着党和国家对于治理的重视和推进，在国家治理体系和治理能力现代化研究不断深入的进程中，学界对于高校思想政治教育治理的整体把握越来越清晰，使得高校思想政治教育治理论域有了更加丰富的内涵和更加凸出的特征，高校思想政治教育治理不再仅局限于对问题的解决和批判，更聚焦于借鉴治理理论，从治理的整体性上寻求高校思想政治教育守正创新的发展之路。

新时代高校思想政治教育治理更加凸显建设性。新时代高校思想政治教育治理研究，不是针对高校思想政治教育实践中存在的问题进行的批判和整改，而是借鉴现代治理理论进行的高校思想政治教育创新研究，强调多样主体参与、权责明确、上下协同联动的高校思想政治教育过程，更好地建设高校思想政治教育治理体系。首先，社会主义是高校思想政治教育治理体系的底色与特质。党的十九届四中全会强调，中国特色社会主义制度是党和人民在长期实践探索中形成的科学制度体系，我国国家治理一切工作和活动都依照中国特色社会主义制度展开，我国国家治理体系和治理

---

① 徐艳国：《思想政治教育治理体系和治理能力现代化探析》，《清华大学学报（哲学社会科学版）》2014 年第 3 期。

能力是中国特色社会主义制度及其执行能力的集中体现。[1] 思想政治工作作为治党治国的重要方式，其治理同样需要遵循中国特色社会主义制度展开。习近平总书记强调，"我们的高校是党领导下的高校，是中国特色社会主义高校。"[2] 高校思想政治教育治理扎根中国大地，以马克思主义为指导，遵循中国特色社会主义教育制度，在高校思想政治教育治理的建设性中，更好地落实立德树人根本任务。其次，高校思想政治教育治理注重整体效用。新时代高校思想政治教育科学化和现代化不断发展，在中国改革发展大势中，高校思想政治教育要想培育担当民族复兴大任的时代新人，有效应对多样文化交流、交融和交锋的挑战，客观上要求党对高校思想政治教育的集中领导只能加强不能削弱。在不同时期，从高校思想政治教育实际出发，关切青年学生的成长发展需求和期待，党和国家从整体上制定系统目标，并协调资源、政策来为总体目标服务，这也是高校思想政治教育治理整体性建设的一个重要方面。最后，高校思想政治教育治理注重协同创新。高校思想政治教育是一个系统工程，从目标到过程都有众多系统要素。高校思想政治教育治理不致力于解决单独问题，查漏补缺，而是从系统视角出发，加强各要素间的协同，建设一个协同创新的高校思想政治教育体系。

（二）高校思想政治教育治理的动态性

高校思想政治教育治理的动态性首先表现在国家发展战略的开放视野。习近平总书记指出："改革开放 40 年的实践启示我们：开放带来进步，封闭必然落后。中国的发展离不开世界，世界的繁荣也需要中国。我们统筹国内国际两个大局，坚持对外开放的基本国策，实行积极主动的开放政策，形成全方位、多层次、宽领域的全面开放新格局，为我国创造了良好国际环境、开拓了广阔发展空间。"[3] 在新时代中国特色社会主义伟大实践的各项事业中，开放性得到了充分的彰显。开放的视野是高校思想政治教育治理可持续发展的基本前提。回顾高校思想政治教育发展历程，开放的视野是

---

① 《中共中央关于坚持和完善中国特色社会主义制度　推进国家治理体系和治理能力现代化若干重大问题的决定》，《人民日报》2019 年 11 月 6 日。

② 《习近平谈治国理政（第二卷）》，外文出版社 2017 年版，第 377 页。

③ 习近平：《在庆祝改革开放 40 周年大会上的讲话》，《人民日报》2018 年 12 月 19 日。

改革开放以来高校思想政治教育科学化发展的内在追求。从理论上讲，高校思想政治教育坚持以马克思主义为指导，不断融合政治学、管理学、教育学、心理学、社会学、文化学、传播学等交叉学科理论，使高校思想政治教育具有更加开放的理论视野；从实践上讲，高校思想政治教育聚焦中国改革发展的最新前沿，积极寻求同社会实践的协同联动，在中国特色社会主义伟大实践的各项事业中获得滋养和支持，积极发挥思想政治教育在各项改革事业中的价值；从环境上讲，高校思想政治教育面对的也不再是相对有限的校内环境，更加注重不断开放的社会大环境，追求因事而化、因时而进、因势而新。也正是开放的视野，使得高校思想政治教育治理不是简单地总结相关管理经验，而是结合治理理论和治理视域，结合国家治理体系和治理能力现代化的总体要求，阐述在实践发展进程中高校思想政治教育治理的实践探索。

高校思想政治教育治理的动态性还表现在高校思想政治教育过程的开放视野。首先，高校思想政治教育过程中的决策在有序开放。高校党委作为高校思想政治教育过程中决策的中枢，以民主集中制为原则来保障决策的科学化和民主化，同时以中国共产党领导的多党合作和政治协商制度，以及贯彻群众路线，来实现协商民主、师生监督和意见吸纳。中国共产党领导具有强大的政治权威和组织动员能力，高校党委在各个历史时期的高等教育中，都能有效运用统一战线和群众路线法宝，新时代高校思想政治教育治理过程也在有序开放，使高校思想政治教育治理活动实现动态决策。其次，高校思想政治教育过程中的信息共享要求越发凸显。高校思想政治教育面对开放的社会环境，多样化的信息，以及思想政治教育协同创新中的信息共享需求，都会给高校思想政治教育带来一定的风险。风险和不确定性是系统自我更新、自我完善、自我发展的外部压力，也是自身治理的内在动力。在多元信息中把握主导，在信息流动中把握方向，推进信息的有序流动，加强信息风向控制，都是高校思想政治教育治理的应有之义。也正是如此，使高校思想政治教育治理表现出了与信息有序流动相关的动态性。最后，高校思想政治教育过程中的守正创新不断推进。中共中央国务院印发的《关于新时代加强和改进思想政治工作的意见》指出，要推动新时代思想政治工作守正创新发展，建立社会思想动态调查与分析研判机制。① 新时代高校思想政治教育结合中国改革发展实际以及青年学生的思想文化特征，不断推进高校思想政治教育工作的守正创新。在这一过程中，高校思想政治教育治理是进行时，在动态过程中不断积累规律性认识，丰富高校思想政治教育治理理论。

（三）高校思想政治教育治理的延续性

高校思想政治教育治理是国家治理的延展。思想政治工作作为治党治国的重要方式，在国家治理中发挥着越来越重要的作用。党的十八届三中全会通过的《中共中央关于全面深化改革若干重大问题的决定》强调："全面深化改革的总目标是完善和发展中国特色社会主义制度，推进国家治理体系和治理能力现代化。必须更加注重改革的系统性、整体性、协同性，加快发展社会主义市场经济、民主政治、先进文化、和谐社会、生态文明，让一切劳动、知识、技术、管理、资本的活力竞相迸发，让一切创造社会财富的源泉充分涌流，让发展成果更多更公平惠及全体人民。"② 推进国家治理体系是一项系统工程，其系统性、整体性和协同性，要求其实践场域和理论探索要深入到社会生活的各个领域。习近平总书记强调："高校思想政治工作关系高校培养什么样的人、如何培养人以及为谁培养人这个根本问题。要坚持把立德树人作为中心环节，把思想政治工作贯穿教育教学全过程，实现全程育人、全方位育人，努力开创我国高等教育事业发展新局面。"③ 为了更好地落实立德树人根本任务，培养德智体美劳全面发展的社会主义建设者和接班人，治理体系和治理能力现代化的要求也自然而然地延展到了高校思想政治教育工作之中。

高校思想政治教育治理是高校思想政治教育实践创新的延续。高校思想政治教育治理是在继承高校思想政治教育实践经验基础上的实践创新，其中既有继承又有创新，并不是与之前的高校思想政治教育管理实践

---

① 《中共中央国务院印发〈关于新时代加强和改进思想政治工作的意见〉》，《人民日报》2021年7月13日。

② 《中共中央关于全面深化改革若干重大问题的决定》，《人民日报》2013年11月16日。

③ 《习近平谈治国理政》（第二卷），外文出版社2017年版，第376页。

相割裂，是高校思想政治教育实践持续创新的延续。从总体上而言，高校思想政治教育治理是思想政治教育适应现代社会治理的发展趋势，提升高校思想政治教育管理效能，使高校思想政治教育政策、制度、体系、方式等要素更加有效，实现可持续内涵式发展。高校思想政治教育治理强调多样主体参与，而非高校思想政治教育管理部门单一的（或者单向度）的主体，强调多样主体间的协作。从方式上看，高校思想政治教育治理注重自下而上的信息传递和改革措施，凸出对大学生思想与行为的引导、规范、训练，做到显性教育与隐性教育相结合、疏通与引导相结合，最大程度地关切青年学生成长发展需求，尊重青年学生的合理利益需求，不断激发青年学生知行合一的内在动力。从结果上看，高校思想政治教育治理激发教育实践创新创造的活力，优化高校思想政治教育的政策、决定、活动、教育结果，提升高校思想政治教育质量。由此可见，高校思想政治教育治理不是脱离管理实践，而是对高校思想政治教育实践创新的延续。

高校思想政治教育治理研究是高校思想政治教育基础理论研究的延伸。对于思想政治教育学理研究而言，高校思想政治教育治理研究不是简单地"照着说"，也不是另起炉灶"重新说"，而是坚持实践导向，注重规律性认识，在高校思想政治教育理论积淀的基础上"接着说"。思想政治教育学科成立30余年来，在中国共产党思想政治教育经验总结、规律凝练和学理提升的进程中，积累了丰厚的学科理论。无论是高校思想政治教育的理论遵循，还是高校思想政治教育不断丰富发展的基础理论，均体现着科学化的发展方向。高校思想政治教育治理作为理论研究的一个新论域，是结合中国改革发展实际、高校思想政治教育创新发展需求，借鉴现代管理学、政治学等学科中的治理理论，在遵循高校思想政治教育理论遵循的基础上，对高校思想政治教育规律的进一步认识，是对高校思想政治教育基础理论体系的一个积极延展。高校思想政治教育治理理论从高校思想政治教育过程诸多要素协同创新出发，从总体上深化新时代高校思想政治教育内涵式发展的规律性认识，它是对高校思想政治教育基础理论的补充、丰富和发展，而不是脱离已有经验和理论积淀的新天地。

三、着力把握高校思想政治教育治理的规律性认识

国家治理现代化的提出体现了我们党对人类社会现代化规律的认识进入一个新境界，标志着我国社会主义现代化事业进入一个新阶段。思想政治教育治理作为党治国理政中一项重要工作，必然伴随党的自身建设突出服务型特点，这就要求教育方式、工作方式、管理方式、活动方式等更加符合服务人的需要的规律，更加符合思想政治教育的内在规律。深化高校思想政治教育治理研究，离不开对思想政治教育规律性认识的把握，同时更离不开在此基础上生成的高校思想政治教育治理规律的把握。

（一）在理论与实践的融合中把握规律性认识

高校思想政治教育治理不仅是一个理论命题，更是一个实践命题。增进对高校思想政治教育治理的规律性认识，需要在理论与实践的深入融合中实现。首先，在理论与实践的深度融合中把握高校思想政治教育治理体系的运行规律。2020 年教育部等八部门联合印发了《关于加快构建高校思想政治工作体系的意见》，强调从理论武装体系、学科教学体系、日常教育体系、管理服务体系、安全稳定体系、队伍建设体系、评估督导体系等方面，加快构建高校思想政治工作体系。每一个工作体系都是高校思想政治教育治理体系的子系统，在理论与实践的深入融合中，推进各子系统的协同与衔接机制，创新系统的信息反馈与调平纠偏机制，激发各子系统的能动性和发展动力，将各项制度优势转换为治理效能，是把握高校思想政治教育治理体系运行规律的重要表现。其次，在理论与实践的深度融合中把握高校思想政治教育治理能力的发展规律。在高校思想政治教育治理中，人和制度是关乎治理能力的重要影响因素。提升高校思想政治教育治理能力，也就必然要求提升人的现代化和高校思想政治教育制度的现代化。人的现代化和制度的现代化是诸多学科关注的理论命题，同时在中国特色社会主义伟大实践发展进程中，人和制度的发展又呈现出诸多时代特征。因此，在理论与实践的深入融合中，一方面要聚焦理论研究的热点前沿，关注人和制度的现代化发展理论；另一方面聚焦实践导向，关切人的成长发

展需求和制度创新需求，尊重人成长发展规律和制度创新规律。在此基础上，从理论和实践两个层面增进对高校思想政治教育治理能力提升的规律性认识。最后，在理论与实践的深度融合中把握高校思想政治教育创新发展的规律性认识。无论是哲学一般，还是客观实践，高校思想政治教育治理都面对着客观矛盾，而且同样也需要解决矛盾。这就需要从理论与实践两个维度，认识高校思想政治教育治理矛盾，并在此基础上将矛盾转化为自身发展的内在动力。因此，理论与实践的深度融合，认识矛盾、增进动力，是把握高校思想政治教育治理创新发展的重要着力点。

（二）在交叉学科视域中把握规律性认识

高校思想政治教育治理研究具有凸出的交叉学科研究特点。把握高校思想政治教育治理的规律性认识，离不开交叉学科的理论滋养和开阔视域。一方面，在交叉学科的理论滋养中把握高校思想政治教育治理的规律性认识。治理现代化的进程不仅仅是人类主观意愿上的努力，更是人类历史发展的一个客观必然。面对治理现代化这个历史必然，就需要找到其中蕴含的基本规律和驱动力，这是探寻高校思想政治教育治理现代化过程中的重要着力点。在近代管理学、政治学等学科研究中，治理理论有了长足的发展。20 世纪 90 年代以来，治理、善治和全球治理不仅引起了学者的关注，也为政治家和政治组织所关注。以克林顿、布莱尔、施罗德等人为代表的"第三条道路"或"新中派"明确把"少一些统治，多一些治理"当成其新的政治目标。与此同时，在西方学术界，特别是经济学、政治学和管理学领域，"治理"一词十分流行。包括詹姆斯·罗西瑙、罗茨、格里·斯托克等学者对治理的概念、特点和机理等问题都进行了丰厚探索，形成了对治理与统治、权利运行的向度、权威的基础和性质等不同的理论学说，形成了诸多治理理论基础。在中国特色社会主义伟大实践中，也形成了诸多治理经验和治理理论。这些理论为把握高校思想政治教育治理的规律性认识提供了丰厚的理论滋养。另一方面，在交叉学科视域中丰富高校思想政治教育治理规律的研究对象。在高校思想政治教育治理实践中，涉及众多分支视域，比如高校思想政治教育生态治理问题、高校思想政治教育数据治理问题、高校思想政治教育治理能力问题等诸多研究对象。这些研究对象的深刻把握，需要借鉴交叉学科的科学理论和研究方法，不断深化对相关研究对象的规律性认识。从这一角度而言，高校思想政治教育治理的规律性认识是一个系统，既有总体规律性把握，同时也有相关环节、相关研究对象的规律性把握。交叉学科研究的视域、理论和方法，对于系统地把握高校思想政治教育规律性认识具有积极意义。

（三）在科学评价方式中把握规律性认识

质量评价是高校思想政治教育治理的重要影响因素，也是增进高校思想政治教育治理规律性认识的重要内容。一方面，增进高校思想政治教育治理质量评价的规律性认识。高校思想政治教育治理的质量评价，是高校思想政治教育治理过程中的重要内容、环节和机制。高校思想政治教育治理的质量评价以思想政治教育治理相关工作的开展为前提，如果说高校思想政治教育治理对于思想政治教育共同体而言是一个新的知识领域，呈现新的工作内涵，那么高校思想政治教育治理的质量评价就是这个新知识域的重要组成层部分，也是新工作内涵的要素构成。要充分认识、深刻把握新时代高校思想政治教育治理的质量评价，必须准确诠释它的内在意蕴，探求高校思想政治教育治理质量评价的路径，分析高校思想政治教育质量评价的方法，努力为新时代高校思想政治教育治理质量评价的有效开展创造理论条件。另一方面，在科学评价中进一步增进对高校思想政治教育治理的规律性认识。质量评价的目的是在评价的过程中，发现实践中存在的问题，找出实践的不足，及时总结好的经验和不好的教训，在反馈与纠偏中推进实践持续创新发展。高校思想政治教育治理的质量评价也是一样，它不是为了评价而评价。在高校思想政治教育治理的质量评价中，不仅要客观地分析治理实践的正反经验，同时也要积极地反思正反经验背后的原因和机理，进一步深化对高校思想政治教育治理实践的认识。坚持实践导向，结合学理分析，在科学评价中找出高校思想政治教育治理过程中诸多要素的本质的必然的联系，正是探求高校思想政治教育治理规律性认识的可为之路。

第一章
高校思想政治教育治理理论来源

党和国家历来高度重视思想政治教育工作，一方面着重强调要把思想政治工作贯穿教育教学全过程，实现全程育人、全方位育人，努力开创我国高等教育事业发展新局面。[①]另一方面，结合实践和时代的发展，对思想政治教育的守正创新提出了新的期待和要求。因此，在治理视域下，深入挖掘治理与思想政治教育有机融合的发展潜力，分析和把握形成思想政治教育治理研究论域的思路和路径，对于思想政治教育的守正创新具有重要意义。而在促进思想政治教育治理研究发展的过程中，进一步科学理解和把握思想政治教育治理的理论来源，并以融通中外的开放性视角，以坚守中国特色的重点思路，系统把握思想政治教育治理对中华传统治理智慧的传承与发展，对现代公共治理理论的借鉴，以及扎根中国大地，对中国共产党国家治理思想的延伸，是思想政治教育治理研究发展的重要内容。

第一节　中华传统治理智慧的传承与发展

在中华传统文化之中，饱含着丰富的治理思想和智慧。"治理"的概念也曾在我国历史上出现过，比如荀子在其《君道》中说："名分职，序事业，材技官能，莫不治理，则公道达而私门塞矣，公义明而私事息矣。"在这里，治理主要是指为君者和朝廷的治国之术，即指如何通过治（统治和管理）使社会运行有序。在中国传统文化中，治理的核心在"治"，并通过"治"

---

① 《习近平谈治国理政（第二卷）》，外文出版社 2017 年版，第 376 页。

达致社会秩序的条理化，即"理"。与"治理"概念相伴而生，治理的思想与智慧也在中华传统文化中不断形成和发展起来。我们党领导人民推进国家治理现代化的实践进程也蕴含着对中华传统治理智慧的有效应用、积极传承和创新发展。高校思想政治教育治理，根植于中国特色社会主义社会的土壤，致力于为中国特色教育治理现代化做出贡献，具有鲜明的民族属性和中国气质，无疑需要深刻把握中华传统治理智慧的思想精粹，将其与自身发展有机结合起来，与时俱进地加以吸收、转化和应用，以不断促进具有中华传统文化底蕴的思想政治教育治理理论和实践发展。

一、"德法结合"的治理方略

习近平总书记曾强调指出，"一个国家选择什么样的治理体系，是由这个国家的历史传承、文化传统、经济社会发展水平决定的，是由这个国家的人民决定的"[①]。重视文化传统、坚守历史传承，是我们建构国家治理体系、推进国家治理现代化的重要遵循。在中华传统文化中，德与法是探讨治理问题的两个关键要素，而"德法结合"的治理方略也是凝结在中华传统文化中的重要治理思想与智慧之一，诸如"法者，治之端也"（《荀子·君道》），"德礼为政教之本，刑罚为政教之用"（《唐律疏议》），"法不阿贵，绳不挠曲"（《韩非子·有度》），"凡法事者，操持不可以不正"（《管子·版法解》），"礼义廉耻，国之四维，四维不张，国乃灭亡"（《管子·牧民》），"国皆有法，而无使法必行之法"（《商君书·画策》）等思路和观念，都从不同角度围绕德与法两个关键要素进行论述和阐释，既汇集了丰富的治理智慧，也深刻展现了传统文化对德治、法治及二者关系的重视、理解与思考、应用。因而"德法结合"的治理方略，在中华传统治理智慧中具有突出重要的地位和价值。历经千年传承，这些围绕德治和法治展开的思考，以及凝结其中的治理智慧，在新时代的中国社会也仍具有极其重要的指导意义。

在中国特色的国家治理中，"德法结合"的治理方略，呈现为以德治国与依法治国的有机结合。我们党领导人民推进中国特色社会主义发展的进

---

① 《习近平谈治国理政（第一卷）》，外文出版社 2014 年版，第 105 页。

程，也是对中华优秀传统文化中"德法结合"的治理方略不断传承和发展的过程。江泽民同志提出，"对一个国家的治理来说，法治和德治从来都是相辅相成，相互促进的。二者缺一不可，也不可偏废。"① 胡锦涛同志也指出，"要坚持依法治国与以德治国相结合。"② 习近平总书记进一步强调，"要坚持依法治国与以德治国相结合，把法治建设和道德建设紧密结合起来，把他律和自律紧密结合起来，做到法治和德治相辅相成、相互促进。"③ 在党的各代领导集体的深刻认知、重点强调和整体推动下，法治与德治有机结合的理念和方略也逐渐渗透并体现在我国国家治理的各个方面，凸显出国家治理的中国特色。思想政治教育治理在中国特色社会主义的学校实施和发展，具有鲜明的民族属性。要保持中国特色，也必须坚持对中华优秀传统文化的传承与发展。在始终尊重和重视中华优秀传统文化的过程中，深刻理解中华优秀传统文化中"德法结合"的治理思想与智慧，把握其与思想政治教育治理的深层适切性，不断夯实思想政治教育治理研究的文化底蕴，丰富思想政治教育治理文化，促进传统治理智慧与现代思想政治教育治理研究的良性互动。

思想政治教育治理，成长发展于国家治理现代化的宏观背景下，坚守中国特色，不仅在不断汲取国家治理"德法结合"科学理念的丰富养分，也映现出对中华优秀传统文化中"德法结合"治理智慧的传承与发展。思想政治教育治理对"德法结合"治理理念的创新发展，一方面表现在重视人本身在治理中的能动性作用，积极推动治理过程中人在自治和他治两个方面的发展和进步。其中，自治主要强调治理中的能动主体不断达致"修齐治平"的德性进阶，在中华传统文化中，不乏"修身、齐家、治国、平天下"的治理智慧，凝结着对人本身的自治要求与期待，而蕴含其中的自治思维与德性进阶思路也是思想政治教育治理研究的考量范畴。他治主要强调治理中的能动主体不断受到"崇德向善"的德性引导，在中华传统文化中，他治强调的德性引导，对于德治方略的展现更加明显，"德礼为政

---

①　《江泽民文选（第三卷）》，人民出版社 2006 年版，第 200 页。
②　《胡锦涛文选（第二卷）》，人民出版社 2016 年版，第 145 页。
③　《习近平谈治国理政（第一卷）》，外文出版社 2014 年版，第 145-146 页。

教之本"等理念凸显着第三方因素对人本身的德性约束与导向，这些蕴含其中的他治思维与德性引导思路对思想政治教育治理的研究深化具有重要价值。另一方面，表现在始终强调制度、规范等在治理中的重要地位，将推动思想政治教育治理的规范化、制度化和法治化纳入重点研究范畴。在中华传统治理智慧中，既有"法者，治之端也"等关于在治理实施中确立制度法规方面的宏观要求，也有"国皆有法，而无使法必行之法"等指出治理的重点不仅在于确立系统完备的制度法规，更在于使这些制度法规深入人心且行之有效的具体指导。这就要求治理实施既要重视和加强制度规章的建设和完善，也要重视培育人的法治精神和规范意识。就思想政治教育治理而言，即是要兼顾制度规章的建设完善和制度运行机制的设计建构，并着力培育参与治理主体的法治精神和治理思维。整体上，思想政治教育治理的理论研究和发展离不开中华传统治理智慧的滋养，充分挖掘传统文化中"德法结合"的治理思想与智慧，并结合思想政治教育治理的具体需要和不同场景加以有效运用，不仅能够拓宽思想政治教育治理研究的思路，丰富思想政治教育治理理论的内涵，也能够不断增强传统治理智慧应用于思想政治教育治理的时代适应性，进一步推动思想政治教育治理对中华传统治理智慧的传承与发展。

二、"和而不同"的治理方式

在中华传统文化中，"和合"思想是具有深远影响和重要价值的思想文化瑰宝，不仅饱含着传统治理文化的卓越智慧，也展现出经久不衰的生命力和影响力，在当代社会治理中仍发挥重要的指导价值。习近平总书记强调："要把优秀传统文化的精神标识提炼出来、展示出来，把优秀传统文化中具有当代价值、世界意义的文化精髓提炼出来、展示出来。"[①] "和合"思想正是传统文化中具备精神标识价值和世界意义的重要思想瑰宝，而由其衍生和发展形成的"和而不同"的治理方式，不仅贯穿着"和合"的方法论思维，也凝结着中华传统治理智慧，是重要的治理智慧之一。诸

---

① 《习近平谈治国理政（第三卷）》，外文出版社 2020 年版，第 314 页。

如"天时不如地利，地利不如人和"（《孟子·公孙丑下》），"君子和而不同，小人同而不和"（《论语·子路》），"百姓昭明，协和万邦"（《尚书·虞书·尧典》），"上下同欲者胜"（《孙子·谋攻》），"和羹之美，在于合异"（《三国志·魏书·夏侯尚传附夏侯玄传》）等理念和思路，都从不同维度就"和合"的方法论进行了论述和阐释，既凝结了丰富的治理思维与智慧，也深刻展现了传统文化对"和合"治理思想的多维理解与思考，凸显出"和合"的治理思想与"和而不同"的治理方式在中华传统文化中的重要地位和价值。历经千年传承，这些围绕"和合"思想展开的探索与解读，以及凝结其中的治理智慧，在新时代的中国社会仍发挥着重要的指导作用。

在中国特色的国家治理中，"和而不同"的治理方式，呈现为建构和谐社会的社会治理理路，以及求同存异、构建人类命运共同体的全球治理思路。我们党领导人民推进国家治理现代化发展，推动在世界范围内构建人类命运共同体的努力和进程，也透溢着对中华优秀传统文化中"和合"思想与"和而不同"治理方式的传承和发展。这种传承与发展，一方面是向内的谋求社会和谐与发展。以保障和改善民生为要旨，不断创新社会治理方式，围绕共同的目标要求，以更具协同性的思维方式，提高社会治理参与力量的协同合作水平，进一步提升社会治理效能，走中国特色的社会治理之路。另一方面是向外的走和平发展道路，促进世界各国的共享与共赢。面对百年未有之大变局，习近平总书记在联合国日内瓦总部的演讲中强调："中国方案是：构建人类命运共同体，实现共赢共享。"[1]围绕人类命运共同体，也进一步提出尊重各国不同文明形态，实现文明交流互鉴，以取长补短，共同发展进步的重要思路。既是对"各美其美，美人之美，美美与共，天下大同"理念的具体贯彻，也展现出对"和而不同"治理方式的深刻把握。由此，无论是从向内的方面还是向外的方面，"和而不同"的思路与方式都逐渐辐射并体现在我国国家治理的整体进程之中，凸显出国家治理的中国特色。同样的，思想政治教育治理要保持中国特色，也必须深刻理解中华

---

[1] 《习近平谈治国理政（第二卷）》，外文出版社2017年版，第539页。

优秀传统文化中"和而不同"治理方式的内在智慧，坚持在思想政治教育治理中对其进行创造性转化与创新性发展，以不断夯实思想政治教育治理理论的文化底蕴，实现传统治理智慧与现代思想政治教育治理研究的有效交互与共同发展。

思想政治教育治理，成长发展于国家治理现代化的宏观背景下，坚守中国特色，不仅在不断汲取国家治理"和而不同"思维方式的丰富养分，也映现出对中华优秀传统文化中"和而不同"治理智慧的传承与发展。思想政治教育治理对"和而不同"思维方式的创新发展，主要表现在更加注重实现和保障思想政治教育治理各要素和各主体间协同性的方面。在中华传统文化中，不乏深谙实现人之和谐，以发挥能动主体协同共进积极作用的深刻见解，为进一步拓展思想政治教育治理的思维方式提供了有益借鉴。比如"天时不如地利，地利不如人和"，点出了治理要卓有成效的重要凭借之一是人和，即促进各主体间的团结协作。就思想政治教育治理而言，涉及系统过程复杂，关涉参与主体众多，如果不能实现各系统、各主体间的有效协同，那么相关工作的展开和推进效率则会大打折扣，甚至事倍功半。因此，要不断加强治理主体和治理各系统间的协同合作。再如"上下同欲者胜"意指长官和士兵上下同心，就能打胜仗。揭示出在中华传统治理智慧中，做好任何一件事情都需要上级和下级、领导和群众广泛互动，实现各方力量的有效整合，并朝向共同的目标协力奋进。这与现代治理理念和治理实践中的明确共同目标，加强治理的协同性等相通相连。思想政治教育治理的体系构建和治理实施关涉众多的人员构成和人力资源，只有以共同的治理目标和愿景，调动各组织机构成员的积极主动性，促进各组织成员自觉发挥能动力量，形成最广泛的合力，才能有效推进治理实施的各项工作，保障治理实施效能。实质上，中华传统"和而不同"的治理智慧与现代治理理念和治理实践有许多可联通之处，既展示出中华传统治理智慧的博大精深，也显示出治理理念和实施手段的可借鉴性，不断促进中华传统治理智慧与现代治理理念和治理实践的良性互动，对于深化对治理智慧和理念的解读，促进思想政治教育治理理论发展具有重要意义。

三、"居安思危"的治理思路

在中华传统文化中，关于安与危关系的辩证思考，以及相伴而生的忧患意识凝结着中华民族和中华儿女博大精深的治理智慧，而由其衍生和发展形成的"居安思危"的治理思路，不仅凸显着中华传统文化对安与危辩证关系的深刻理解，而且也成为重要的治理智慧之一。诸如"生于忧患，死于安乐"（《孟子·告子下》），"君子以思患而豫防之"（《周易·既济》），"凡事豫则立，不豫则废"（《礼记·中庸》），"为之于未有，治之于未乱"（《老子》），"宜未雨而绸缪，毋临渴而掘井"（《朱子家训》），"不谋全局者，不足以谋一域"（《寤言二迁都建藩议》），"治乱绳，不可急也；唯缓之，然后可治"（《汉书·龚遂传》）等观念和思路，都从不同维度就忧患意识和居安思危的科学思路进行了分析和阐释，既凝结了丰富的治理智慧与治理思维，也深刻展现了传统文化关于"居安思危"治理思路的辩证思考与多维理解，凸显出"居安思危"的治理思路在中华传统文化中的重要地位和价值。历经千年传承，这些围绕忧患意识和"居安思危"的科学思路展开的探索与解读，以及凝结其中的治理智慧，不仅在当代创新社会治理方式方面产生着重要影响，而且对于深刻认识和把握我国发展的复杂外部环境，形成防范和化解风险挑战的底线思维也具有极其重要的指导意义。

在中国特色的国家治理中，"居安思危"的治理思路，呈现为在社会治理中矛盾预警与化解机制的建构实践，以及面对复杂内外部环境时防范化解风险挑战的底线思维。我们党领导人民不断创新社会治理方式，保持经济社会稳定健康发展的实践路径，也反映着对中华优秀传统文化中"居安思危"治理思路的传承和发展。这种传承和发展，一方面映现在我国的社会治理过程，极其重视对预防风险机制的建设和相应能力的提升。习近平总书记强调："提高预测预警预防各类风险能力，增强社会治理预见性、精准性、高效性。"[①]明确了我国社会治理发展的重要路径之一就是建立健全风险预测和防范机制，提升风险预测和防范能力，可以说是将"居安思危"的治理思路有机融合于当代中国社会治理的具体需求之中，细化具体化了创

---

① 《习近平谈治国理政（第二卷）》，外文出版社 2017 年版，第 386 页。

新社会治理方式的要求和期待。另一方面映现在我国基于对内外部复杂环境的深刻判断而更加重视对防范化解风险的底线思维的坚持。习近平总书记曾指出："面对波谲云诡的国际形势、复杂敏感的周边环境、艰巨繁重的改革发展稳定任务，我们必须保持高度警惕，既要有防范风险的先手，也要有应对和化解风险挑战的高招；既要打好防范和抵御风险的有准备之战，也要打好化险为夷、转危为安的战略主动战。"① 这就从内外环境需求两个维度，强调了建立防范和抵御风险的底线思维与有效机制的重要性。因此，"居安思危"的治理思路覆盖和影响着国家治理的多个方面，彰显着国家治理的中国特色。同样的，思想政治教育治理要保持中国特色，也必须深刻理解中华优秀传统文化中"居安思危"治理思路的科学性与深刻性，坚持在思想政治教育治理中对其进行传承与发展，以不断丰富和拓展思想政治教育治理思路，夯实思想政治教育治理理论的文化底蕴。

思想政治教育治理，成长发展于国家治理现代化的宏观背景下，坚守中国特色，不仅在不断汲取国家治理"居安思危"治理思路的丰富养分，也映现出对中华优秀传统文化中"居安思危"治理智慧的传承与发展。思想政治教育治理对"居安思危"治理思路的创新发展，主要表现在更加注重思想政治教育治理的预防与预警机制构建，以提高思想政治教育治理的预见性和风险防范能力。在中华传统文化中，不乏关于增强忧患意识，提升防范和化解风险能力的深思卓见，为进一步拓展思想政治教育治理的思路和路径提供了积极引导。比如，"为之于未有，治之于未乱"指明治理实施的一大关键在于，要在祸乱没有产生之前就做好预警和防备。就思想政治教育治理而言，要建立系统完备的预警机制，及时监测和防控可能出现的治理风险。具体来说，就是在网络思政、心理辅导、校园安全等方面积极构建预防预警机制，防微杜渐，体现治理实施的主动性和积极状态，而不是被动或消极应对。同时，中华传统文化中也不乏围绕风险防范与化解所提出的多维思路。比如，"不谋全局者，不足以谋一域。"意思是要从全局考虑问题，不谋划全局，就无法谋划一个领域。这里显示的是中华传统

---

① 《习近平谈治国理政（第三卷）》，外文出版社2020年版，第220页。

治理智慧对于整体和局部的辩证关系的深刻理解。整体是由多个部分组成，而局部又是由更多的局部组成。所以，考量每个局部也需从整体视角出发来考量。这与现代的整体性治理理念，以及我们国家"四个全面"战略布局等的治理实践都展现出内在的一致性。思想政治教育治理体系是一个复杂庞大的整体，包含着许多部分，但是对部分的处理不能脱离整体情况考量，只有站位全局，才能促进各部分的资源配置更加有效，工作更加和谐，以切实防范和化解矛盾风险。再如，"治乱绳，不可急也；唯缓之，然后可治。"意思是解开如一团乱麻的绳子，不能着急，需要慢慢厘清头绪，才能最终解开。显示出在中华传统治理智慧中，对于复杂情况的应对和处理讲究过程性，只有条分缕析，不急于出招，慢慢找到症结所在，耐心应对和化解，才能呈现更符合预期的效果。这与现代治理理念中强调治理的过程性、循序渐进性不谋而合。在思想政治教育治理过程中，面对风险与挑战，既要靠预防，也要对已发生的风险及时化解，但是基于思想政治教育治理的复杂性与治理实践的过程性，在解决难题与困境的过程中也不能急于求成，需要以正确的化解思路为基础，加以谋划，进而实现更为高效地化解。

总体而言，中华传统文化中蕴含着丰富的治理智慧，有待进一步地挖掘和解读。比如蕴含"革故鼎新"治理理念的"周虽旧邦、其命维新"等深思卓见，在国家治理进程中也通过全面深化改革的整体战略有所凸显，同时与思想政治教育治理旨在实现思想政治教育发展的守正创新相呼应。"治理"作为一种概念和范式引入思想政治教育之中，本身就是一种创造性探索，以期不断加强思想政治教育发展的时代适应性和现代生命力。但是，面向未来不能忘记过去，不能失去根脉，因而需要思想政治教育治理研究不断挖掘中华传统治理智慧，以之涵养思想政治教育治理的理论和文化发展，而这对于思想政治教育治理研究而言，也是一个长期性和持续性的研究课题。

第二节　现代公共治理理论的借鉴与超越

治理概念所具有的强大生命力和巨大包容性，使它自产生以来就受到不同国别、不同学科和不同流派学者的广泛关注与青睐，不仅在扩散的过程中不断地与既有的知识和理论体系融合发展，而且在特定的环境和具体的实践中逐渐被赋予新的内涵和意义，为各种学术和实践研究开辟出新的思路与路径。结合治理的分析框架和研究范式去分析研究思想政治教育的既有理论、实践状况、问题难点和发展趋势，既是在国家治理现代化时代议题下深化思想政治教育研究的重要路径，也是充分发挥思想政治教育学科综合性特征，运用跨学科研究的思想智慧，不断丰富思想政治教育学科内涵，促进思想政治教育理论与实践发展的重要契机。现代公共治理理论，较早是从西方发展起来的，其公共治理理论经历了从传统公共行政、新公共行政、新公共管理、新公共服务、新公共治理的探索和发展。新颖的治理思路，随着西方治理时代的兴起，政府改革的需要和信息技术的发展，逐渐成为融入公共管理领域的新鲜血液，促进着公共管理领域的变革与发展。总体上，现代公共治理理论各具特色和优势，也都具有一定的局限性，结合中国社会发展的实践，积极吸纳其中可资借鉴的理论为我所用，是思想政治教育治理理论发展的重要思路和路径，因而思想政治教育治理理论也内蕴着对现代公共治理理论的借鉴与超越。

一、融通整体性治理的思维意识

整体性治理的理念与思维，在我国学者的研究探讨和国家治理实践发展的共同推动下已有一定的发展。但整体性治理作为一种理论较早是从西方社会发展起来的。它的主要代表人物是英国学者佩里·希克斯（Perry Hicks）和帕却克·邓利维（Patrick Dunleavy）等。这一理论提倡机构间的协调、政府功能的整合、行动的紧密化和整体性公共服务的提供，强调主体以合作的方式联合起来，组成紧密化的共同体，进行集体行动。在很多国外学者看来，整体性治理是为解决跨部门、跨层级、跨领域、跨区域等复杂化问题所提供的新的化解思路与路径。与此同时，整体性治理的理念思维也在澳大利亚、新西兰等国的改革实践中有所发展。因此，我国学者也敏锐地捕捉到整体性治理的研究和应用价值，在厚植中国情怀、根植中国问题、剖析中国案例的基础上，积极对整体性治理的内涵、逻辑与价值、应用进行研究，以切实推动了我国整体性治理研究的发展。因而整体性治理的相关研究，在我国虽然起步较晚，但是在引介、消化、吸收西方整体性治理理念思维的过程中，我国的整体性治理研究也在不断结合本国的实践与本土的案例进行分析研究，逐渐形成了具有中国特色和创新价值的整体性治理理论，而整体性治理的理念与思维也深刻影响着我国国家治理实践的发展。贯穿整体性治理理念思维的国家治理，突出强调了整合、信任与协同的重要地位。始终坚持党在多元主体协同治理中的领导核心地位，以公众需求为治理导向，以信息技术为治理手段，以协调、整合与责任为治理机制。跨越组织功能边界，在政策、规章、服务、监督四个方面，对治理层级、功能、公私部门关系及信息系统等碎片化问题进行有机协调与整合，不断从分散走向集中，从部分走向整体，从破碎走向整合，为公众提供无缝隙、非分离的整体性服务，充分体现国家治理的包容性、整合性。①

　　思想政治教育治理融通整体性治理的思维意识，在保持自身学科与研究特色的基础上，充分吸纳各学科各领域治理研究的理论精华，突出强调思想政治教育治理的协同性与互动性。思想政治教育治理涵盖思想政治教育工作的整个有机系统，涉及丰富的参与主体，也展现出多样的治理方式，只有对治理主体间关系进行科学地梳理与把握，并不断促进治理主体间关系的协调发展，才能确保治理方式和手段的协同发力。因此，突出思想政治教育治理的协同性，强调思想政治教育治理坚持在党的领导下，协调各方共同参与、责任共担、有效互动、协同发力，以不断加强治理的协同性。这既包括在不断加强学校内部各组织、各部门之间，以及学校内外相关组织和部门之间协同性的过程中所呈现出的横向协同；也包括在促进思想政治教育系统不同层级之间协同性的过程中所呈现出的纵向协同。就横向协同而言，要通过构建更加完善的体制机制，来不断促进学校内部的各组织和各部门在共同开展思想政治教育工作时的有效沟通和通力合作，进而在发挥其各自功能的同时，形成开展和推进思想政治教育工作的最大合力，为进一步推进思想政治教育治理实践的现代化发展增添助力。同时，有效

---

① 吴德星：《整体性治理理论与实践启示》，《学习时报》2017 年 11 月 27 日。

促进学校内外与思想政治教育相关的各组织和部门的有效互动和交流合作，进一步整合学校外的思想政治教育育人资源，构建起全方位的工作和育人体系。就纵向协同而言，既要聚焦思想政治教育各个层级的主体力量，有效调动包括领导干部、辅导员、教师、学生和后勤服务人员等，共同参与思想政治教育治理，促进思想政治教育创新发展的积极性、主动性和创造性，不断加强这些主体能动力量的联系、互动和交流；同时，也要把握从学校到院系、班级，以及从学校党委、行政到各职能部门的串联关系，进一步以人才培养为根本，以问题意识、问题导向为重点，就人才培养的各个环节和具体实践问题的应对解决，在总体上实现上下级的有效互动、协同攻关和全力配合。

二、发展数字化治理的方式方法

在当前网络信息技术高速发展的时代，数字化或是网络化治理的方式方法与相关理论，都在学术研究和实践发展领域受到关注和重视。数字化治理的方式方法，在一般意义上源于数字治理理论，这一理论提倡重新整合、整体的、协同的决策方式，以及电子行政运作的广泛数字化。它的主要代表人物有英国学者帕却克·邓利维（Patrick Dunleavy）等。而与互联网信息技术发展具有高度关联性的，还有网络化治理理论，这一理论与治理的网络化结构，以及网络技术与治理方式的有效联合息息相关。它提倡在网络结构中多元主体共同参与治理，并借助网络技术实施有效管理。网络信息技术在这里是作为一种重要的手段和凭借的，此理论的主要代表人物是美国学者斯蒂芬·戈德史密斯（Stephen Goldsmith）和威廉·D. 埃格斯（William D.Eggers）等。与此同时，我国学者对网络化与数字化治理的方式与理论研究也在逐渐地发展起来。而我国的国家治理进程也更加关注网络数据信息与治理实践相融合的发展前景和成长空间。以习近平总书记为核心的党中央，就极其重视国家大数据发展战略的实施，并在多次会议中强调当前大数据信息发展的日新月异，指明我们国家的各领域都应审时度势和精心谋划，对大数据应用进行主动地甚至超前地布局。在数字基础设施的建设完善，以及数据安全保障，数据资源整合与开放共享等与数字中国建设息息相关的各个方面积极作为，切实推进国家大数据发展战略。由此，在我国治理实施的各领域，都在主动谋求与大数据发展的有机融合，以期破解各领域进一步发展的困境和瓶颈，同时探索出适合自身发展的更优路径。

思想政治教育治理与时俱进，发展数字化治理的方式方法，主要是强调思想政治教育治理与大数据信息技术融合的可能性、可行性与有限性。一方面，自觉认识思想政治教育治理自身发展与大数据信息技术融合的可能性，积极关注互联网与大数据信息的更新迭代与可利用性，合理促进思想政治教育治理与大数据应用的融合发展。思想政治教育治理存在发展于网络时代的大背景下，不仅思想政治教育对象的生存方式和思维方式被网络时代深刻改变着，思想政治教育的实践推进也在与网络发展紧密贴合的过程中不断创新，逐渐形成网络思想政治教育研究的热潮。同时，大数据信息与各个领域的融合发展业已成为一种新的发展趋势，大数据应用的海量信息存储功能、海量信息筛选功能和海量信息整合优势等，都为不同领域的深化研究和创新发展提供了重要支撑。因此，思想政治教育治理要积极适应不断发展的大数据时代，把握自身实践发展与大数据应用融合的可能性，促进治理实施效能和质量的提升。另一方面，自觉认识自身发展与大数据信息技术融合的可行性，将治理具体实践与大数据信息技术进行融合发展的设计与构思，形成大数据信息技术与治理具体实践的融合态势，进而以大数据应用的优势不断提升治理实施效能。数字治理、网络化治理、智能化治理等思维方式在治理领域逐渐发展起来，为国家治理各领域提供了更多的可选方案。思想政治教育治理是治理理念和思维在思想政治教育场域内的深刻映现，因而网络化治理、数字治理等蕴含着对大数据信息技术深刻关照的治理思维和理念，也必须在思想政治教育治理的过程中有所体现。同时，思想政治教育治理系统各要素具备复杂的互动关系，而大数据信息技术的重要优势就是化复杂为简单，或许可以成为解构思想政治教育治理系统各要素复杂互动关系的重要凭借。因此，思想政治教育治理要积极融入数字化治理的逻辑和方法，充分挖掘各部分各环节与大数据信息技术融合的可行性，为提升治理实施效能提供助力。但同时，也要自觉把握自身发展与大数据信息技术融合的有限性，避免陷入对大数据信息技术过分依赖的误区，把握好思想政治教育治理与大数据应用融合的度。

三、呈现包容性治理的模式样态

包容性治理的理念和模式，在我国主要投射于社会治理、基层治理等实践之中，在我国国家治理现代化发展进程中拥有广阔的发展空间和重要的价值意义。治理的包容性作为一种要素或者标准，是与"善治"的理念和提法相伴而生的，"包容"的核心要素指向主体、过程和成果几个方面。随着我国治理研究的不断深入和发展，包容性治理也逐渐受到学者的关注和重视。结合中国社会治理、基层治理等实践的需要，对包容性治理的内涵、逻辑和价值、应用的研究也逐渐有所发展。比如，有学者基于制度设计的视角，提出了"包容性治理的关键在于，要把包容性的'发展'和'共享'理念贯穿于治理过程的始终，应该注重普通群众，尤其是弱势群体的平等参与，制度和政策能够为普通群众提供均等的公共服务"。[①] 也有学者围绕社会治理创新，指出包容性治理的意涵，主要体现在治理主体的多元参与性，治理过程的合作互动性与治理成果的利益共享性。[②] 强调在治理主体、治理过程和成果等方面提升参与的活力、范围和水平。还有学者聚焦基层信访治理，认为包容性治理的关键要素，应该包括政策过程的包容，权力运行的包容，程序实施的包容和行动方式的包容。[③] 从吸纳多方意见形成科学政策、切实保障参与各主体权力，遵循治理的程序规则及发展他治与自治行为的良性互动几个方面阐释了包容性治理在基层信访治理中的可能性与可行性，等等。这些结合中国社会发展的具体实践，研究包容性治理的各类成果，在展示包容性治理价值意义和发展前景的同时，也为更多涉及治理的研究领域提供了新的思路和方向。因此，对于思想政治教育治理研究而言，

---

① 刘述良：《中国"包容性治理"顶层制度设计——制度群的视角》，《学海》2013 年第 1 期。
② 徐倩：《包容性治理：社会治理的新思路》，《江苏社会科学》2015 年第 2 期。
③ 尹利民，万立超：《包容性治理何以可能——对中国基层信访治理形态嬗变的分析》，《管理科学》2017 年第 5 期。

包容性治理、治理的包容性等理念思路和发展路径也是其理论研究不容忽视的重要生长点，而呈现包容性治理的模式样态或许是思想政治教育治理研究发展的重要态势。

思想政治教育治理呈现包容性治理的模式样态，主要是在坚守自身发展路径的基础上，充分理解和内化包容性治理的内涵与价值，创新发展思想政治教育治理的包容性与开放性。始终聚焦思想政治教育治理理论与实践发展的客观需求，保持治理理论与实践发展的开放性和包容性。一方面，在思想政治教育治理理论研究和实践发展中，结合自身特色，充分吸收与内化包容性治理的核心要义和目标追求，着力在思想政治教育治理的主体、方式、过程和成果等方面体现包容性的要素和要求，以期为思想政治教育治理的理论研究提供更多的可能性，也为解决思想政治教育治理的实践问题提供更多的可行方案。另一方面，重视思想政治教育治理理论和实践发展过程的开放性与包容性，使思想政治教育治理的理论研究与实践推进过程始终处于开放包容的状态，在保持自身特色与自主性的基础上，积极借鉴吸收相关领域的科学成果与有益经验，不断推动思想政治教育治理理论与实践的创新性发展。开放容易带来进步，而封闭则必然会导致落后。[①] 封闭状态下的思维是禁锢的，行动也是局限的。无论是理论研究的突破，还是实践过程的发展，都无法在封闭的、固守的状态中实现。因此，思想政治教育治理的理论研究与实践推进都要始终保持开放包容的状态，不仅要在理论研究中，勇于突破学科壁垒，挖掘其他学科治理理论研究的相关科学成果为自身所用，实现学科间的深度交叉与有效融合，不断促进思想政治教育治理理论的科学化、系统化发展。而且要在实践推进中，坚持与推进国家治理现代化的背景，与世界发展现代化的潮流同向同行，充分吸纳国家治理现代化与全球治理实践的有益经验，在遵循思想政治教育工作规律的基础上，融合自身实践发展的特殊性，积极构建现代化的思想政治教育治理体系，不断提升思想政治教育治理能力，进而不断推进思想政治教育治理的现代化进程。

---

① 《习近平新时代中国特色社会主义思想学习纲要》，学习出版社、人民出版社 2019 年版，第 93 页。

第三节　中国共产党国家治理经验智慧的延伸与深化

中国共产党领导推进的国家治理实践和形成的国家治理理论具有鲜明的中国特色。正如习近平总书记所指出："我们推进国家治理体系和治理能力现代化，当然要学习和借鉴人类文明的一切优秀成果，但不是照搬其他国家的政治理念和制度模式，而是要从我国的现实条件出发来创造性前进。"[①] 中国特色的国家治理遵循马克思主义的国家理论逻辑，将国家兼备的政治统治与社会管理职能有机结合起来，治理的价值取向不同于西方社会，治理的方式手段也不同于中国传统，实质上是中国共产党领导下的广大人民群众共同参与的社会主义国家治理，体现了国家阶级性与公共性的统一，也反映了从静态的价值论国家到动态的方法论国家的重要转变。推进国家治理体系与治理能力现代化是中国特色国家治理理论的核心议题，也是国家治理现代化实践的重要议程。思想政治教育成长发展于中国社会，既是我们党的传统优势和重要法宝，也具有鲜明的意识形态性，因而其理论发展须始终坚守正确的方向路径，与党的理论发展保持同频共振。因此，不仅中国共产党领导推进的国家治理实践是思想政治教育治理的实践背景与发展场域，而且中国共产党领导形成的国家治理理论也是思想政治教育治理理论的理论基底与重要来源。在推进思想政治教育治理理论研究与发展的过程中，既要体现思想政治教育工作的风格与特色，紧扣思想政治教育工作的现实状况，升华思想政治教育治理实践的已有经验为理论成果，也要积极内化及收中国特色国家治理理论的深刻意蕴，融通国家治理实践的有益经验，在遵循思想政治教育工作规律与人才成长发展规律的基础上，凝聚思想政治教育治理智慧，形成思想政治教育治理的科学理论框架与话语体系。

一、映现站位于治理全局的宏观性战略

习近平总书记在党的十八届三中全会第二次全体会议上，首次界定了

---

① 《习近平在中共中央政治局第十八次集体学习时强调　牢记历史经验历史教训历史警示　为国家治理能力现代化提供有益借鉴》，《人民日报》2014 年 10 月 14 日。

"国家治理体系"与"国家治理能力"的概念："国家治理体系和治理能力是一个国家制度和制度执行能力的集中体现。国家治理体系是在党领导下管理国家的制度体系，包括经济、政治、文化、社会、生态文明和党的建设等各领域体制机制、法律法规安排，也就是一整套紧密相连、相互协调的国家制度；国家治理能力则是运用国家制度管理社会各方面事务的能力，包括改革发展稳定、内政外交国防、治党治国治军等各个方面。国家治理体系和治理能力是一个有机整体，相辅相成，有了好的国家治理体系才能提高治理能力，提高国家治理能力才能充分发挥国家治理体系的效能。"①从理论层面对国家治理体系和治理能力的整体性、系统性特征作出了解读。思想政治教育治理处于国家治理体系与治理能力现代化的宏观背景下，深受国家治理经验智慧的影响，因而国家治理体系与治理能力及其相关理论的深刻内涵也为思想政治教育治理的理论研究与实践推进提供了思路指引和有益借鉴。

除理论层面的精准定位以外，在实践层面，党的十八大以来，我国国家治理围绕统筹推进"五位一体"总体布局和协调推进"四个全面"战略布局有序展开，稳步推进，治理现代化水平显著提升。我们党领导下的国家治理经验，也充分展示了治理作为一种战略选择所蕴含的全局意识和一体化视角，基于实践着眼全局，科学规划，统筹安排，协同推进，以不断促进资源分配的合理化，实现资源利用的高效化，进而保障资源交互产生影响的正相关性。而这样国家治理的顶层设计也为思想政治教育治理进行了方法论定位。只有通盘考虑思想政治教育工作的整体大局，全方位多角度进行齐抓共治，才能最大限度地激发思想政治教育这个复杂系统的内生动力与长久活力。

就思想政治教育治理而言，在保持始终与国家治理现代化进程同向同行的过程中，其理论研究与实践推进也须深刻把握国家治理的经验智慧，使之融合彰显于思想政治教育治理的理论与实践之中。因此，吸收内化国家治理的全局视野，思想政治教育治理的内涵要义，可以解构为一种站位

---

① 习近平：《切实把思想统一到党的十八届三中全会精神上来》，《求是》2014 年第 1 期。

于思想政治教育全局的宏观性战略。一方面，聚焦思想政治教育的丰富资源，从思想政治教育工作的全局和整体出发去构思设计，统筹考量，科学规划，以一体化的视角和系统化的思维对思想政治教育工作的全局进行整体把控，合理调配丰富多样的思想政治教育资源，以保障思想政治教育资源储备的丰富性、资源利用的高效性，以及资源交互所产生影响的正相关性。另一方面，围绕思想政治教育治理体系与治理能力现代化的目标要求，切实将国家治理谋篇布局的整体规划与系统思维贯穿到思想政治教育治理的实施方略之中，在推进国家治理体系与治理能力现代化的时代背景下，着力构建现代化的思想政治教育治理体系，并在实践推进中不断提升思想政治教育治理能力。思想政治教育治理问题研究，内含推进思想政治教育治理体系与治理能力现代化的重要课题。思想政治教育治理体系涉及思想政治教育治理的制度、机制和政策、决策等宏观层面的内容。治理体系建构系统完备，治理效能才能得到保障，因而思想政治教育治理的理论研究与实施方略囊括了思想政治教育治理制度设计、机制建构、政策决策形成推进等宏观规划层面的内容。同时，思想政治教育治理能力总体而言是对宏观规划层面的内容执行和落实的能力，因而涉及思想政治教育队伍的建设和思想政治教育人才培养的问题，进而关涉到思想政治教育治理在课程建设、环境塑造、危机应对、质量评价、载体运用等具体实践中的质量和水准。因此，对这些具体内容的系统研究也是思想政治教育治理理论研究的题中应有之义。实质上，思想政治教育治理体系与治理能力相互依存，互为促进，协调发展，有机统一于思想政治教育治理的整体实践之中。在思想政治教育治理的实施方略之中体现国家治理的全局视野与系统思维，须深刻理解和把握思想政治教育治理体系与治理能力现代化发展的整体性与互动性，以有效保障思想政治教育治理体系构建与治理能力提升的相互影响、相互促进。

二、彰显致力于解决复杂问题的综合性视角

习近平总书记在全面深化改革专题研讨班开班式上强调："我们的国家治理体系和治理能力总体上是好的，是有独特优势的，是适应我国国情和

发展要求的。同时，我们在国家治理体系和治理能力方面还有许多亟待改进的地方，在提高国家治理能力上需要下更大气力。只有以提高党的执政能力为重点，尽快把我们各级干部、各方面管理者的思想政治素质、科学文化素质、工作本领都提高起来，尽快把党和国家机关、企事业单位、人民团体、社会组织等的工作能力都提高起来，国家治理体系才能更加有效运转。"① 党的十九届四中全会通过的《决定》也强调推进国家治理体系和治理能力现代化要"着力固根基、扬优势、补短板、强弱项，构建系统完备、科学规范、运行有效的制度体系，加强系统治理、依法治理、综合治理、源头治理，把我国制度优势更好转化为国家治理效能"。② 这些理论认识深刻反映出以习近平总书记为核心的党中央对我国国家治理面临复杂问题时的主动意识和主动思维，以及对于解决复杂问题的综合性思路的重视和倡导。思想政治教育治理深受国家治理经验智慧的影响，因而我们党在国家治理层面展现的主动思维和综合思路也为思想政治教育治理理论发展提供了方向指引和思路借鉴。

党的十八大以来，我国的国家治理在实践推进层面也在始终坚持以人民为中心，落实精准扶贫；坚定全面从严治党，推进反腐败斗争等多个方面取得了显著的工作成效，主动切实地解决国家治理进程中的难点、痛点问题，为推进国家治理现代进程不断地扫清了障碍，凝聚了人民合力。而我们党领导人民治理国家取得的丰硕实践成果，也突出展示了治理作为一个过程性的活动所蕴含的主动性思维与综合性思路，关照实践，直面难题，与时俱进，打破固有壁垒，协同多方力量、运用多种手段，有针对性地解决实际问题，推动治理实践的长效发展。如此这般的国家治理智慧精华同样为思想政治教育治理提供了本质性的引领，以主动的而非被动的逻辑思维发现问题、应对问题；关注问题解决的复杂属性，以综合性而非单一性的方法手段和主体力量去审视问题、解决问题，这对于思想政治教育这个复杂庞大系统的长效发展而言，无疑是更具科学性和强大优势的。

---

① 《完善和发展中国特色社会主义制度　推进国家治理体系与治理能力现代化》，《人民日报》2014 年 2 月 18 日。

② 《中共中央关于坚持和完善中国特色社会主义制度　推进国家治理体系和治理能力现代化若干重大问题的决定》，《人民日报》2019 年 11 月 6 日。

就思想政治教育治理而言，在保持与国家治理现代化同向同行的过程中，须不断融合彰显国家治理的经验智慧于思想政治教育治理的理论与实践之中。因此，吸收内化国家治理的主动性思维与综合性思路，思想政治教育治理的内涵要义，可以解构为一种致力于解决思想政治教育复杂问题的综合性视角。一方面，围绕推进思想政治教育治理体系与治理能力现代化的目标指向，以及思想政治教育治理在各领域具化的目标要求，秉持主动性的思维理念，切实观照思想政治教育工作实践，适时调整实践工作中与时代发展或实际需求不相适应的部分，坚持问题意识和问题导向，发现问题、直面问题，并以综合性的思路、方法与手段，针对面临的不同问题组织协同相关力量，及时破解思想政治教育实践与理论发展中的问题和难题，以有效推动思想政治教育治理实践的发展与理论的升华。另一方面，聚焦思想政治教育治理的复杂系统和多方参与力量，始终坚持在党领导下多方力量协同参与的治理主体格局。在思想政治教育治理的整体发展进程之中深刻融入我国国家治理的价值导向和政治立场，保障思想政治教育治理的政治方向不偏移，始终为国家治理现代化服务，以党领导下多方力量协同参与的治理主体格局为基础，在面对思想政治教育的复杂情况与问题时，既充分发挥党组织和党员的先锋带头作用，也积极组织协同与应对解决复杂问题相关的各方力量，以凝聚和发挥集体的合力优势。同时，针对问题的复杂难易程度，综合考量多种相关因素，采取相应的解题思路和解决手段，以保障问题的切实有效解决。

三、贯通聚焦于持续实践的反思性状态

党的十九届四中全会围绕推进国家治理体系与治理能力现代化的目标要求与战略部署，进一步提出："坚持和完善中国特色社会主义制度、推进国家治理体系和治理能力现代化，是全党的一项重大战略任务。必须在党中央统一领导下进行，科学谋划、精心组织，远近结合、整体推进。"[①] 这就

[①] 《中共中央关于坚持和完善中国特色社会主义制度　推进国家治理体系和治理能力现代化若干重大问题的决定》，《人民日报》2019 年 11 月 6 日。

从政策要求的层面明确了推进国家治理实践的持续性和过程性，因而不能只顾眼前、急于求成，须长远规划、循序渐进。同时，《决定》中也就党和国家监督体系作出了重点期望和要求，认为"必须健全党统一领导、全面覆盖、权威高效的监督体系，增强监督严肃性、协同性、有效性，形成决策科学、执行坚决、监督有力的权力运行机制，确保党和人民赋予的权力始终用来为人民谋幸福"。① 这也突出反映了我们党对中国特色的国家治理实践发展在监督制度建设和完善方面的要求，以监督促反思、保实效，透溢出对治理反思性状态的重视和坚持。思想政治教育治理深受国家治理经验智慧的影响，因而我们党在国家治理层面展现的持续性实践和反思性状态也是思想政治教育治理的应有之态和重要追求。

不仅是在政策文件之中，我们党领导下的国家治理实践，也显示着治理实践的持续性和反思性状态。诸如在我们党的自身建设伟大工程之中，持续发力，严格落实，积极践行和追求治理系统内部的自我革新、自我净化、自我提高与自我完善；同时在对党和国家治理实践的外部监督方面，持续作为，重点行动，将巡视巡查整改等监督督查的具体举措逐渐细化落实在国家治理的多个领域，切实强化对权力运行的制约和监督，以不断健全和完善我们党和国家的监督体系。党领导下的国家治理实践经验，凸显了治理作为一种螺旋上升型的持续实践所蕴含的内外协调统一的反思性状态，既重视自身内部的合理建构，审慎检测内部存在的问题与不足，及时加以改进和完善；又合理运用有效的外部监督，动态监测治理系统整体运行的情况和状态，及时发现系统运行的问题和难点，以不断化解问题，优化系统运行，保持治理整个运行系统的长效高质量发展。

就思想政治教育治理而言，将国家治理的经验智慧彰显融通于思想政治教育治理的理论与实践之中，要求思想政治教育治理呈现和追求与国家治理相一致的持续性实践和反思性状态。因此，思想政治教育治理的内涵要义，可以解构为一种聚焦于思想政治教育持续实践的反思性过程。一方面，以持续的反思性状态保障自身处于不断修正、改进和完善的螺旋上升

---

① 《中共中央关于坚持和完善中国特色社会主义制度　推进国家治理体系和治理能力现代化若干重大问题的决定》，《人民日报》2019 年 11 月 6 日。

式过程，围绕保障思想政治教育实效的目标要求，充分发挥内部自省的纠错与激励功能，提升思想政治教育治理能动主体的素质与能力，形成思想政治教育治理内部的良性生态。在科学理解思想政治教育治理过程的复杂性与长期性的基础上，建立科学有效的评价体系和监测系统，以保持治理的动态性和反思性。保持动态性和反思性的思想政治教育治理要始终坚持对思想政治教育治理整体效能的监测与评价，既包括对治理过程效率的监测，也包括对治理结果效益的评价，二者有机统一于动态性的评价体系与监测系统之中。对治理过程效率进行动态性监测，既是对治理过程复杂性的积极应对，也是从源头上把控治理实际成效的重要手段。通过动态性监测，及时发现治理过程中存在的问题与不足，进而对其中的各方面要素进行及时地调整与随时地反思，有助于将治理过程中的不利因素尽早扼杀，切实保障治理过程的高效性。对治理结果效益进行动态性评价，既是检验治理实际成效的必然要求，也是对治理结果丰富性的科学认识。通过动态性的评价，分析不同阶段、不同领域治理结果的实际效益，及时发现具备示范性的治理结果，进行宣传推广，发挥以点带面的作用和功效；与此同时，也及时找出低效的治理结果，进行备案与反思，避免低效结果再次出现，切实发挥治理结果的正向示范功能。另一方面，合理发挥外部监督的规范与整改功能，以促进思想政治教育治理系统的高效运行，并在规范和整改的过程中凝练相关问题的应对策略，形成指导解决治理问题和难点的整体思路与政策体系。在内部自省与外部监督的有机统一中，保障思想政治教育治理过程的螺旋上升式发展。在深刻理解思想政治教育治理持续性和长期性的基础上，积极应对时代与实践变化发展的客观实际，遵循治理对象思想品德变化发展的客观规律，保持自身变化发展的动态性与适应性，通过建立动态性的整体效能评价与监测体系，以及不断发展的外部监督机制，对思想政治教育治理涉及的各个方面与整个过程进行有效监测和及时反馈，保持治理过程的反思性状态，进而保障思想政治教育治理始终保持生机与活力。

第二章
高校思想政治教育治理价值

　　明确高校思想政治教育治理价值，是推进高校思想政治教育治理研究持续发展的基本前提。价值的认知离不开对主客体的把握，高校思想政治教育治理价值研究也是一样。将高校思想政治教育治理作为一个整体，它所面对的工作对象不仅涉及国家治理实践、高校思想政治教育工作实践，同样也包含这些实践活动中的人。因此，就一般性来讲，高校思想政治教育治理的价值，就是要满足这些实践活动创新发展以及实践中人的全面发展需求。具体而言，高校思想政治教育治理的价值既要从推进国家治理体系和治理能力现代化的高度进行审视，又要从高校思想政治教育内涵式发展的深度进行发掘，更要从落实高校立德树人根本任务的维度进行考量。高校思想政治教育治理的价值体现在它是国家治理体系和治理能力现代化的应有之义，是提升思想政治教育科学化水平的内在要求，是激发思想政治教育内生动力的关键因素，更是构建中国特色高校思想政治教育体系的重要保证，对于培养德智体美劳全面发展的社会主义建设者和接班人具有重大的战略意义。①

第一节　在落实立德树人根本任务中的价值

　　思想政治工作是治党治国的重要方式，因此思想政治教育治理是国家

---

　　①　冯刚、高山等：《新时代高校思想政治教育治理论》，中国社会科学出版社 2021 年版，第 91 页。

治理研究的应有之义。具体到高校思想政治教育治理研究，其重要的目的就是要全面贯彻党的教育方针，坚持社会主义办学方向，落实立德树人根本任务。新时代深入推进高校思想政治教育治理研究，将有效彰显立德树人根本，优化立德树人机制，增强立德树人能力。

一、彰显立德树人根本

高校思想政治教育治理的创新发展，对落实立德树人根本任务，培养德智体美劳全面发展的社会主义建设者和接班人具有重要意义。高校思想政治教育治理的整体布局与政策安排要紧密围绕立德树人根本任务，以明确的目标指向与价值追求凝聚高校思想政治教育治理的共识与信念，统筹高校思想政治教育治理的各项资源，并通过资源的优化配置，提升高校思想政治教育治理实效。[①]

（一）有利于落实党对高校的全面领导

高校立身之本在于立德树人。只有培养出一流人才的高校，才能够成为世界一流大学。要坚持把立德树人作为中心环节，把思想政治工作贯穿教育教学全过程，实现全程育人、全方位育人，努力开创我国高等教育事业发展新局面。[②] 高校思想政治教育治理，将进一步完备高校思想政治教育政策体系，进一步强化党对高校思想政治教育的全面领导，完善以党的领导为核心、各相关方协同做好高校思想政治教育工作的体制机制。在此基础上，高校思想政治教育治理的政策设计、制度安排和整体布局，能够全面体现党的领导，深入贯彻党的教育方针，最终将有利于回答好培养什么人、如何培养人、为谁培养这个教育的根本问题。思想政治教育是做人的工作的，高校思想政治教育治理能够在最大程度上结合青年大学生的特点及其成长成才需求开展工作，从而使高校思想政治教育治理遵循思想政治工作规律、遵循教书育人规律、遵循学生成长规律，回应好新时代的发展要求，

---

① 冯刚：《构建新时代高校思想政治教育治理体系》，《中国教育报》2021 年 9 月 13 日。

② 《习近平在全国高校思想政治工作会议上强调　把思想政治工作贯穿教育教学全过程　开创我国高等教育事业发展新局面》，《人民日报》2016 年 12 月 9 日。

回应好教育治理现代化的需求，回应好青年大学生的发展诉求。培养德智体美劳全面发展的社会主义建设者和接班人，归根结底就是立德树人。当然，要完成好这一根本任务，需要厘清思路、花大力气、下真功夫。① 因而，高校思想政治教育治理应该坚持党的领导，在围绕学生、关照学生、服务学生方面进行系统着力，助力把青年大学生培养成堪当大任的时代新人。

（二）有利于深入推进"三全育人"

高校思想政治教育治理可以使高校思想政治教育工作更加彰显其组织性和系统性，使高等教育的发展和国家治理体系与治理能力现代化同向同行，为党育人、为国育才。高校思想政治教育治理的组织性，主要体现为党对高校思想政治教育治理的全面领导，推动高校各级党组织把思想政治教育治理的领导权和主动权牢牢掌握在自己的手中，建构起与立德树人根本任务相适应的工作体系，推动形成全员育人、全程育人、全方位育人的"大思政"格局。高校思想政治教育治理的组织性也体现在思想政治教育治理多元主体的行为模式上，有利于治理相关方围绕立德树人根本任务，通过一定的组织平台开展思想政治教育治理工作。只有依托一定的组织载体，高校思想政治教育治理才能有序开展，否则多元主体就会各自为阵，一盘散沙，无法形成育人合力。高校思想政治教育治理的系统性，是指高校思想政治教育治理能够有效推动形成纵向到底、横向到边、上下贯通的治理网络体系。高校思想政治教育治理网络体系，涵盖了高校思想政治教育治理的多元主体。除了人的因素之外，还包括各类育人场所、育人活动、育人资源等，都属于思想政治教育治理网络体系的范畴。高校思想政治教育治理，有利于多元主体力量的统筹规划、系统安排，推动形成全员、全过程、全方位育人的良好教育生态。

（三）有利于构建思政教育共同体

高校思想政治教育治理是有需求、接地气的教育参与。当前，中国特色社会主义进入新时代，我国社会的主要矛盾已经转化为人民日益增长的

---

① 《坚持把立德树人作为根本任务——二论学习贯彻习近平总书记全国教育大会重要讲话精神》，《中国教育报》2018 年 9 月 14 日。

美好生活需要和不平衡不充分的发展之间的矛盾。广大民众包括青年大学生，不仅对物质文化生活方面提出了更高的要求，对民主、法治、公平、正义等方面的价值需求也日益增长。高校思想政治教育治理需要吸纳多元主体，特别是青年大学生的参与，激发出校内外各方面的积极性和主动性。"培养担当民族复兴大任的时代新人"这一重大命题的提出，体现了党对新时代培养什么样的人这一问题的深刻把握。党的十九届四中全会强调，我们要完善党委领导、政府负责、民主协商、社会协同、公众参与、法治保障、科技支撑的社会治理体系，建设人人有责、人人尽责、人人享有的社会治理共同体。[①]培养担当民族复兴大任的时代新人需要党和政府、高校、社会各界、学生家庭、青年大学生等各方面的共同努力。高校思想政治教育治理，就是通过构建共建共治共享的制度机制，吸纳多元主体参与学生思想政治教育，尤其是要激发青年大学生自身的主体性和能动性，让青年大学生在参与思想政治教育治理中提升站位、开阔视野、涵养情怀、增强能力。与此相应，高校思想政治教育治理经由"三全育人"育人综合改革，将加强和创新共建共治共享的思想政治教育治理制度机制，从而汇集起校内外落实立德树人根本任务的磅礴伟力。

二、优化立德树人机制

高校思想政治教育治理体系研究的内容丰富，比如高校思想政治教育治理各组成要素之间的相互联系，即高校思想政治教育治理的组成结构；高校思想政治教育治理在实际运行中发挥的作用和效果，即高校思想政治教育治理的功能；高校思想政治教育治理发挥功能的作用过程和作用原理。坚持和完善共建共治共享的思想政治教育治理体系，是实现高校思想政治教育治理现代化的重要保障，有利于优化高校立德树人机制。

（一）健全立德树人整合机制

我国高校思想政治教育治理是一种整体性治理，该治理模式以党组织

---

① 《中共中央关于坚持和完善中国特色社会主义制度、推进国家治理体系和治理能力现代化若干重大问题的决定（辅导读本）》，人民出版社 2019 年 11 月版，第 82 页。

为纽带，借助于现代网络技术，通过建立跨组织的整体治理结构，既实现校内各方力量的整合，也重新调整学校、政府、社会和家庭之间的横向关系，提高应对复杂环境和复杂问题的综合治理能力。[①]坚持和加强党的全面领导，是高校推进思想政治教育治理的根本前提，唯有如此高校思想政治教育治理才能形成强大的整合能力。否则，高校思想政治教育治理就会失去方向而导致散乱，无法形成思想政治教育合力。同时，由于高校思想政治教育治理关乎多元主体的利益，无论是学校、政府、社会、家庭，甚或是教师、辅导员、行政人员、学生，都会对思想政治教育治理有不同的认知和需求。在这种情况下，如果没有一个强有力的整合机制，很容易发生利益、思想、意识、价值等方面的摩擦、碰撞甚至冲突。党组织作为高校思想政治教育治理的领导力量，以全心全意为人民服务为价值追求，以中华民族伟大复兴为使命担当，因而可以有效统筹协调各方利益和关切，进而有效整合力量和统筹资源，充分发挥各方的积极性和主动性，推动形成协同育人的整体合力。

（二）完善立德树人动力机制

高校思想政治教育治理具有网络型治理的属性，强调各治理主体按照相互达成的规则和信任进行资源配置、协调以及互动。同时，高校思想政治工作治理是基于需求导向的，不同的参与主体会有不同的具体目标和相应任务。从高校角度看，立德树人是根本任务，为党育人、为国育才是职责使命，是为了培养担当民族复兴大任的时代新人；从家庭角度讲，是为了培养具有家国情怀的下一代，延续生命的价值、意义和家国使命；从学生角度出发，是为了更好地成长成才，实现自我价值；从社会角度，是基于对人才的需求或者是为实现社会良性运行的使命而参与高校思想政治教育治理。无论是哪一方，如果高校思想政治教育治理能够实现其利益，能够满足其需要，参与的热情就会比较高，参与的主动性也会比较强，参与的效果也就会比较好。与此相应，需求总是与问题相联系的。思想政治教

---

① 曾凡军、定明捷：《迈向整体性治理的我国公共服务型财政研究》，《经济研究参考》2010 年第 65 期。

育治理应从大处着眼、小处着手，以解决问题、促进发展为导向，能够凝聚起各参与主体的积极力量，从而推动高校立德树人向纵深发展。

（三）贯通立德树人运行机制

高校立德树人运行机制是立德树人各要素之间的相互关系、作用原理及其功能发挥的过程及方式。高校思想政治教育治理建立在平等参与、民主协商和法治保障的基础上，对立德树人相关主体、相关要素将起到协调磨合作用，有利于促进高校立德树人机制的良性运行。多元主体的平等参与是高校思想政治教育治理的基本特征。平等参与意味着高校思想政治教育治理的主体必须相互尊重，可以有效维护参与主体的尊严和人格。因此，平等参与对于有效统筹高校思想政治教育治理多元主体的利益具有积极意义，能够把有意愿参与的个体和组织纳入高校思想政治教育工作的范畴，壮大了高校立德树人力量。在吸纳相关方参与的基础上，如何让高校思想政治教育治理有效运作起来，就成为了关键问题。在此方面，可以通过建立健全民主协商和法治保障体系，以促成高校思想政治教育治理的有效展开。民主协商是我们党的优良传统，可以集中起人民群众的智慧和力量，有利于发挥众人之长。如此，高校思想政治教育治理就能够凝聚起校内外各方力量，为立德树人机制的良性运行增强动能。法治是高校思想政治教育治理的规范要求和应有之义，可以为多元主体的平等参与和民主协商提供规则。高校思想政治教育治理中的多元主体参与，如果离开了规则就可能产生混乱乃至冲突，将导致高校正常的教育教学工作无法开展，立德树人的机制运行也将陷入困境。由此可见，法治对于高校思想政治教育治理具有至关重要的保障作用，是高校思想政治教育治理的基石。同时，高校思想政治教育治理也将促使党政人员、教师、学生、家长以及其他参与各方规范行使权利和义务，为立德树人机制的良性运行提供有力保障。

（四）创新立德树人反馈机制

立德树人反馈机制是对立德树人工作效果进行反馈的运行体系，可以使高校立德树人、教书育人形成完整的闭环。立德树人反馈机制首要的是要有效反映人才培养的质量，只有培养出一流人才的高校才是真正的一流高校。因而，立德树人反馈机制要体现"一线规则"，要能反映出基层一线的实际情形，体现一线师生的真实状况。高校思想政治教育治理是以需求和问题为导向的，必须最大限度地吸纳一线师生的参与，因而能够最大程度地体现师生需求，团结广大师生共同解决立德树人过程中面临的实际问题，把立德树人内化到大学建设、管理和发展的各领域、各方面、各环节。高校思想政治教育治理由于涉及的人员众多、内容广泛、范围纵深，大数据和人工智能的发展为此提供了支撑。在科技力量的支持下，高校思想政治教育治理将有利于全覆盖细化、全方位深化立德树人反馈机制，也为动态开展立德树人成效评估提供了条件。

三、增强立德树人能力

如何围绕立德树人根本任务提高人才培养能力，构建高水平人才培养体系，是一流大学建设的重中之重。思想政治教育治理就是要聚合思想政治教育的全要素并贯穿办学治校全过程，从而引导高校广大师生做社会主义核心价值观的坚定信仰者、积极传播者、模范践行者，深化拓展各方面育人资源，整合校内外育人力量，全面优化整体育人环境，提升立德树人工作水平。

（一）立德树人主体实践能力的提升

思想政治教育治理目的是把人才培养的"利益相关方"动员起来，形成全员育人的整体合力，共同落实立德树人根本任务。从理论上讲，思想政治教育治理强调的是"共同参与"的治理。从现实情况来看，当代大学生对个人利益的维护、对自身价值的实现非常关注，有参与的意愿和诉求，这是无可厚非的。因为参与权既是宪法赋予的权利，也是人性需求的组成部分。[①] 对此，无论是党和政府，还是高校党政管理干部、广大教师都应从高校学生角度出发，围绕学生、服务学生、关照学生，设身处地地予以理解。为提升立德树人的成效，我们应重点关注如何通过思想政治教育治理来增

① 马庆钰：《共建共治共享社会治理格局的意涵解读》，《行政管理改革》2018 年第 3 期。

强参与主体的治理能力和治理水平。

从学校层面看，思想政治教育治理有利于推进全员育人从而实现立德树人能力的提升。全员育人意味着高校的所有师生员工都是育人主体，所有岗位都应该有育人职责。推动全员育人首先要实现广大师生员工的观念转变和思维转换，促使高校从业人员都自觉树立起为党育人、为国育才的使命意识。此外，学生本身也不能置身事外，要把自己作为立德树人的主体，树立自觉成才的理念，主动融入国家和民族的发展伟业之中，立志服务中华民族伟大复兴。高校思想政治教育治理，通过内部治理结构、治理制度和决策机制的设计和完善，可以保障师生员工参与学校决策、人才培养、教育教学活动、班级管理活动的权利，帮助师生员工理解民主参与的价值，培养民主参与的意识和能力。①

从整体社会层面看，高校立德树人需要政府、社会、企业、学生家庭等方面力量的支持。通过思想政治教育治理有助于形成学校与家庭、学校与政府部门、学校与社会、学校与企业之间的良性互动，将有效提升立德树人的成效。高校思想政治教育治理实践的多元主体的参与过程，其实质就是一种民主参与、民主监督、民主协商的过程，有利于调动各方面参与教育变革的积极性、主动性和创造性，建立起更加良好的信任与合作。②高校思想政治教育治理，需要构建有效的治理机制，调节好治理相关方在立德树人中互动关系，以"综合协同育人"作为根本途径，坚持社会主义办学方向，以社会主义核心价值观为引领，构建德智体美劳全面发展的教育体系，培养德智体美劳全面发展的社会主义建设者和接班人。③

（二）立德树人资源拓展能力的增强

立德树人作为高等教育的根本任务，包含于各门课程之中，需要通过推动德智体美劳"五育并举"来实施，通过课内课外活动进行落实。立德树人需要有资源的投入和资源的应用，而思想政治教育治理对深化拓展立德树人的学校内部资源和校外各方资源具有促进作用，能够动员和聚合起

---

① 蒲蕊：《新时代学校治理的价值追求》，《中国教育学刊》2021 年第 4 期。
② 石中英：《教育治理的价值追求》，《中国教育报》2015 年 4 月 30 日。
③ 《深入学习习近平关于教育的重要论述》，人民出版社 2019 年版，第 74 页。

立德树人各资源要素，推动教师潜心育人，促成学生用心向学，激发相关各方齐心促学。

资源是主体用以实现其特定目标的凭借，是开展工作的前提条件和基本依托。人们对资源的认识大致经历了"自然资源——社会资源、经济资源——知识资源、信息资源"的扩展，逐渐形成"大资源"观念。[1] 社会学家布尔迪厄提出的社会资本理论认为，资源"往往是同某种持久性的网络的占有密不可分的，这一网络是大家共同熟悉的、得到公认的，而且是一种体制化关系的网络"。[2] 在这里，布尔迪厄把人际关系网络尤其是体制化的网络关系归入了资源的范畴，把资源的概念从物质、知识和信息层面拓展到了关系网络层面。有学者用关系网络视角解释了资源的获得，认为资源是在一个社会或群体中被认为有价值的东西，包括物质或符号物品，如果这些东西被占有会增加占有者的生存机遇，并将资源划分为个人资源和社会资源。[3]

就思想政治教育社会治理而言，高校层面目前主要以"全员、全过程、全方位"的"三全育人"综合改革为抓手，强调在学校党组织的全面领导下，思想政治教育要实现全要素投入、全流程提质、全方位增效。因此，"三全育人"实际上是对立德树人的资源投入、质量提升、实效取得的综合性要求。思想政治教育治理通过整合校内外各方面资源，以建立全体师生员工和立德树人相关各方形成教育共同体，促成多元主体尽其所有、尽其所能，有效参与到立德树人工作中。同时，通过开展思想政治教育治理，以提升高校师生和参与各方的政治站位和思想觉悟，全流程把好质量关，进而推动青年大学生自觉追求卓越，形成高质量发展的态势。

（三）立德树人环境调控能力的优化

一般而言，育人环境包含育人的硬件环境和软件环境。其中，育人的

---

[1] 李维华、韩红梅：《资源观的演化及全面资源论下的资源定义》，《管理科学文摘》2013年第2期。

[2] 皮埃尔·布迪厄：《布尔迪厄访谈录：文化资本与社会炼金术》，包亚明译，上海人民出版社1997年版，第202页。

[3] 林南：《社会资本：关于社会结构与行动的理论》，张磊译，上海人民出版社2005年版，第40~44页。

硬件环境是指教育教学硬件设施，是教育教学所需的物质条件、设施设备、有形空间、建筑物体等。育人的软件环境主要是指文化氛围、制度机制、风俗习惯和社会风气等与文化、制度、规则、风尚相关的方面。人与环境是相互交融的，个人的发展受到环境的影响和制约，同时个人又通过自己的行动改变或创设周围环境。在此意义上，环境是立德树人不可或缺的重要组成部分。立德树人作为高等教育之根本，需要有硬件环境和软件环境的双重支撑，才能形成"双轮驱动"的发展格局。思想政治教育治理通过吸纳多元主体的参与，通过育人硬件环境的优化和育人软件环境的迭代，为立德树人的深化发展营造良好的氛围。

在学校层面，立德树人的硬件环境主要包括课室、仪器设备、学生宿舍、饭堂、图书馆、博物馆、体育馆及其各类设施。这些设施设备及其配套是否完善，是否能够满足新时代的育人需求，与人才培养质量是息息相关的。思想政治教育治理有助于提升师生员工的思想意识，使广大师生员工认识到学校各类硬件设施的育人功能，从而经由师生的共同努力发挥出环境育人功效。例如，就学生宿舍而言，其显功能是学生住宿休息的场所。但实际上学生宿舍具有重要的育人功能，只不过这种功能是一种潜功能，需要师生努力去发掘和拓展。通过开展宿舍文明建设，可以营造学生宿舍积极进取、互帮互助的良好氛围；通过制定和实施宿舍公约，可以激发学生自我教育、自我管理、自我服务、自我监督的能力。如此等等，都需要将思想政治教育治理理念贯穿其中。从中也可以看出，硬件环境如果缺乏软件支撑，育人功能就无法充分发挥。与此相应，软件环境如果没有硬件支撑，也会因缺少物质条件而不可持续。

从学校外部环境看，无论是乡村还是城市，都有许多育人的硬件设施，比如烈士陵园、红色景点、博物馆、主题纪念馆等等，都能发挥很好的思想教育功能。除此之外，法律法规、制度政策、伦理道德、社会风尚、家教家风等软件环境对青少年的成长起着重要的影响作用。从历史和文化层面看，中华民族在漫长的历史发展过程中，构建了一套成熟的道德价值体系，形成了丰富的个人伦理、家庭伦理、国家伦理以及宇宙伦理的道德规范体系和道德教育理论。① 这些都是高校思想教育的有用资源，通过开展高校思想政治教育治理，有利于把这些分散的资源统合到高校思想政治教育工作中，形成校内外硬件环境和软件环境的综合效能，为落实立德树人根本任务创造出良好的环境条件和社会生态。

第二节　在思想政治教育内涵式发展中的价值

新时代高校思想政治教育的内涵式发展，已经成为推动高校思想政治工作守正创新发展的必由之路，是提升高校思想政治工作针对性和感染力的固本之策。高校思想政治教育治理可以加速思想政治教育文化的升维，推动思想政治教育责任的落实，促成思想政治教育质量的提升，对高校思想政治教育的内涵式发展具有战略性价值。

一、加速思想政治教育的目标协同

组织的目标和个人的目标、需求以及原本在低维空间里相冲突的方面，在高维度的空间里是可以实现融合的。思想政治教育治理可加速思想政治教育的目标协同，表现为思想政治教育治理有利于打造多元共生的生态文化，有利于搭建互联互通的思想政治教育价值链条，有利于形成集体升维的思想政治教育工作格局。

（一）有利于打造多元共生的思政生态文化

高校思想政治教育治理通过调动多方主体共同参与大学生思想政治教育，可以建立起多元共生的思想政治教育生态系统，推动形成新型思想政治教育生态文化。人是不可能独立而存在的，人们的生活体系是相互关联的，人与人之间必须互相支撑才能生存和发展。生态观点提供了系统的、有机的分析视角，关注有机体在环境中的适应性，以及有机体在环境中获得的动力平衡与成熟的过程，着重人类生命有机体与其周遭环境之间的互动。②

---

① 《深入学习习近平关于教育的重要论述》，人民出版社 2019 年版，第 21 页。
② 范明林：《社会工作理论与实务》，上海大学出版社 2007 年版，第 97 页。

高校思想政治教育治理的主体，概括起来主要包括党和政府、高校、社会组织、家庭以及学生自身等方面。中国共产党及其领导下的中国政府致力于中华民族的伟大复兴，以人民对美好生活的向往为自己的奋斗目标，把发展作为第一要务，把人才作为第一资源，把创新作为第一动力，把教育作为国之大计、党之大计，创造性地提出了"为党育人、为国育才"教育的职责使命，这为思想政治教育治理指明了前进方向。在高校层面，立德树人是教育的根本任务，思想政治教育要贯穿教育教学全过程、各方面。在家庭层面，《中华人民共和国家庭教育促进法》已公布并实施，该法为把家庭纳入思想政治教育治理提供了法律保障，必将引领全社会注重家庭建设，涵养良好的家教和家风，培养德智体美劳全面发展的社会主义建设者和接班人。从全社会范围看，当前对网红、明星、大 V 失范行为的治理，对英烈、军人、大国工匠、劳动模范等的大力宣传，是思想政治教育治理的有力之举、有效之策，大大弘扬了社会主义核心价值观。从学生自身看，青年大学生普遍具有追求自身进步、实现自我价值的良好愿望。高校思想政治教育治理的关键，就是促成青年大学生把青春追求融入到国家和民族的事业发展中，让青春在为人民服务中绽放风采。因此，高校思想政治教育治理可以有效调动各方力量，形成多元共生、各司其职而又相互协同的思想政治教育生态系统。

（二）有利于搭建互联互通的思政价值链条

高校思想政治教育治理是围绕高校立德树人根本任务，通过凝聚校内校外力量、用好网上网下资源、发挥教师学生作用，激发思政主体动能，以形成协同育人的工作合力。在此意义上，高校思想政治教育治理突破了高校思想政治教育中通常由老师教、学生听的垂直价值传播链条，既从全局层面梳理思想政治教育价值传播的完整路径，又从更高维度探究价值传播的细节，把教师、党政及教辅人员、后勤保障力量纳入育人工作队伍，统筹国家和地方党政机关、社会组织、家庭、企事业单位等方面有益的育人资源，把各方面力量、各层面资源、各主体诉求等都考虑在内，以社会主义核心价值观为引领，搭建起互联互通的思想政治教育价值链条，以共同推动高校学生全面发展、健康成长。

价值传播是在社会网络中进行的，社会网络中的人都会不同程度地受到主流价值观念的影响，同时也可以通过自己的言行影响主流价值的传播。一个人与另一个人建立的关系并不只是点与点的关系，也并不只是个人之间的关系，而是统合于关系网络之间的联系。在这个意义上，个人和关系是不可分解的，一个人是带着其他群体的关系印迹来和他人进行交往的，所以个人和群体之间的关系具有双重性。[①] 思想政治教育治理，是多元主体参与的思想政治教育机制。在此过程既有个体的参与，也有群体的参与，还有组织方面的介入，交织形成一个相互贯通的信息交换网络。在这个信息交互网络中，既有思想和价值的交流交融，也会有思想和价值的交锋甚或碰撞。思想政治教育的治理，就是要推动思想和价值有效交流和交融，并让交锋和冲突在治理中得到"软着陆"。思想政治教育治理并不只是"和风细雨""润物无声"，也需要直面矛盾、直面问题，要同时发挥出"治"和"理"两方面的效能，把"治病"和"调理"有机结合起来，由此让价值链条能够互联互通，让正能量充分涌流，为立德树人、育人成才提供价值引领和思想引领。

（三）有利于形成集体升维的思政工作格局

高校思想政治教育治理是多元主体的"共治"，参与各方只有同向发力、同频共振才能形成思想政治教育的合力。高校思想政治教育的治理需要以能力提升为前提，同时高校思想政治教育治理也应承担起增强治理主体协同意识和合作能力的重任。高校思想政治教育治理需要有教育共同体精神，要在集体升维中增强能力和提升质量。从人类社会发展进程看，人类的每一次观念的革新和能力的升维都能大幅提升人类所能掌握的能量，帮助整个人类社会跃上一个新的发展台阶。[②] 在思想政治教育治理语境中，升维是指高校思想政治教育要突破瓶颈障碍，突破现有物理及认知局限的困局，通过提升站位、拓展视野、聚合力量，实现思想政治教育质量的跃升。

[①] 周雪光：《组织社会学十讲》，社会科学文献出版社 2003 年版，第 114 页。
[②] 忻榕、陈盛如、侯正宇：《平台化管理》，机械工业出版社 2020 年版，第 32 页。

高校思想政治教育治理的使命是为党育人、为国育才，根本任务是立德树人。高校思想政治教育治理多元主体的集体升维，是为了实现高校思想政治教育治理的目标。也就是说，"共治"必须以共同的目标为追求，同时也要以"共识"为基础。为此，高校思想政治教育治理的多元主体应聚焦为党育人、为国育才，突破组织的藩篱和个人利益的局限，把个体的发展融入到组织、集体和国家、民族的发展进程中，推动各方共同致力于立德树人，把高校青年大学生培养成德智体美劳全面发展的社会主义建设者和接班人。只有在这样的宏阔格局下，高校思想政治教育治理才能真正发挥出统合效应。

高校思想政治教育治理多元主体的集体升维，是以思想政治工作的战略升维为保障的。只有战略实现了升维，我们才可以看到低维度空间的全貌，更好地实现系统协同。高校思想政治教育通过牢牢把握为人民服务、为中国共产党治国理政服务、为巩固和发展中国特色社会主义制度服务、为改革开放和社会主义现代化建设服务的战略定位，并以此作为整合思想政治教育多元主体力量的根本原则和基本方法。从参与主体角度，高校思想政治教育治理可以推动青年学生从认清历史发展大势和把握社会运行规律的角度出发，从而为青年学生的成长成才提供支持和帮助，促成大学生实现自身观念和能力的升维，引导广大青年学生从更高的层次去观察世界、认识世界、改造世界，在服务国家富强、民族振兴、人民幸福的历史进程中找准定位、提升能力、实现价值。

二、推动思想政治教育责任的落实

高校思想政治教育治理是一种共治型思政工作模式，可以强化党委的全面领导之责，深化政府的统筹之责，优化社会的协同之责，细化学校的主导之责，进化家庭的养育之责，实化学生的主体之责。

（一）党委的领导之责得以强化

办好中国的事情关键在党。坚持党对一切工作的领导，是习近平新时代中国特色社会主义思想的重要组成部分。高校思想政治工作，是党领导高校工作的具体体现，也是开展高校党的建设的重要抓手。[①] 思想政治教育包含着思想教育、政治教育、道德教育等丰富的内容，在党的思想建设和人民群众的思想教育方面发挥着重要作用。[②] 做好高校思想政治教育治理，可以强化党对高校工作的领导权，进一步增强党委抓政治领导和思想领导的职责。其中，政治领导就是要保证高校正确办学方向，保证党的领导在高校工作中全面发挥作用。思想领导，就是要掌握高校思想政治工作的主导权，巩固马克思主义在高校意识形态的主导地位，用科学理论培养人，用正确思想引导人，保证高校始终成为培养社会主义事业建设者和接班人的坚强阵地。[③] 加强党对高校工作的全面领导，做好思想政治工作，根本上要靠人才和队伍。配齐建强高校思想政治工作队伍是加强高校党建的应有之义。要围绕立德树人根本任务，进一步做好高校党政干部、共青团干部、思想政治理论课教师和辅导员队伍建设，让思想政治工作队伍人才源源不断、后续有人，为高校思想政治教育治理奠定坚实的人才队伍基础。

（二）政府的统筹之责得以深化

在坚持党对高校思想政治教育全面领导的前提下，高校思想政治教育治理机制的落实落细有赖于政府层面的统筹协调。政府治理责任的意义不在于对多元主体违反责任规定的行为进行惩罚，而重在政府能够从更宏观的角度对多元主体的责任承担情况进行积极的引导，发挥多元主体积极落实责任的最大功效。[④] 多元主体参与高校思想政治教育治理的出发点和落脚点不尽相同，在此过程中对高校思想政治教育治理既可能发挥正功能也可能产生负功能，既可能表现为显功能也可能体现为潜功能。因此，需要有一个相对中立的"第三方"出面进行统筹，政府部门正是这个角色的承担者，而且在中国也只有我们党领导下的政府部门才能承担起这个职责。在新的治理模式中，政府行政系统自身也应体现一种对关系而不是对具体事务的管理，政府应着力理顺多元治理主体在共同治理中的利益及协作关系，变

---

① 习近平：《论坚持党对一切工作的领导》，中央文献出版社 2019 年版，第 162 页。
② 冯刚：《大学生思想政治教育工作概论》，北京师范大学出版社 2020 年版，第 2 页。
③ 习近平：《论坚持党对一切工作的领导》，中央文献出版社 2019 年版，第 162 页。
④ 麻宝斌等：《十大基本政治观念》，社会科学文献出版社 2011 年版，第 134 页。

直接控制为间接管理，为多元主体的合作治理创造良好的制度环境和协作机制。①政府部门对高校周边环境的整治，政府部门对社会环境的净化，政府部门推动政策落地等等，都将有利于高校思想政治教育治理的有效推进，从而为高校思想政治教育高质量发展营造良好的氛围。

（三）社会的协同之责得以优化

在社会学概念里，社会是由一群具有共同文化与地域的互动关系的个人或团体组成的。青少年的成长需要经历一个社会化的过程，这也是适应社会文化及社会运行规则的历程。社会的经济、文化、习俗、风尚等对青年大学生的成长具有重要影响。高校思想政治教育治理，可以为高校立德树人的开展优化育人环境、拓展育人空间、凝聚育人资源。社会风气对青年大学生具有浸润作用，从思想政治教育治理角度，要从立规矩、守底线之维度推进社会治理，进而优化育人环境，特别是要注重净化高校周边环境，为高校落实立德树人根本任务创造良好氛围。与此同时，社会层面的经济资源、人力资源和物质资源等，都是高校可资利用的潜在育人资源。高校思想政治教育治理有助于把社会层面具有的可用资源纳入高校思想政治工作视野，加以开发利用。此外，社会也是一个没有围墙的实践锻炼大平台，可以为青年大学生接触社会、了解社会、研究社会、服务社会提供机会，以促成大学生在理论联系实际、知行合一中更好更快地成长。

（四）学校的主导之责得以细化

高校是开展人才培养的主导力量，应通过实施全员、全过程、全方位的"三全育人"，增强思想政治教育治理的针对性和实效性。高校思想政治教育治理，其核心就是用习近平新时代中国特色社会主义思想铸魂育人，坚持党对高校工作的全面领导，贯彻党的教育方针，坚持社会主义办学方向，落实立德树人根本任务，培养德智体美劳全面发展的社会主义建设者和接班人。高校思想政治教育治理，就是为推动人才培养工作的落细落地落实。其中，"落细"有利于进一步明确人才培养目标，全面梳理立德树人、人才培养的各项任务，明晰正面清单和负面清单，明确工作推进的时间节点。"落

---

① 麻宝斌等：《十大基本政治观念》，社会科学文献出版社 2011 年版，第 135-136 页。

地"可以推动责任到人，任务到岗，资源配置与任务目标相统一。"落实"就是要把事做成，推动立德树人、人才培养取得实质性成效，有助于青年大学生高质量发展取得标志性成果。

（五）家庭的养育之责得以进化

家庭是整个社会最小的组织细胞，是个人成长最基础最重要的依托，对青少年的成长具有不可替代的作用。高校思想政治教育治理体现在家庭方面，就是要通过加强家校联动，建立家校教育共同体，推动家校双方共同致力于培养德才兼备、全面发展的优秀大学生。从现实情况看，家校联动在高校人才培养中的作用还没有充分发挥出来，家校联动不足或家校联动失范等情形比较常见。家庭在高校思想政治教育治理中可以有效发挥对青年大学生的"养""育"和"化"的功能。"养"，就是要强化家庭对青年大学生的支持、支撑功能，为青年大学生提供经济支持、情感支持和心理支持，让青年大学生有安全感。"育"，就是家庭要承担起应有的教育功能，要进一步提升学生家长在家庭教育、思想政治教育等方面的技巧和能力。"化"，就是营造良好的家庭氛围，建设优良家风，推动家庭养育功能的进阶升级，让青年学生在润物无声中得到熏陶和涵养。

（六）学生的主体意识得以引导

从教育的角度，教育是为了"不教"，教育是为了让学生能自教自律。高校思想政治教育治理，可以改变学生被动接受的教育生态，压实学生在自我成长成才中的主体意识，使学生成为自身发展成长的第一责任人。在高校层面，通过建立健全学生自我教育、自我管理、自我服务、自我监督的制度机制，从而真正激发出青年大学生在立德树人中的主体责任和主观能动性。只有让青年大学生真正担负起成长成才的自身责任，才能增强大学生们的斗志、勇气和热情，才能发挥大学生主动作为的精神，推动他们主动守好属于自己的"一段渠"，种好自己的"责任田"。高校思想政治教育治理通过广开渠道，为青年大学生参与立德树人、参与学校治理、参与社会实践提供更多的机会，进而调动起青年学生成长成才的积极性、主动性和创造性。

三、促成思想政治教育质量的跃升

高校思想政治教育治理通过个体赋能、信息共享、多元博弈等方式和途径，为高校思想政治教育的质量提升提供了可能和机遇。

（一）因个体赋能提升质量

高校思想政治教育治理需要调动多元主体的积极性和主动性，以形成党委、政府、学校、社会、家庭和学生等多方面的强大育人合力，培养堪当大任的时代新人。高校思想政治教育治理，基础工作是调动多元主体的优势和能量，以形成育人合力。也就是说，参与治理的每个主体都是其中的变量，要通过个体赋能提升思想政治教育质量。在当今信息化时代，物理世界呈现出微粒化特征，数字技术的发展让世界上的人、事、物都变得可以看见，可以赋能，可以管理。① 思想政治教育治理可以通过数字化技术和信息化、网络化、网格化途径，实现思想政治教育治理多元主体的能力提升，同时也以信息化、网络化、网格化的管理挖掘多元主体的潜能，彰显多元主体的不同优势和专长，增强各方面资源转化为教育引领青年大学生成长成才的持续动能。

通过个体赋能提升思想政治教育质量，除了技术方面的因素外，还包括方向、格局、渠道等要素。其中，方向是指思想政治教育治理可以融合个体的努力方向与组织目标，把多元主体的力量汇集到为党育人、为国育才上来，融入到中华民族伟大复兴的中国梦。高校思想政治教育治理的过程，也是培育和弘扬社会主义核心价值观的过程。只有用超越个人功利、具有价值共识的目标，才能引领多元主体的努力方向。格局是个人对事物的认知范围，涉及文化和视野等问题。高校思想政治教育治理，是一种超越个体又涵化个体的文化范式，既可彰显个体的优势和专长，又可超越纯粹个人的功利主张，以生产出更具持久价值的"社会资本"。在此意义上，参与主体的格局提升至为重要。渠道是参与的路径和方法，思想政治教育治理通过打通参与渠道，以实现个体赋能，有利于汇集起思想政治教育的资源、

---

① 忻榕、陈盛如、侯正宇：《平台化管理》，机械工业出版社 2020 年版，第 52 页。

能量和信息，由此也使得思想政治教育的价值链条得以互联互通。

（二）由信息共享提升质量

信息技术、新材料技术等的全方位应用以及人们知识、能力和素养的提升，使高校思想政治教育治理成为可能。高校思想政治教育治理经由信息时代的网络化传播方式，可以建立起相互成就的信息和知识分享体系。高校是专业人才、智力资源和技术资源非常集中的地方，思想政治教育治理通过构建共享的信息平台，可以将最适合的信息在恰当的时间传递给最恰当的人，让有需求的人及时获得信息，让知识和价值的共享成为可能，使参与主体能够做出正确的决策。[①] 通过充分利用每一个参与主体的智慧，形成思政教育的大规模协作效应，能够聚集起强大的思政工作力量，达成思想政治教育质量的迅速跃升。

当前，智能手机的大范围普及，通讯软件的智能化应用，网络思政的大规模推进，克服了思想政治教育的"信息孤岛"效应，形成了学校、家庭、学生、社会等各方面信息的实时化传播，大大提升了信息和资源的共享能力，构建了便于各方主体参与共同治理的思政教育生态系统。这个网络化、信息化、智能化的系统，打破了传统思想政治教育的工作模式，使得多元主体的诉求和声音能够及时得以反映，便于决策者对各方面问题进行有效回应。如此，高校思想政治教育不仅能够更加聚焦问题导向，而且所作出的决策也更具针对性，有利于提升思想政治教育的时效性。在思想政治教育治理的生态系统中，信息的传播并不是单向的，而是多向多维的，这有利于各方意见的分享交流，有利于提升多元主体决策的科学性，进而也将提升思想政治教育的科学化水平。

（三）经多元博弈提升质量

博弈是指个人或组织面对一定的环境条件，在一定规则约束下，依靠所掌握的信息，从各自允许选择的行为或策略中进行选择并加以实施，从而取得相应结果或收益的过程。[②] 高校思想政治教育治理由于多元主体的参

---

① 忻榕、陈盛如、侯正宇：《平台化管理》，机械工业出版社 2020 年版，第 91 页。
② 罗伯特·平狄克等：《微观经济学》，王世磊等译，中国人民大学出版社 2006 年版，第 466 页。

与，难免存在参与各方利益和价值的差异，多方博弈也是难以避免的。在特定情况下，由于外部势力的干预和渗透，高校思想政治教育治理还将面临范围广、强度大的剧烈"攻防战"。除此之外，即便是学校、社会、家庭等方面，尽管其根本利益是一致的，但在一些具体的方面也会有不同的价值考量和利益诉求，也会存在博弈的情形。在这里，博弈意味着具有两个及两个以上的个人或组织可以有多种选择，这也将导致形成与结果相关的不同选择偏好。博弈的最终结果取决于参与博弈的每个人的选择。①

在博弈论视野下，从时间系列看，高校思想政治教育面对的是无限重复博弈；从力量消长看，高校思想政治教育面对的是刚性博弈；从相互关系看，高校思想政治教育面对的既有合作博弈又有非合作博弈。②需要注意的是，在当今开放时代、信息时代和社会主义市场经济背景下，多元博弈是客观事实，良性的博弈也将有利于思想政治教育的质量提升，封闭起来搞思想政治教育是不可想象，也是不可能的。只有立足时代，因事而化、因时而进、因势而新，才能推动高校思想政治教育守正创新。高校思想政治教育治理有利于树立起质量核心理念，真正推动把思想政治教育的关注点从基于完成了任务的"做了没有"和"做了多少"转换为"做得如何"。③因而，高校思想政治教育治理实际上是在把握时代发展的大势中参悟青年学生的发展需求，在参与多元博弈中发挥教育引导作用，进而引领高校青年学生听党话、跟党走，成长为德智体美劳全面发展的社会主义建设者和接班人。

第三节　在国家治理现代化发展中的价值

高校思想政治教育治理不是孤立存在的，它是国家治理现代化中的重要一环。高校思想政治教育治理在国家治理现代化发展的过程中得到必要

---

① 托马斯·谢林：《选择与后果》，熊昆、刘永谋译，华夏出版社 2007 年版，第 267 页。
② 钟一彪：《高校思想政治教育及其策略抉择》，《中国青年政治学院学报》2013 年第 3 期。
③ 张伟莉：《供给侧结构性改革对新时代高校思想政治教育内涵式发展的借鉴和启示》，《中国高等教育》2019 年第 6 期。

支撑，同时高校思想政治教育治理可以为国家治理提供软实力支撑，为国家治理培养高素质人才，亦为国家治理开辟实战化场域。

一、为国家治理提供软实力支持

高校思想政治教育治理是国家治理体系现代化的有机组成部分，可以为国家治理提供软实力支持。良好的高校思想政治教育治理可以有效凝聚社会共识、增强"四个自信"、消解发展风险，助力全面建设社会主义现代化国家这一目标的实现。

（一）内容治理有利于凝聚共识

加强和改进思想政治工作，事关党的前途命运，事关国家长治久安，事关民族凝聚力和向心力。高校思想政治教育治理需要建立在一定的共识之上，同时也要推动参与治理的多元主体形成更为广泛的共识。我国新时代高校思想政治教育，要为人民服务、为中国共产党治国理政服务、为巩固和发展中国特色社会主义制度服务、为改革开放和社会主义现代化建设服务。这"四个服务"是高校思想政治教育治理的目标导向，也是高校思想政治教育治理凝聚各方力量的基础。高校思想政治教育治理只有彰显为人民服务的属性，才能得到党和政府、社会各界、家庭、学生以及方方面面的认同和支持，才能使治理具有最为广泛的群众基础。高校思想政治教育治理只有为中国共产党治国理政服务，才能确保思想政治教育的根本政治属性、正确政治方向和强大引领功能。思想政治教育治理只有为巩固和发展中国特色社会主义制度服务，才能具有行稳致远的底气和根基。思想政治教育治理只有为改革开放和社会主义现代化建设服务，才能守正创新、历久弥新。因而，"四个服务"全面深刻地阐释了高校思想政治教育治理为什么要有共识、应该有什么样的共识、如何达成共识这些问题，也从根本上回应了高校思想政治教育治理在国家治理体系和治理能力现代化进程中的重要价值。高校思想政治教育治理要以社会主义核心价值观为引领，大力培养担当民族复兴大任的时代新人，为国家富强、民族振兴、人民幸福奠定坚实的思想基础和人才队伍支撑。

（二）关系治理有利于增进认同

高校思想政治教育治理要以人与人之间相互信任为基础，要教育引导广大青年大学生自觉做共产主义远大理想和中国特色社会主义共同理想的坚定信仰者、忠实实践者。现实的人都是生活在社会环境中的，都需要通过人与人之间的互动进行物质、能量、信息和资源等的流通。人类行为与社会环境紧密相连、相互影响，高校思想政治教育治理要强化人与环境互动的理念，既要从人对环境作用方面发挥人的主观能动性，又要在环境对人的影响中把握事物和社会发展的规律性。在国家治理现代化的发展进程中，决定治理效能的关键因素是人与人之间的关系。在整个国家，人与人之间的关系和谐，相互之间高度信任，则有利于社会发展、经济增长、政通人和。反之，如果人与人之间相互提防、尔虞我诈，社会规则不被重视，社会运行成本就将大大增加，社会秩序将不可避免地遭到破坏。长此以往，党和政府的权威就将遭到消解，社会发展也将走入歧途。

高校思想政治教育治理，要构建起党委、政府、学校、家庭、社会、学生等多元主体共同参与立德树人、培养人才的体制机制。在此基础上，以青年大学生的培养为载体，把各方力量凝聚起来，形成良性的互动关系，共同为国家和民族的未来培养担当大任的高素质人才。在此过程中，家国情怀是各方合作的情感纽带。中华民族是具有深沉家国情怀的民族，中国人的精神和文化血脉里是具有家国情怀传统的。高校思想政治教育治理要高扬爱国主义旗帜，以振兴中华、民族复兴为方向，以家国情怀、责任担当为引领，推动各方力量共同服务于青年大学生的培养。也就是说，要通过高校思想政治教育治理建立起高素质人才培养的教育共同体、情感共同体和发展共同体，改变思想政治教育你教我学的单向度纵向关系，形成纵横联动、教学相长、共同成长的多向度网络关系，打造相互信任、互学互教、正能量充沛的全域学习共同体，推动学习型社会的发展建设。

（三）话语治理有利于增强自信

在国家治理和社会运行的过程中，由于官方和民间客观存在的认知差异和不同站位，不可避免地存在着官方话语体系和民间话语体系的张力。

专家学者在开展研究的过程中形成了自身独特的学术话语体系。官方话语体系、民间话语体系和学术话语体系，既有联系也有差异，但它们之间并不存在必然的矛盾和冲突。高校思想政治教育治理，就是要充分拓展官方话语体系、民间话语体系和学术话语体系的最大公约数。在中国特色社会主义新时代，社会主义核心价值观具有强大的凝聚力和感召力，是引领全体中国人民为实现中华民族伟大复兴而奋斗的精神旗帜，高校思想政治教育治理应大力培育和弘扬社会主义核心价值观。

高校历来是意识形态斗争的前沿阵地，各种话语、各种思潮都容易在青年大学生中传播。在看到官方话语体系、民间话语体系和学术话语体系具有共通之处的同时，我们也应清醒地认识到，由于社会系统的复杂性和民众利益诉求的多样性，国家治理过程中难免也会存在着不同话语之间的差异，有时这些话语还会发生一些交锋甚至冲突。高校思想政治教育治理，就要善于应用学术话语来讲政治，通过学理性阐释为青年大学生释疑解惑、指点迷津，也要通过系统的学术研究对错误思潮、错误思想进行条分缕析、深挖根源、客观批判，进而达到正本清源、分清是非的目的。高校思想政治教育治理可以充分发挥自身优势，用学术话语来调适官方话语和民间话语之间的张力，推动民间话语体系和官方话语体系之间的融合发展，以形成国家和社会整体层面的价值共识，与中国特色社会主义现代化建设同步，与时俱进地增强意识形态领域的主导权和话语权，教育引导广大青年大学生树立起道路自信、理论自信、制度自信和文化自信，投身中华民族伟大复兴的中国梦，立志为祖国的繁荣昌盛、为人民的幸福安康建功立业。

二、为国家治理培养高素质人才

高校思想政治教育治理，有助于提升高校思想政治教育质量，同时通过治理实践增进青年学生的治理意识，进而为国家治理培养高素质人才，特别有助于培养高素质的思想政治教育治理人才，助力培养具有治理思维的专业人才以及国家治理的未来人才。

（一）有助于培养思想政治教育治理人才

在高校思想政治教育治理过程中，多元主体参与其中的过程，就是涵养社会主义核心价值观的过程，也是一个多方交流、相互启发、接受教育、共同提升的过程。对于高校思想政治教育工作者而言，通过与党委部门、政府部门、社会组织及学生家庭等方面的沟通、交流、联动，可以打通从理论到实践的"最后一公里"，不仅丰富了思想政治教育的"工具箱"，也为科学研究打开了更为宽广的视角，有利于高校思想政治教育工作者提高站位、拓展视野、提升能力，也为高校思想政治教育工作者的未来职业生涯发展提供了更多可能性。对于校外党政及社会组织部门的工作人员来说，通过与高校思想政治教育工作者、学生家庭的互动，既可以在理论层面提升和丰富自己，有利于拓展工作思路、深化理论思维，也有利于相关政策的落细落实，促成党委、政府及社会组织的工作措施更接地气、工作成效更加彰显。从学生家庭层面看，学生家长在此过程中，无论是接收到的信息还是可得到的支持，都将大大多于传统的思想政治教育模式，这也是对学生家长的教育和引领，有利于学生家长心智模式的改善和家教效能的提升，将培养出一大批懂教育、善做思想教育工作的实战型、"专家型"家长。

（二）有助于培养具有治理思维的专业人才

进入新时代，我国社会的主要矛盾逐步转化为人民日益增长的美好生活需要和不平衡不充分的发展之间的矛盾。在期待更高的物质文化生活的同时，人民还在民主、法治、公平、正义、安全、环境等方面的要求日益增长。[①]回应人民群众对美好生活的关切，需要有一大批具有治理思维的专业人士，也需要有理念先行的价值支撑以及在此基础之上的治理实践。高校思想政治教育治理，既是对高校思想政治教育的升维，也是对党委、政府、社会组织、高校、家庭等方面相关参与人员涵养治理思维、提升治理能力的挑战和机遇。高校思想政治教育治理具有治理的基本特征，但其独特性在于，高校思想政治教育治理是立足于高校，服务于高校人才培养的。高校具有在整个社会中最密集的专家资源，具有人才优势、专业优势、学科

---

① 马庆钰：《共建共治共享社会治理格局的意涵解读》，《行政管理改革》2018 年第 3 期。

优势和科研优势。在高校思想政治教育治理过程中，多元主体通过密切互动，可以在高水平的交流、切磋中汲取先进的理念、先进的方法，进而在春风化雨中完成治理思维的培育和治理能力的提升。由此可见，高校思想政治教育治理，通过建立健全制度机制，聚合党委、政府、社会组织、学校等多方面的专业人士，围绕立德树人根本任务，用治理的理念和方法推动工作，还在客观上达成了"育人育己"、提升专业人才能力和水平的效果。

（三）有助于培养国家治理的未来人才

习近平总书记在党的十九大报告中指出，要以培养担当民族复兴大任的时代新人为着眼点，强化教育引导、实践养成、指导保障。坚持全民行动、干部带头，从家庭做起，从娃娃抓起。[①] 高校思想政治教育治理，最终是为了培养德智体美劳全面发展的社会主义建设者和接班人。立德树人并不只是党政领导、教师、学生家长的职责，青年大学生是自身成长成才的第一责任人，要充分发挥青年大学生在高校思想政治教育治理中的主体作用。高校思想政治教育治理的出发点和落脚点都是青年大学生，是为了青年大学生的成长发展。因此，高校思想政治教育治理的内容、方法、过程、结果等，都应该反映青年大学生的心声，应该吸纳青年大学生参与，应该通过青年大学生的成长彰显治理成效。高校思想政治教育治理的效果，最终应通过青年大学生的政治站位、价值观念、胸怀格局、知识水平、行动能力等维度予以体现。青年大学生参与高校思想政治教育治理的过程，既是学习的过程也是锻炼的过程，可以为他们将来走向社会、参与国家治理奠定良好的知识和能力基础。

三、为国家治理创造良好的条件

亚里士多德认为，"我们探讨德性是什么，不是为着求知，而是为了成为善良的人，若不然这种辛劳就全无益处了，所以，我们探讨的必然是行动，

---

① 习近平：《决胜全民建成小康社会　夺取新时代中国特色社会主义伟大胜利——在中国共产党第十九次全国代表大会上的报告》，《人民日报》2017 年 10 月 28 日。

是应该怎样去行动。"① 高校思想政治教育治理的价值,最终也要落脚到实践作为上来。

(一)确保国家治理的正确方向

思想政治工作是我们党的优良传统和政治优势,也是我们党治国理政的重要方式。高校思想政治教育治理涉及的主体多元、内容丰富、覆盖面广、影响深远,为我们党治国理政创设了一个文化和价值的生产、融合与传播的重要平台。高校思想政治教育治理服从和服务于党对高校的全面领导,职责使命是为党育人、为国育才,根本任务是立德树人。也就是说,高校思想政治教育治理出发点和落脚点是为了培养社会主义事业建设者和接班人,推动党和国家事业永续发展。高校人才培养是党和政府、社会各界、学生家庭等相关方都非常关注的问题,关乎国家的未来、民族的希望,关乎社会的公平正义,关乎学生及其家庭的切身利益。高校思想政治教育治理,可以进一步加强党对高校的全面领导,同时也有利于社会、家庭及学生的参与,是一举多得的举措。

实现国家治理现代化,首要的是坚持马克思主义在国家治理中的指导思想不动摇,保证国家治理的社会主义方向。具体到高校思想政治教育治理,就是要培养又红又专、全面发展的时代新人。在这个层面上,高校思想政治教育治理实际上就是国家治理现代化的一个重要方面。通过推动高校思想政治教育治理,可以使思想政治教育效能形成课上课下的联动,思想政治教育力量形成校内校外的贯通,思想政治教育信息传播形成网上网下的融合。高校思想政治教育治理,有利于把主流意识形态的正向引领功能通过青年大学生这个群体实现向社会各层面的拓展,在吸纳社会各方和学生家庭参与治理的过程中,直接或间接地影响参与的各相关方面,从而推动实现学生发展、多方受益的"大思政"工作格局。

(二)体现以人民为中心的价值取向

国家治理为了人民、服务人民,应坚持以人民为中心的价值取向,解决人民群众的关切。国家治理也必须依靠人民,要通过凝聚起广大人民群

① 亚里士多德:《尼各马可伦理学》,苗力田译,中国社会科学出版社 1990 年版,第 27 页。

众的智慧和力量，以实现国家的长治久安、繁荣富强。以高校思想政治教育治理为纽带，党委、政府、学校、社会组织、家庭等各方面广泛参与其中，围绕高校立德树人根本任务，各司其职、各尽其能，推动形成校地之间、家校之间的强大合力。

在实际运行中，校地之间的合作，除了校地双方共同致力于人才培养之外，也会将合作的领域延展到科技成果的转化、创新创业的推进、政策咨询的开展、社会发展的推动、乡村振兴的参与等方面，这进一步增加了高校思想政治教育治理的"附加值"。在此意义上，高校思想政治教育治理的价值得以拓展，作用延伸到了国家治理的某些领域。与此相类似，家校之间的合作，一方面有利于高校青年大学生的健康成长，另一方面也是高校对学生家长开展子女教育的支持，高校的文化和价值也在此过程中影响着学生家长。当然，由于有了学生家庭的参与，高校思想政治教育的内容和方式也必须与时俱进地改革发展，以适应新形势、新要求。如此一来，家校双方的互动也需要纳入国家治理的范畴加以考量，特别是在家校联动的制度机制方面，需要进行科学设计、规范管理。由此可见，高校思想政治教育治理是国家治理的重要组成部分，高校思想政治教育治理的良性运行也必将为国家治理现代化凝聚起向前发展的强大合力。

（三）助力消解经济社会发展的风险隐患

一个国家在发展过程中总会遇到这样那样的问题，在某种情况下还可能存在一定程度的安全风险。高校思想政治教育治理可以为国家治理消解发展中的安全风险，推动国家和社会行稳致远向前发展。当代青年大学生具有鲜明的个性特征，自主意识也比较强，加上网络化的生活方式，往往容易形成原子化的个体。而这种原子化个体，由于缺乏人与人之间的深度互动，缺少情感交流，信任关系难以建立，极易造成社会关系的断裂。原子化的个体，社会关系的断裂，这两者相辅相成且又相互强化。当社会处于变动或有突如其来的情形发生时，如果社会支持网络无法发挥作用，风险就不可避免地产生了。高校思想政治教育治理，通过联结党委、政府、学校、社会、家庭的力量，并作用于最具活力的青年大学生，助力青年大学生健康成长,成为社会的有用人才。由此,不仅可以消解个人的发展风险,也为国家和社会的良性运行奠定基础。

此外,一个国家的发展绝不仅有内部循环,一定还要与世界各国发生联系。当前国际形势复杂多变,中美两个大国的博弈趋于激烈,在不少领域甚至发生高强度交锋。在中华民族伟大复兴的征程中,外部势力的各方面渗透一天也没有停止过,今后也不可能停止。在此过程中,高校是意识形态斗争的前沿。高校思想政治教育治理,一方面要发挥多元主体正向引领的积极作用,另一方面也要通过建立治理的规范和规则,对不利于青年大学生发展成长的观念、思潮、行动等开展整顿清理,消除其在青年大学生中的不良影响,防范青年大学生被带偏节奏、误入歧途。同时,以高校思想政治教育治理为载体,可以强化社会主义核心价值观对整个社会思想观念和价值追求的引领效应,从而为国家治理体系和治理能力现代化提供价值支撑,以凝聚起推动中华民族伟大复兴的强大合力。

第三章

高校思想政治教育治理主体

　　高校思想政治教育治理的主体主要是指从事高校思想政治教育治理活动的人。《中共中央关于党的百年奋斗重大成就和历史经验的决议》指出，中国共产党坚持以社会主义核心价值观引领文化建设，"完善思想政治工作体系"。[①] 高校思想政治教育治理是整个思想政治工作治理的重要领域和关键环节，无论是治理活动还是工作体系，在其中起主导作用的是人的因素。高校思想政治教育治理主体对于高校思想政治教育治理的成败起到关键性作用，主体的素质对于推进高校思想政治教育治理的现代化、科学化具有重要意义。

第一节　高校思想政治教育治理主体的特征

　　现代治理的一个凸出特征就是主体的多元参与。在国家治理体系和治理能力现代化大背景下，高校思想政治教育治理主体既有一般治理主体的特征，也有自己的独特性。把握高校思想政治教育治理主体，需要首先理解它的基本特征。高校思想政治教育治理在借鉴现代治理理论的基础上，结合思想政治教育工作的理论和实际，其主体具有多样性、协同性、专业性、发展性等主要特征。这些特征的存在，不仅使得高校思想政治教育治理活动能够遵循治理的一般规律，同时也能促进高校思想政治教育治理主体的主体性发挥，进一步促进高校思想政治教育治理体系和治理能力的现代化

---

① 《中共中央关于党的百年奋斗重大成就和历史经验的决议》，人民出版社 2021 年版，第 45 页。

发展。

一、多样性

高校思想政治教育治理主体是多样的。治理主体的多样性尽管可能给主体之间协调带来困难，但是也拓宽思想政治教育治理的视野，为高校思想政治教育治理活动的创新发展带来新的动力，有利于思想政治教育治理向纵深推进。

（一）高校思想政治教育治理主体来源的多样性

高校思想政治教育治理主体根据不同的标准划分，可分为不同的类型。从层次和规模上划分，可分为组织型、团体型和个体型治理主体，这主要是根据主体数量进行划分，其中群体型又分为正式群体和非正式群体。从分工上划分，可分为专职人员与兼职人员，专职人员又包括高校党委为主的决策主体、高校行政部门为主的行政主体、专家学者组成的参谋主体和以学生为主的评估主体。从影响力上划分，可分为传统权威型主体和强制权威型主体。传统权威型主体被赋予权力，对学校日常工作进行管理、协调和管控，包括党政干部、共青团干部、班主任、辅导员等；强制权威型主体是为保障高校正常运转而被赋予强制力权利的主体。现代大学趋向于从传统型权威向法理型权威转变，力求更好地贯彻落实立德树人根本任务，让学生真正成为学校的主人。

（二）高校思想政治教育治理主体目标的多样性

习近平在全国高校思想政治工作会议上指出："做好高校思想政治工作，要因事而化、因时而进、因势而新。要遵循思想政治工作规律，遵循教书育人规律，遵循学生成长规律，不断提高工作能力和水平。"[①] 高校思想政治教育治理主体目标要在总体目标不变的前提下，不断地向外拓展，向下延伸，根据时代要求赋予思想政治教育治理主体目标新的内涵，把大学生培养成德才兼备的社会主义事业建设者和接班人。

---

① 《习近平谈治国理政（第二卷）》，人民出版社 2017 年版，第 378 页。

　　高校思想政治教育治理主体目标是要达到的预期效果和价值取向，它不是一种现成结果，而是实践预期。高校思想政治教育治理主体目标不超脱于实践过程，而是在实践过程中，并不断指导实践，成为实践的方向指引，规定和制约着思想政治教育治理主体的具体执行方针。高校思想政治教育治理主体目标是一个多维的目标体系，是一个集合概念，是由诸多要素构成的统一整体。高校思想政治教育治理主体目标是一元主导和多样态发展的，具体体现为高校思想政治教育治理主体目标包括了根本目标和各具体目标，具体目标又涵盖了各级子目标，层层分级，相互关联，形成相辅相成的目标锁链。高校思想政治教育治理主体目标根据不同的主体划分，可分为党委主体目标、团委主体目标、辅导员目标、班主任目标等；根据时间长短划分可分为长期目标、中期目标和短期目标等；根据宏观和微观角度可分为总目标和子目标。高校思想政治教育治理主体目标是一个历史范畴，随着时代的演进，其具体目标也会发生相应的拓展和变化，形成以根本目标为主，多元目标共存的状态。在不同的历史时期，人们的交往行为、交往方式以及实践特点都会发生相应的变化，这就要求高校思想政治教育治理主体根据发展需要，相应作出调整与整合，以更好地服务于社会发展和人的需要。

　　首先，从教书育人的角度讲，他们承载着高校最重要的历史使命，是完成立德树人根本任务的关键，是评估高校育人水平的重要队伍。教书育人是高校的第一要务，具有双重任务即教书和育人，教书是指教授大学生专业知识和技能，将大学生培养成具有独立思维能力、创新意识、团队协作意识的专业人才；育人则侧重于将大学生培养成德智体美劳全面发展的时代行人，引导大学生形成正确的世界观、人生观和价值观，培养坚定的理想信念和道德情操。① 这要求高校思想政治教育主体增强责任意识、注重个人修养、尊重理解学生，树立一切以学生为先，为学生服务的情怀。其次，从管理育人的角度讲，落实高校立德树人的根本任务，管理是一个重要环节。高校思想政治教育治理主体同样也是管理育人的主体，管理育人是提升高

---

　　①　沈丽丽：《加强大学生廉洁教育研究》，《当代中国马克思主义评论》2017 年第 1 辑。

校育人成效的落脚点，要始终以学生为中心，健全管理育人制度。高校思想政治教育治理主体应持续调动广大师生的积极性、主动性、创造性，深入挖掘管理育人的规律，积极探索管理育人的方法，为大学生成人成才开辟空间。最后，从服务育人的角度讲，高校思想政治教育治理主体应当坚定一切为了学生的理念，全身心投入到培养学生、服务学生中去，充分调动大学生的积极性，最大限度挖掘大学生的潜能，实现其自由而全面的发展。

（三）高校思想政治教育治理主体理念的多样性

随着对治理理论中"多中心治理""协同治理""良性互动"等观念的深刻认识和实践应用，这些观念逐渐受到了学界的重视和认可，其最终目标是要通过"大思政"的整体治理模式，增强政府、社会、学校、家庭、学生等主体的协同治理功能，形成系统性的治理格局。在治理视域，高校思想政治教育治理的新拓展体现在从单一化治理转向协同治理，更加注重大学生的主观能动性。从权威型治疗转向人本型治理，更加关注学生的真实需要，满足大学生各方面的需求，做到服务育人；从传统型治理转向治理现代化，植根于新的时代背景，思想政治教育需要深入融于社会实践，构建思想政治教育与治理相互嵌入、相辅相成的有机整体，推动思想政治教育治理能力和水平现代化。[①] 在新的历史时期，大学生的行为特点、价值观念等都发生了显著的变化，治理不再只是国家和政府的职责，高校办学治学必须直面思想政治教育治理场域，创新发展高校思想政治教育治理主体理论。

二、协同性

尽管高校思想政治教育治理主体来源广泛，具有多样性特点，但是其治理目标、方法、手段具有协同性。不同的高校思想政治教育治理主体的共同目的都是把高校思想政治教育治理推向现代化、科学化，让高校思想政治教育工作取得更好的成果，更好地贯彻和落实立德树人根本任务。

---

① 蔡如军、金林南：《试论现代社会的思想政治教育治理》，《思想理论教育》2018年第1期。

人才培养是高校的基本职能和办校根基，应当基于大学生的心理状态和知识水平科学制订课程计划，有针对性地将大学生培养成合格的建设者和接班人。育人是高校思想政治教育治理主体的重要目标，锻造大学生良好的思想品质是高校的根本任务，科学文化知识和道德品质共同致力于培养社会主义接班人，两者协同发展对于完成立德树人的根本任务至关重要。育魂是高校思想政治教育的主旨，锤炼道德情怀，认识自我价值，引导大学生实现个人理想和社会理想的融合发展是高校思想政治教育治理的努力方向。① 高校思想政治教育治理主体需要致力于提升青年学生的科学文化素养、思想政治素养和身心健康素养，协同推进多样育人目标的实现。

高校思想政治教育治理是一项复杂的工程，要更加注重多样主体的整体性和协调性。一方面，要积极构建多样主体协同治理机制。教育部制定并颁布了《高校思想政治工作质量提升工程实施纲要》，提出了切实构建"十大"育人体系。创新不同育人体系中育人主体的协同机制，是高校思想政治教育主体协同的重要保障。另一方面，积极贯彻全员全过程全方位育人理念。高校思想政治教育工作主要包括思想政治理论课教学实践和日常思想政治教育工作实践，其中涉及多个部门和单位，这就要求贯彻全员全过程全方位育人理念，加强各个部门的共同协作，形成思想政治教育治理主体的合力，形成"大思政"治理格局。

高校思想政治教育治理主体还需要在方式方法上实现协同创新。新时代，高校思想政治教育治理的方法手段更加多样化，这就要求各治理主体依据自身优势，运用有效资源，协同推进高校思想政治教育治理主体的方法手段创新。传统高校基本上是学校党委（行政）—学生工作部（处）—各院系—辅导员的垂直结构，这种自上而下的工作结构具有稳定性，强调行政手段和管控，但在工作中也存在部分的局限性。因此，高校思想政治教育治理应结合各主体实际，注重激励手段、自我管理手段、道德和文化熏陶手段等综合运用，倡导学生的"主人翁"意识，促进学生之间的相互影响、共同进步，营造文化育人的良好氛围。

---

① 骆郁廷、李俊贤：《思政课何以成为立德树人的关键课程》，《马克思主义理论教学与研究》2021 年第 1 期。

三、专业性

高校思想政治教育治理主体要具有较高的思想政治素质。高校思想政治教育治理主体思想政治素质的专业性是在治理过程中所需要具备的最基本的思想能力，其思想政治素质能力的高低关乎治理底气和治理效果，是思想政治教育治理开展的源头。[①] 因此，高校思想政治教育治理主体应该具备一定的思想政治素质，自觉开展思想政治学习，接受思想政治新思想，关注思想政治新动向，把握思想政治新方向，更好地为思想政治教育工作服务。当今时代，中国社会飞速发展，社会主义现代化建设步伐逐渐加快，在这一大发展的关键时期，面对新的历史阶段所面临的新情况、新问题，更需要牢牢把握好思想政治教育治理的前进方向，做好高校学生的思想政治教育，贯彻和落实立德树人，帮助学生建立正确的思想观念，从而更好地为中国特色社会主义建设服务，这都对高校思想政治教育治理主体的专业性提出现实要求。只有拥有较高的思想政治素质，高校在治理过程中才能找准定位、把握方向，将思想政治教育落实到实处，从而不仅让高校学生受到思想政治教育的感染和熏陶，也让每一个思想政治教育治理主体在治理过程中提升自身的思想政治素养，在高校校园里形成一种浓郁的充满正能量、充满活力、充满浓郁思想政治教育气息的良好氛围。因此，思想政治素质专业性关乎治理主体自身与他人的思想提升，要始终强化思想政治教育治理主体思想政治教育的专业性，为高校思想政治教育治理工作的顺利开展提供必备的支撑。

高校思想政治教育治理主体要具有良好的业务素养。高校思想政治教育治理主体业务素养的专业性是指治理过程中不同主体所充当本职业务的角色时，在其本职岗位上所拥有的不同职业素养，是高校思想政治教育治理过程中各个治理主体的与众不同之处，为思想政治教育提供着来自不同岗位的不同思路和不同方案，极大地拓展思想政治教育的施行边界，让思想政治教育内涵更加深刻深远。高校思想政治教育治理主体涉及多种不同

---

① 王学俭、阿剑波：《思想政治教育治理现代化的内涵、特征与发展路径》，《思想理论教育》2020 年第 2 期。

类型的组织、个体，他们从事着不同的本职业务，在各自岗位上都拥有着独特的本职业务素质。例如，高校教师可简单地分为思想政治教育课程教师和其他课程教师，而其他课程教师又分为人文类课程教师和理工科类课程教师，这些不同种类的教师队伍面对着或科学技术或人文艺术的本职专业，接触到的领域不同，拥有着不同类型的专业素质，其本质业务素质就不尽相同，专业性程度也就各有千秋。因此，其在高校思想政治教育治理过程中所发挥的作用，很大程度上就受治理主体的本职业务素养专业性的影响，高校教师能以独特的方式从不同领域中将思想政治教育思想观念渗透其中，使得高校学生通过不同的情境而受到潜移默化的作用，以达到思想政治教育的目的。当然，除了高校教师之外，党委、党政干部的本职业务素养的专业性也很大程度上影响着思想政治教育的效果，他们通过管理方面的经验增进思想政治教育工作科学化水平，同时也将高校思想政治教育布局结构、规划理念熔铸于高校育人活动的方方面面。不论是哪类高校思想政治教育治理主体，他们都必须有着较高的自身本职业务素养，这是其发展自身、立足于岗位上的根本，其专业程度需要达到一定的要求，才能为高校思想政治教育治理工作做出贡献。对于高校思想政治教育治理主体，扎实的理论素养和实践能力是其业务素养专业性的保障。思想政治教育工作具有较强的理论性和实践性，这就要求治理主体需要具备扎实的专业理论知识和实践能力。

高校思想政治教育治理主体应该运用专业性的治理方法。对于高校思想政治教育治理主体，全面发展的能力结构是其使用专业性治理方法的表现。首先，科学的管理能力。科学的管理能力可以使得思想政治教育治理过程更科学化、高效化，在同等条件下取得显著的成效，其具体表现为规范化管理、制度化管理和民主化管理的相互统一。规范化管理是科学管理能力的集中体现。将规范化管理内化成自身科学化的一个重要依据，在管理过程中充分发挥规范化管理的作用，严格遵守科学的程序规范和方法规范，把握管理的核心要素，做到整个过程在规范化下操作运行，使得思想政治教育治理过程规范、协调、有序地进行。制度化管理是科学管理能力的重要标志。规章制度是管理过程中的基本参照，因此，制度化管理机制是思想政治教育过程中正常运行所必须遵照的基本遵循。民主化管理是科学管理能力的重要体现。高校思想政治教育治理主体也应该善于调动集体的积极性，善于听取并吸收他人的意见和建议，集思广益，在高校思想政治教育治理过程中充分发扬民主，努力实现思想政治教育治理目标。其次，科学的决策能力。科学的决策能力是思想政治教育全面发展能力结构中的重要环节，其决策能力直接影响到后续教育工作的实施。因此，强调科学的决策是十分重要的，高校思想政治教育治理主体在决策时应该强化未来意识，遵循人的思想活动的发展规律，从而确定出合理的思想政治教育目标和实施方案。最后，掌握高科技手段的能力。高校思想政治教育治理理论、治理手段、治理能力要发展创新，离不开治理主体的自身理论水平、科研能力以及熟练运用高科技手段的能力。当今时代，随着科技的进步与发展，高科技手段为高校思想政治教育治理提供了很多新途径、新方法，这样对治理主体的高科技使用能力提出了更高的要求。

四、发展性

高校思想政治教育治理主体目标具有发展性。思想政治教育是一个动态的、具体的、反复的过程，其治理主体目标应该是动态变化，具有发展性的。在高校思想政治教育治理的目标确定过程中，应该将社会动态以及实施过程中出现的新问题联系起来，充分考虑青年大学生的思维发展的情况和身心发展的规律，并结合国家制定的社会发展目标，体现出思想政治教育治理主体目标的现实性、前瞻性。高校思想政治教育治理主体目标的发展性，体现出了思想政治教育理论联系实际、实事求是的动态发展性，其治理目标必须把握一系列原则，坚持"社会进步和个人发展辩证统一、历史继承和时代前瞻辩证统一、整个共性与层次个性辩证统一等"[①]。首先，高校思想政治教育治理主体目标的发展性应该体现出社会进步和个人发展辩证统一。无论何时，思想政治教育的目标都要既满足社会发展进步的需要，又要遵

[①] 张耀灿、曹清燕：《论我国思想政治教育目的的定位——基于马克思主义人学的视角》，《江汉论坛》2008 年第 1 期。

循青年学生的思想品德发展规律，努力将二者结合起来，以保证在合理的发展阶段，将社会要求逐步内化为学生的思想观念、价值理念，外化为行为举止、生活习惯，以实现高校思想政治教育的方向性、科学性和可行性。其次，高校思想政治教育治理主体目标的发展性也应该将历史继承和时代前瞻辩证统一起来。高校思想政治教育应该充分吸收传统思想教育中的精华所在，立足于社会主义发展的现实，不断汲取符合社会发展方向的养分，鼓励学生加强思想道德建设，继往开来，制定合理高效的思想政治教育发展目标，使思想政治教育更具有民族特色，更符合时代发展的需要。最后，高校思想政治教育治理主体目标的发展性也要体现共性与个性的辩证统一。高校思想政治教育不能单单只有笼统的发展目标，而应该根据高校所处的不同地域、不同类型以及青年学生所处的不同层次、不同发展阶段来制定出相应的符合要求的发展目标，在考虑共性的同时，也应该兼顾个性发展，从而培养高质量的时代新人。

高校思想政治教育治理主体素质具有发展性。习近平总书记曾指出："思想政治工作是学校各项工作的生命线，各级党委、各级教育主管部门、学校党组织都必须紧紧抓在手上。要精心培养和组织一支会做思想政治工作的政工队伍。"[1] 为了深入开展高校思想政治教育工作，贯彻和落实立德树人根本任务，高校就必须注重思想政治教育治理主体素养能力的提升。首先，促进高校思想政治教育治理主体终身学习。高校思想政治教育治理主体要树立终生学习的观念，在学习中完善自身知识结构体系，提升自身思想素质和专业能力，为思想政治教育治理工作的开展提供丰富的知识储备，不断夯实基础，打造全方位思政教育的模式。其次，推动思想政治教育治理主体实践创新能力的提升。思想政治教育是理论与实践相结合的一门工作，除了理论学习和教学研究之外，还应该注重从实践中获得更多的实际经验，绝不能拘泥于理论知识而忽略实践能力，只有将理论运用于实践中，并从实践中面临的新情况、新问题、新挑战中反复思考，才能充分将理论知识转化为实践能力，实现实践中创新发展，加快提升自身素质能力。再次，

---

[1]　《坚持中国特色社会主义教育发展道路　培养德智体美劳全面发展的社会主义建设者和接班人》，《人民日报》2018 年 9 月 11 日。

组织开展思想政治教育治理主体培训。通过培训，帮助思想政治教育治理主体更好地接受新思想、新方案，提高治理主体的思想政治教育素质与能力，进而更好地完成高校思想政治教育治理工作。最后，建立高效合理的思想政治教育工作考核机制。高校应该建立符合自身发展特点的思想政治教育治理主体考核机制，督促治理主体积极进取、查漏补缺、完善自我，进而提升治理主体的素质能力，为提升高校思想政治教育治理水平提供保障。

第二节　高校思想政治教育治理主体的基本构成

高校思想政治教育治理主体是高校思想政治教育治理活动的参与者、发动者、实施者。从广义来看，不论是在高校内部还是外部，凡是参与高校思想政治教育治理的组织和个人，都属于高校思想政治教育治理的主体。从狭义来说，高校内部直接参与高校思想政治教育治理的部门和个人，是高校思想政治教育治理的直接主体。我国高校始终坚持党的领导，扎根中国大地办教育，随着国家治理体系和治理能力的完善，多样主体参与成为高校思想政治教育治理的凸出特征，因而我们要从广义上理解高校思想政治教育治理的主体。

一、各级党委、政府和行政机构

党中央、国务院。东西南北中，党是领导一切的。强化思想政治教育引导是中国共产党的优良传统。思想政治教育工作是党的重要工作，是党的指导思想、基本方略、重大方针政策宣传贯彻的重要途径，也是培养在德智体美劳等各方面全面发展的社会主义建设者和接班人的基本途径。在高校思想政治教育治理中，党中央、国务院是做好这一工作的主要组织者、领导者和推动者，在这一过程中担负着组织、协调、管控等重要任务。

地方各级党委和政府。各级地方党委和政府是贯彻党的各项教育方针政策，落实习近平总书记关于思想政治教育工作重要论述，引导高校思想政治教育工作服务于社会主义现代化建设、服务于立德树人根本任务，确保社会主义办学方向的关键因素，因而是高校思想政治教育治理的重要主体。正如习近平总书记所指出："各级党委要把高校思想政治工作摆在重要位置，加强领导和指导，形成党委统一领导、各部门齐抓共管的工作格局。"① 地方党委、政府和教育工委在高校思想政治教育治理中起着不可或缺的重要作用。

相关机关单位和行政机构。高校思想政治教育工作具有诸多指导机关和行政部门，在高校思想政治教育治理活动中，他们同样也是高校思想教育治理的主体。比如中共中央组织部、中共中央宣传部、教育部，以及各级地方组织部、宣传部、教工委、教育厅等机关单位和行政机构，都是高校思想政治教育治理不可或缺的主体力量。

基层高校党委。习近平总书记指出："高校党委对学校工作实行全面领导，承担管党治党、办学治校主体责任，把方向、管大局、作决策、保落实。"② 高校党委肩负着落实党的教育方针的重要使命和责任，党的思想政治教育政策能否在高校落地生根关键在于高校党委的政治领导。高校党委书记是高校思想政治教育治理第一责任人，因而高校党委是高校思想政治教育治理的重要主体。

二、高校相关职能部门

高校相关职能部门。中共中央国务院印发的《关于加强和改进新形势下高校思想政治工作的意见》指出："坚持全员全过程全方位育人。把思想价值引领贯穿教育教学全过程和各环节，形成教书育人、科研育人、实践育人、管理育人、服务育人、文化育人、组织育人长效机制。"③ 高校思想政治教育工作的长效机制，与高校相关职能部门具有密切关系，高校党委组织部、宣传部、学工部、教务部、科研部、后勤部、图书馆等众多职能部

---

① 《习近平在全国高校思想政治工作会议上强调　把思想政治工作贯穿教育教学全过程　开创我国高等教育事业发展新局面》，《人民日报》2016 年 12 月 9 日。

② 《习近平在全国高校思想政治工作会议上强调　把思想政治工作贯穿教育教学全过程　开创我国高等教育事业发展新局面》，《人民日报》2016 年 12 月 9 日。

③ 《中共中央国务院印发的〈关于加强和改进新形势下高校思想政治工作的意见〉》，《人民日报》2017 年 2 月 28 日。

门都在高校思想政治教育治理中扮演重要角色。

高校思想政治教育工作者。高校思想政治工作者具有丰富的内涵，包括高校党务政工干部、思想政治理论课教师、辅导员（班主任）等队伍。《关于进一步加强和改进大学生思想政治教育的意见》指出："高等学校要充分发挥大学生思想政治教育主阵地、主课堂、主渠道作用。要把大学生思想政治教育摆在学校各项工作的首位，贯穿于教育教学的全过程。要建立和完善党委统一领导、党政齐抓共管、专兼职队伍相结合、全校紧密配合、学生自我教育的领导体制和工作机制。"[1] 在高校人才培养全过程中，主渠道中的高校思想政治理论课教师，主阵地中的党务政工干部和辅导员（班主任），均是高校思想政治教育治理多元主体的重要组成部分。

高校各专业课教师。习近平总书记强调："要用好课堂教学这个主渠道，思想政治理论课要坚持在改进中加强，提升思想政治教育亲和力和针对性，满足学生成长发展需求和期待，其他各门课都要守好一段渠、种好责任田，使各类课程与思想政治理论课同向同行，形成协同效应。"[2] 各专业课教师同样承担着培育时代新人的重要使命，在提升学生专业素养的同时，也需要在专业课程中积极推进思想引领和价值引导，帮助学生实现德智体美劳全面发展。因此，高校各专业课教师也是高校思想政治教育治理主体中不可或缺的组成部分。

三、群团及社会组织

中国共产主义青年团。中国共产主义青年团是党领导的先进青年的群众组织，是青年在实践中学习中国特色社会主义和共产主义的学校。习近平总书记给共青团提出希望，坚持为党育人，始终成为引领中国青年思想进步的政治学校；自觉担当尽责，始终成为组织中国青年永久奋斗的先锋力量；心系广大青年，始终成为党联系青年最为牢固的桥梁纽带；勇于自我革命，

① 《十六大以来重要文献选编（中）》，中央文献出版社 2006 年版，第 190 页。
② 《习近平在全国高校思想政治工作会议上强调　把思想政治工作贯穿教育教学全过程　开创我国高等教育事业发展新局面》，《人民日报》2016 年 12 月 9 日。

始终成为紧跟党走在时代前列的先进组织。[①]新时代背景下，共青团是高校思想政治工作不可或缺的重要队伍。组织团员青年学习党的理论路线方针政策，引导青年树立正确的理想信念和世界观、人生观、价值观，培养担当民族复兴大任的时代新人，是共青团的重要任务。因而，共青团组织作为高校思想政治教育治理主体，既是共青团职责使命的表现，也是高校思想政治教育治理主体多元参与的客观要求。

工会。工会是职工自愿结合的工人阶级的群众组织，代表职工的利益，依法维护职工的合法权益。工会在组织动员职工群众积极参与经济建设的同时，教育引导广大职工不断提高思想道德、技术业务和科学文化素质。习近平总书记指出："工会是党联系职工群众的桥梁和纽带，工会工作是党的群团工作、群众工作的重要组成部分，是党治国理政的一项经常性、基础性工作。新形势下，工会工作只能加强，不能削弱；只能改进提高，不能停滞不前。"[②]在高校思想政治教育治理体系中，工会组织除了一般性职责以外，还承担着协同育人的重要任务，共同致力于人才培养，共同贯彻落实立德树人根本任务。因此，工会也是高校思想政治教育治理主体的重要组成部分。

妇联。妇联是中国共产党领导下的人民团体，是中国各族各界妇女的群众组织，是党和政府联系妇女群众的桥梁和纽带，团结引导各族各界妇女听党话、跟党走是妇联的政治责任，教育引导广大妇女积极参与改革开放和中国特色社会主义建设，做伟大事业的建设者、文明风尚的倡导者、敢于追梦的奋斗者，是妇联的重要任务。在高校思想政治教育工作体系中，妇联工作在一般职责的基础上，对女教师、女学生的思想引领、价值引导、关怀教育等，同样也是思想政治教育工作的应有之义，因此妇联也是高校思想政治教育治理主体之一。

各类行业协会、学术团体。行业协会、学术团体等各类社团都有坚持社会主义方向、对其组织成员进行思想政治教育引导的义务。在大

---

① 习近平：《在庆祝中国共产主义青年团成立100周年大会上的讲话》，《人民日报》2022年5月11日。

② 习近平：《在庆祝"五一"国际劳动节暨表彰全国劳动模范和先进工作者大会上的讲话》，《人民日报》2015年4月29日。

思政格局中，学校、家庭和社会都承担着一定的思想政治教育责任。它们以自身独特的育人优势和育人资源，在高校思想政治教育工作中发挥着积极的作用，因而也是高校思想政治教育治理主体不可或缺的组成部分。

学生会。共青团中央、教育部、全国学联印发的《关于推动高校学生会（研究生会）深化改革的若干意见》指出，学生会是党领导下的主要学生组织，是学校联系广大同学的桥梁和纽带。学生会以习近平新时代中国特色社会主义思想为指导，以加强对同学的政治引领为根本，以全心全意服务同学为宗旨。高校思想政治教育治理强调多元主体参与，学生的自我组织、自我管理、自我教育是高校思想政治教育治理不可或缺的内容，因此学生会也是高校思想政治教育治理主体之一。

四、家庭成员及在校学生

家庭成员。习近平总书记指出："要注重家庭、注重家教、注重家风，认真研究家庭领域出现的新情况新问题，把推进家庭工作作为一项长期任务抓实抓好。"[①] 家庭是学生成长的地方，父母是孩子教育的第一位老师，是高校贯彻落实立德树人根本任务、实现思想政治教育协同育人不可或缺的重要力量。高校思想政治教育治理主体同样离不开家庭成员的参与。

在校学生。学生是高校思想政治教育对象，但是在思想政治教育过程中，也要重视学生主体性的发挥。结合青年学生的时代特征、文化特点和成长成才发展需求，增进学生参与高校思想政治教育治理活动的动力，积极推进学生的主体性创新活动，有利于实现高校思想政治教育治理的科学化和民主化。因此，青年学生也必然是高校思想政治教育治理主体之一。

---

① 《坚持中国特色社会主义妇女发展道路 组织动员妇女走在时代前列建功立业》，《光明日报》2018 年 11 月 3 日。

第三节　高校思想政治教育治理主体的权责

高校思想政治教育治理理论的重点在于明晰权责关系，以提升高校思想政治教育质量。这一过程涉及多方面治理主体的共同作用和博弈，如何抛弃两败俱伤、此消彼长的零和博弈，取而代之同向发力的正和博弈是提升高校思想政治教育治理质量的重要尺标。以法律制度规制责权，将高校思想政治教育治理主体的权利关进"制度的笼子"，做到有法可依、有法必依，构建"制度制权"为核心的权责机制，是提升各主体治理能力和治理水平的重要影响因素。

一、政府部门在高校思想政治教育治理中的权责

政府依法享有高校治理权，主要包括管理权和监督权。管理权包括指导制定高校思想政治教育治理的目标和指导设定高校思想政治教育治理的相关制度。监督权则是政府对高校思想政治教育治理的监控和管理，以保证高校思想政治教育治理实践能够持续创新发展。《中华人民共和国高等教育法》第十四条规定，国务院教育行政部门主管全国高等教育工作，管理由国务院确定的主要为全国培养人才的高等学校。国务院其他有关部门在国务院规定的职责范围内，负责有关的高等教育工作。[①] 从教育法的角度讲，政府和相关行政部门需要在宏观层面保证思想政治教育治理符合规律，实现科学发展、协调发展和可持续发展。

2015 年，《教育部关于深入推进教育管办评分离　促进政府职能转变的若干意见》强调政府职能转变，由全能型政府转向服务型政府，扩大高校自主办学权以及下放社会组织对高等教育的评估。2016 年，《依法治教实施纲要》同样围绕扩大高校自主办学权、完善民间和官方评估机构展开指导。我国高等教育治理格局基本形成并趋于完善，政府主管政策制定、宏观规划，高校负责主管办学任务，社会评估机构发展和完善评价监督体系。高校治理的历史嬗变过程，反映了高等教育治理主体权责结构的变动，自此治理

---

① 《中华人民共和国高等教育法》，《人民日报》2016 年 3 月 30 日。

主体之间权责愈发清晰，将进一步推动高校思想政治教育治理现代化。[1]

二、高校内部治理主体的权责

高校具有自主办学的权利，在行政治理和服务治理方面具有相应的权利。高等学校在民事活动中依法享有民事权利，承担民事责任。《中华人民共和国高等教育法》第三十条规定，高等学校自批准设立之日起取得法人资格。高等学校的校长为高等学校的法定代表人。第三十二条规定，高等学校根据社会需求、办学条件和国家核定的办学规模，制订招生方案，自主调节系科招生比例。第三十三条规定，高等学校依法自主设置和调整学科、专业。第三十四条规定，高等学校根据教学需要，自主制订教学计划、选编教材、组织实施教学活动。第三十五条规定，高等学校根据自身条件，自主开展科学研究、技术开发和社会服务。国家鼓励高等学校同企业事业组织、社会团体及其他社会组织在科学研究、技术开发和推广等方面进行多种形式的合作。国家支持具备条件的高等学校成为国家科学研究基地。第三十六条规定，高等学校按照国家有关规定，自主开展与境外高等学校之间的科学技术文化交流与合作。第三十七条规定，高等学校根据实际需要和精简、效能的原则，自主确定教学、科学研究、行政职能部门等内部组织机构的设置和人员配备；按照国家有关规定，评聘教师和其他专业技术人员的职务，调整津贴及工资分配。第三十八条规定，高等学校对举办者提供的财产、国家财政性资助、受捐赠财产依法自主管理和使用。[2] 根据《中华人民共和国高等教育法》可知，高校具有行政性治理权和服务性治理权。行政性治理权是高校行政管理系统所具有的权利，由高校纪检、监察等部门所施行，具有一定的强制力。服务性治理权是指高校思想政治教育治理主体具有开展服务师生、服务办学等活动的权利。行政性治理权和服务型治理权是高校思想政治教育治理创新发展的重要保障。

---

[1] 陈良雨：《高等教育治理主体权责结构的历史嬗变及其评价——基于生态位的分析视角》，《河南师范大学学报（哲学社会科学版）》2017 年第 2 期。

[2] 《中华人民共和国高等教育法》，《人民日报》2016 年 3 月 30 日。

教师在权利上，教师是高校完成立德树人根本任务的关键，教师的基本权利包括教学权、科研学术权、指导评定权、监督权。教学权是高校教师最基本的权利，教师在获得高等学校教师资格证、系统掌握本学科知识以及具备相应的教学能力和科研能力以后就享有教学权。除此之外，高校教师还具有科研学术权，《高等教育法》规定，高等学校应当为教师参加培训、开展科学研究和进行学术交流提供便利条件。[①] 教师还具有参与高校治理水平评估的监督权，按照《高等教育法》第四十三条，高等学校通过以教师为主体的教职工代表大会等组织形式，依法保障教职工参与民主管理和监督，维护教职工合法权益。[②] 按照《学校教职工代表大会规定》的要求，依法保障教师参与民主管理和监督，切实发挥教职工代表大会法定职权，扭转其单纯作为"福利机构"与"文体活动组织者"等不良倾向。

教师在义务上，《高等教育法》不仅规定了高校教师的权利，也规定了要履行一定的义务。首先，教学是教师的第一要务，《高等教育法》第五十二条规定，高等学校的教师、管理人员和教学辅助人员及其他专业技术人员，应当以教学和培养人才为中心做好本职工作。为了确保各项教学工作顺利进行，需要不断提升知识水平和教学能力，让学生在学校不仅能学到专业知识与技能，更能受到爱国主义教育、道德教育、法治教育等，把学生培养成德智体美劳全面发展的社会主义建设者和接班人。其次，教师要保护学生的基本权益，关注学生的情感需求，做学生的引路人，为学生拨开思想的迷雾，为进入社会做一名合格的公民打下基石。最后，教师有义务终身学习，积极接受高校培训中心的集体培训活动，提升教育教学能力，也要不断地总结，把握教学规律和大学生心理特点，全面提高教师综合素质。教育部在《关于一流本科课程建设的实施意见》中要求，高校要实现基层教学组织全覆盖，教师全员纳入基层教学组织，强化教学研究，定期集体备课、研讨课程设计，加强教学梯队建设，完善助教制度，发挥好"传帮带"作用。

[①] 《中华人民共和国高等教育法》，《人民日报》2016年3月30日。
[②] 《中华人民共和国高等教育法》，《人民日报》2016年3月30日。

三、高校思想政治教育治理监测评估主体的职权

高校评估机构包括校内机构和校外机构，校内机构由高校监管部门组成，主要通过质量评估的方式检验高校思想政治教育治理的效果。校外机构根据权利的来源又分为官方性质和民间性质，官方性质的评估机构主要是在中央和地方教育系统的引导下建立，这一类在根本上隶属于国家权利的一部分；民间性质的评估机构主要依靠社会力量和民众意愿自发组建，从根本上隶属于社会权利的一部分。这两类评估机构都有评价高校办学能力和水平、监管高校教学质量、制约高校权利滥用、专断独行等权利。在义务上，评估机构要通过专业的手段和数据为高校办学提供有建设性的建议，辅助高校思想政治教育治理。同时，制约高校思想政治教育治理权力，将权力关进"制度的笼子"。

高校接受监督与评估，是办好中国一流、世界一流高校的必由之路，也是高校思想政治教育治理主体能力提升的客观要求。《高等学校教育教学过程管理信息公开办法》明确规定了高校信息公开的内容、途径及有关监督程序，《关于做好高等学校教育教学过程管理财务信息公开工作的通知》也规定了高校财务信息应当向全社会公开。《中华人民共和国高等教育法》第四十二条规定了高等学校设立学术委员会并履行审议学科建设、评定教学效果、处理学术纠纷、调查学术端、决定学术发展、评价和规范等职责；第四十三条规定成立教职工代表大会，依法参与民主管理和监督。这两条主要是指导高校建立自我约束系统，除此之外，在外也要接受政府相关部门、社会民间评估机构、用人单位等的监督。

对于高校思想政治工作队伍而言，需要建立以质量为核心的高校思政队伍整体效能动态性评价体系。一方面，高校思政队伍整体效能评价内含于高校思想政治教育质量评价的整体工作之中，必须以高校思想政治教育质量评价工作的整体目标、体系机制、原则方法为基础与借鉴，建立动态性的高校思政队伍整体效能评价体系。高校思想政治教育工作质量评价是从时代的变化发展实际出发，坚持理论联系实际，使用现代化的评价方式、方法、手段，来考察思想政治教育的针对性和实效性。在实践中，要着力

探索思想政治教育学科特点与各学科方式方法的交叉融合，将科学的指标体系引入思想政治教育评价中。同时，加强长效机制建设，在思想政治教育评价理论研究的深化和实践工作的推动中形成一种累进和改进的机制，以高校思想政治教育工作质量评价的长效机制保障高校思政队伍整体效能评价的稳定性与长效性。另一方面，要坚持以质量为核心的高校思政队伍整体效能评价导向。无论是高校思想政治教育工作质量评价，还是高校思政队伍的整体效能评价，都无法依靠单纯的数据统计与量化标准进行全面准确地反映。评价不是目的，而是手段方法，要通过动态性、持续性的评价，保持高校思政队伍专业化建设在反思中不断完善发展，进而持续提升高校思政队伍整体质量和思想政治教育工作质量。因此，在评价高校思政队伍整体效能的过程中，要立足教育教学、实践工作的整体内容，以提升质量为出发点带动各项工作开展和完善，通过评价激发队伍培养的内生动力，从而培养出一批老、中、青相结合的稳定教学队伍，造就一批符合专业化、职业化要求的实际工作者，整合教学、科研、管理、服务等各方面资源，协同推进高校思想政治教育的创新发展。[1]加强高校思想政治教育工作队伍整体效能的评价，既是新时代高校思想政治教育治理的应有之义，也是高校思想政治教育治理持续创新的重要动力。

---

[1]　冯刚：《治理视域下高校思政队伍专业化建设的理论与实践》，《学校党建与思想教育》2020 年第 5 期。

第四章

高校思想政治教育治理原则

高校思想政治教育治理原则，是高校思想政治教育治理过程中所必须遵循的规范和准绳，贯穿于高校思想政治教育治理过程始终，指导和规约着高校思想政治教育治理实践。具体而言，高校思想政治教育治理必须遵循"方向性原则""科学性原则""协同性原则"和"开放性原则"。"四大原则"成为高校思想政治教育治理的基本要求和根本准则。

第一节　高校思想政治教育治理的方向性原则

方向性，就是党性、政治性或价值取向性。高校思想政治教育治理的方向性原则，就是高校思想政治教育治理的全过程各要素都必须以正确方向为导向，即必须坚持中国共产党的领导、坚持中国特色社会主义制度、培养社会主义建设者和接班人。这是高校思想政治教育治理的本质体现，是由我国高等教育的中国特色社会主义性质所决定的。方向性原则是保证高校思想政治教育治理性质的基本准则，起着把关定向的重大作用，是高校思想政治教育治理的首要原则，在四大原则中处于决定性地位，规定和统领着其他三项原则的方向，是高校思想政治教育治理的首要遵循。

一、坚持中国共产党的领导

习近平总书记在党的十九大报告中明确指出："党政军民学，东西南北中，党是领导一切的。"① 党的十九届四中全会、五中全会、六中全会反复强调党是最高政治领导力量、要坚决维护党中央权威，把党的领导落实到国家治理各领域各方面各环节。高校思想政治教育治理作为国家治理的重要方面重要环节，坚持中国共产党的领导，是"坚持党的全面领导"在高校思想政治教育治理工作中的具体体现，也是坚持高校社会主义办学方向的根本保障。这是由高校思想政治教育治理的根本性质和核心任务决定的。在高校思想政治教育得以推进和发展的过程中，党的领导不仅是思想政治教育实践活动和理论发展的基础，也是思想政治教育规范有序发展从而形成思想政治教育制度的政治基石。② 坚持中国共产党的领导，既要坚持党的全面领导，又要不断增强党的领导能力。

坚持党的全面领导。坚持党的全面领导，就是在高校思想政治教育治理过程中，要坚决维护高校党委的领导核心地位和集中统一领导，始终将坚持党的全面领导作为第一要义和首要原则，充分发挥高校党委总揽全局、把控方向、管理全局的重要作用。习近平总书记明确指出："高校党委对学校工作实行全面领导，承担管党治党、办学治校主体责任，把方向、管大局、作决策、保落实。"③ 高校思想政治教育治理是党领导高校工作的具体体现，也是加强党对高校全面领导的重要抓手。坚持党的全面领导，是高校思想政治教育治理的根基和灵魂所在，不仅是高校思想政治教育治理的逻辑起点，更为其指明正确方向、奠定鲜亮底色、提供精神养分。坚持党的全面领导，一方面，必须深刻把握党的全面领导的科学内涵，划清党的全面领导的范围，即党的全面领导具体包括哪些方面、涵括哪些内容，明确党的全面领导的性质，即党的全面领导到底是领导什么。就党的领导的范围而言，"全面"并不意味着党的领导无所不包、无事不管，从而越俎代庖、以党代政或以党驭民。毛泽东同志早就强调过，"党领导一切"并不等于包揽一切。"领导一切"主要是在事关大政方针政策、立场原则方向等重大问

① 习近平：《决胜全面建成小康社会　夺取新时代中国特色社会主义伟大胜利——在中国共产党第十九次全国代表大会上的报告》，《人民日报》2017 年 10 月 28 日。

② 宇文利：《论我国当代思想政治教育的制度化建设》，《思想理论教育导刊》2011 年第 1 期。

③ 《习近平在全国高校思想政治工作会议上强调　把思想政治工作贯穿教育教学全过程　开创我国高等教育事业发展新局面》，《人民日报》2016 年 12 月 9 日。

题上的领导，而并非事无巨细的大包大揽，从而确保高校党委揽全局、定方向、谋大局的核心作用。就党的领导的性质而言，"党领导一切"，主要是强调在高校思想政治教育治理的内部结构中，确立高校党委的领导核心作用，而并非要取代高校各院系及各部门的职能。另一方面，必须正确处理好高校党委与行政的关系。党委是高校的政治核心和领导核心，也是高校思想政治教育治理的领导核心，发挥着统揽全局、把关定向的关键作用，必须集中精力抓好高校思想政治教育治理的方向原则和治理过程中涉及的重大问题、协调好各治理主体之间的关系。以校长为首的行政班子要各司其职、各尽其责，在独立负责、积极主动地完成教学、科研、管理等本职工作的实践中，不断建立健全教书育人、科研育人、管理育人等相关制度机制。虽然党委与行政有着明确的分工界限，但不能以此为由简单割裂二者之间的内在联系，党委与行政在高校思想政治教育治理中目标一致，行政必须坚决落实党委的决策部署，并立足学校实际、结合部门特点推进思想政治教育治理发展，党委也要充分尊重、积极支持行政行使好职权，落实好立德树人的根本任务。

不断增强党的领导能力。增强党的领导能力，就是高校党委通过加强自身建设充分发挥先进性，不断提升对高校思想政治教育治理各部门各主体的吸引力和影响力，从而使高校党委切实肩负起领导思想政治教育治理的重要职责，并使高校思想政治教育的各项制度机制及治理体系更好地促进思想政治教育职能发挥。高校党委的领导能力，主要是一种政治权威而并非政治权力，是一种政治影响力而非政治强制力，集中体现在高校党委与各职能部门、各院系的关系之中。增强高校党委的领导能力，是推进高校思想政治教育治理现代化发展的内在要求和题中之义。只有不断增强高校党委的领导能力，才能持续将高校党委的政治优势转化为高校思想政治教育治理效能。增强高校党委的领导能力，一方面，要不断增强高校党委的政治领导力。要紧紧围绕高校党委领导高校思想政治教育治理到底"治什么""靠什么治""如何治"等基本问题，推进高校党建工作与高校思想政治教育治理工作深度融合，不断增强高校党委把方向、管大局、作决策的能力，在推进高校思想政治教育治理现代化的过程中，始终保持政治定力、驾驭政治局面，保障高校党委治理能力的有效发挥。在此基础上，以党建为引领，加强各院系、各职能部门基层党组织建设，将党的组织优势进一步转化为治理优势。另一方面，要不断增强高校党委的引领整合力。要立足于高校党委总揽全局、协调各方，以共同治理目标为引领，积极协调各治理主体间的关系，整合各方力量、形成治理合力，从而促使各治理主体进行有效的互动合作，达到最优治理效能，充分彰显高校党委作为高校思想政治教育治理结构的主导力量。

二、坚持中国特色社会主义制度

不同的社会制度标识着不同的价值取向和意识形态，进而决定着治理的方向、本质、内容、结构和方式。党的十九届四中全会强调，中国特色社会主义制度是党和人民在长期实践探索中形成的科学制度体系，我国国家治理一切工作和活动都依照中国特色社会主义制度展开。[①] 明确规定了推进国家治理体系和治理能力现代化，必须以中国特色社会主义制度为根本依据，这是由国家制度和国家治理二者之间的内在逻辑关系决定的，即国家制度是国家治理的依据，国家治理是国家制度的实践，实现制度优势向治理实践的转化，实际上就是将制度的应然优势真正落实到国家治理的实然优势中。推进国家治理体系和治理能力现代化，究其实质，就是要将国家制度具体落实到国家治理实践中，并不断把制度优势更好地转化为治理效能。中国特色社会主义制度植根中国大地、符合中国国情、体现国家性质，是在我国历史传承、文化传统、经济社会发展的基础上长期发展、渐进改进、内生性演化的结果，是中国发展进步的根本制度保障，是具有无比巨大优越性的治理体系。高校思想政治教育治理作为国家治理体系的有机组成部分和独特治理形态，具有鲜明的意识形态性和政治服务功能，坚持中国特色社会主义制度是其必然要求。坚持中国特色社会主义制度，既要以中国特色社会主义制度为根本遵循，又要以充分彰显中国特色社会主义制度优

---

① 《中共中央关于坚持和完善中国特色社会主义制度、推进国家治理体系和治理能力现代化若干重大问题的决定》，《人民日报》2019 年 11 月 6 日。

越性为目标指向。

以中国特色社会主义制度为根本遵循。以中国特色社会主义制度为根本遵循，就是在高校思想政治教育治理实践中，必须以中国特色社会主义制度为遵照和准则，而不能偏离和违背这一根本制度，这是由二者之间深层逻辑自洽、双向建构的本质关系决定的。具体而言，中国特色社会主义制度，是高校思想政治教育治理发展的保障和目标，与此同时，推进中国特色社会主义制度不断完善发展、充分发挥其治理效能，又是高校思想政治教育治理的重要着力点。进一步而言，中国共产党形成于革命、建设、改革不同时期的学校思想政治教育制度，本身就是中国特色社会主义制度的重要组成部分。就此意义而言，以中国特色社会主义制度为根本遵循，是高校思想政治教育治理的题中之义。以中国特色社会主义制度为根本遵循，要求高校思想政治教育治理必须立足于由构成中国特色社会主义制度体系的各项根本制度、基本制度和重要制度，根据新时代国家治理体系和治理能力现代化的新形势新要求，着力提升自身的制度化水平及制度体系的科学化水平，使各级各类思想政治教育的治理在中国特色社会主义的支持和保障下，实现顶层设计、政策执行、机制构建、评价质量等方面的治理体系现代化发展，构建和完善新时代中国特色思想政治教育制度体系。①

以充分展现中国特色社会主义制度优势为目标指向。坚持和完善中国特色社会主义制度，不仅是国家治理现代化的基础和前提，也是推进国家治理现代化的首要目标。中国特色社会主义制度和国家治理体系具有诸多显著优势，党的十九届四中全会从十三个方面进行了系统的总结概括。新时代推进高校思想政治教育治理现代化，尤其要注重突出这些显著优势。这即是说，要在准确理解、深刻领会这些显著优势的基础上，通过思想政治教育实践活动充分展现这些优势，从而不断增强高校师生对中国特色社会主义制度的情感认同和理性认同。具体而言，在内容安排上，要将中国特色社会主义制度生成的历史逻辑、理论逻辑、实践逻辑等内在逻辑作为思想政治教育的核心内容，深刻揭示和阐释"中国之制"对于"中国之治"

---

① 冯刚：《推进新时代思想政治教育治理体系现代化》，《中国教育报》2020 年 3 月 19 日。

的根本性与决定性；在目标设置上，要将增强高校师生对中国特色社会主义制度体系和治理体系的政治认同、情感认同、思想认同作为重要指向，切实强化高校师生的中国特色社会主义制度自信。

三、培养社会主义建设者和接班人

培养什么人的问题，是高等教育的首要问题，决定着高等教育的根本方向，也是衡量高等教育质量的根本标准。"古今中外，关于教育和办学，思想流派繁多，理论观点各异，但在教育必须培养社会发展所需要的人这一点上是有共识的。"[①] 这也即是说，任何国家的教育都不可能自外于社会需求，而是置身于社会需求之中，适应和服务于社会发展。然而，由于各国政治制度不同，因而对教育所要培养的人的政治属性具有不同认知和要求。我国是社会主义制度，所要培养的人并不是"价值中立的人"，也不是"任意的人"，更不是自己的"掘墓人"，而只能是符合统治阶级要求的人，即社会主义建设者和接班人。因为"人的本质不是单个人所固有的抽象物，在其现实性上，它是一切社会关系的总和"。[②] 个人发展从来就不是独立于社会之外的。思想政治教育作为高等教育的有机组成部分，天然的具有政治属性、真实地反映着不同政治制度的内在要求，培养社会主义建设者和接班人是其根本任务，也是推进高校思想政治教育治理必须坚持的根本价值方向，这是由高校思想政治教育治理的目标指向决定的。推进高校思想政治教育治理体系和治理能力现代化，就是旨在通过建立健全高校思想政治教育制度并提升制度执行能力，进而强化立德树人效果。培养社会主义建设者和接班人与立德树人，从本质上看，是对同一问题的同一回答，不同之处在于立德树人着眼于动态的讨论教育的根本任务，而社会主义建设者和接班人侧重于静态的强调教育目标，是高校思想政治教育治理的价值旨归，统领着高校思想政治教育治理实践。

将培养社会主义建设者和接班人作为价值目标指引高校思想政治教育

---

① 习近平：《在北京大学师生座谈会上的讲话》，《人民日报》2018 年 5 月 3 日。
② 《马克思恩格斯选集（第一卷）》，人民出版社 2012 年版，第 139 页。

治理的实践方向。"培养社会主义建设者和接班人，是我们党的教育方针，是我国各级各类学校的共同使命。"①明确规定了人才培养的政治属性、总体规格和根本目的，生动地体现了中国共产党在人才培养目标上一以贯之的又红又专的基本要求，决定着当前和今后我国教育改革的价值方向。高校思想政治教育治理，同样必须以这个总体规格和根本目标为指引，否则就会丧失方向感。以培养社会主义建设者和接班人为指引，就是要将培养社会主义建设者和接班人作为一种价值目标和价值理念，融入到高校思想政治教育人才培养体系构建、制度机制完善、思想政治教育主体建设、人才培养评价等各个环节，贯穿于专业思政建设、课程思政建设、网络思政建设等各领域，教材体系、教学体系、管理体系等都必须紧紧围绕培养社会主义建设者和接班人这一根本价值理念来设计，所有工作都必须围绕这一根本目标来推进。概言之，推进高校思想政治教育治理所涉及的所有环节、各个领域都必须以培养社会主义建设者和接班人为方向，坚决杜绝偏离或违背这一方向的做法。

将培养社会主义建设者和接班人作为评判标准检验高校思想政治教育治理的实践成效。习近平总书记在北京大学师生座谈会上的讲话中指出："要把立德树人的成效作为检验学校一切工作的根本标准。"②培养社会主义建设者和接班人就是立德树人成效最直接的显现和最鲜明的标识。因此，培养社会主义建设者和接班人，不仅是引领高校思想政治教育治理实践的价值目标，同时也是检验治理实践成效的评判标准。社会主义建设者和接班人，一方面明确规定了中国特色社会主义高校应该培养什么样的人才，清楚地界定了立德树人中所立之德的"德"到底是什么样的道德素质，所树之人的"人"到底是什么样的人，另一方面又能从人才培养的总体规格和目标指向上，不断审视高校思想政治教育人才培养体系、教学体系、制度机制体系及各项制度机制的执行措施等是否自始至终紧紧围绕培养社会主义建设者和接班人这个根本任务而展开，从而作为一种评判标准，检验高校思想政治教育治理实践的成效。

---

① 习近平：《在北京大学师生座谈会上的讲话》，《人民日报》2018 年 5 月 3 日。
② 习近平：《在北京大学师生座谈会上的讲话》，《人民日报》2018 年 5 月 3 日。

第二节　高校思想政治教育治理的科学性原则

科学性，就是以客观事实为依据、以科学理论为指导，反映事物的本质及其规律的特性。高校思想政治教育治理的科学性原则，就是高校思想政治教育治理必须运用科学思维、科学理论、科学方法处理高校思想政治教育体制机制改革创新问题，即高校思想政治教育治理必须遵循客观规律、完善制度机制、凸显实践导向。这是高校思想政治教育治理的内在规定，是由高等教育治理现代化的本质要求决定的。科学性原则是确保高校思想政治教育治理取得实效的根本准则，在四大原则中处于核心地位，是"方向性原则"的进一步深化，又是"协同性原则""开放性原则"的前提，决定着高校思想政治教育治理的质量与效率，是高校思想政治教育治理的根本遵循。

一、遵循客观规律

遵循客观规律，是推进高校思想政治教育治理现代化的根本，意指加强和完善高校思想政治教育治理体系和治理能力现代化，必须遵循高校思想政治教育发展过程中及治理过程中各要素间形成的本质联系及运动的必然趋势，这是由高校思想政治教育发展的内在动力机制决定的。只有严格遵循高校思想政治教育发展规律和治理规律，才能确保高校思想政治教育治理的科学性。

遵循高校思想政治教育发展规律。高校思想政治教育发展规律，就是高校思想政治教育在发展过程中各要素间形成的本质联系及运动变化的必然趋势。基于过程论视域，高校思想政治教育治理现代化生成于高校思想政治教育长期实践的动态发展过程中，其实质就在于在高校思想政治教育实践过程中不断推动高校思想政治教育治理体系从不完善到逐渐完善，推动高校思想政治教育治理能力逐步提升，就此意义而言，遵循高校思想政治教育发展规律是推进高校思想政治教育治理发展的本质要求。一是遵循高校思想政治教育理论与实践互动发展律。所谓理论与实践互动发展律，就是在高校思想政治教育理论与实践的双向作用、良性互动中实现高校思想政治教育治理发展的一种必然趋势和本质联系。马克思指出："一切划时代的体系的真正的内容都是由于产生这些体系的那个时期的需要而形成起来的。"①"理论在一个国家实现的程度，总是取决于理论满足这个国家的需要的程度。"②强调了理论与实践之间的本质联系。推进高校思想政治教育治理现代化，正是通过准确把握高校思想政治教育实践特征、及时回应高校思想政治教育实践期待、持续满足高校思想政治教育实践需求中实现的。必须始终立足于高校思想政治教育实际，关照时代特征，反映实践中提出的重大问题和崭新课题，体现实践对高校思想政治教育治理的新要求，在实践中不断推进高校思想政治教育治理发展。二是遵循高校思想政治教育服从服务于主流意识形态维护规律。"统治阶级的思想在每一时代都是占统治地位的思想。这就是说，一个阶级是社会上占统治地位的物质力量，同时也是社会上占统治地位的精神力量。"③思想政治教育具有鲜明的阶级性，是统治阶级维护其统治地位的软治理手段，推进高校思想政治教育治理发展其目的正在于通过提升高校思想政治教育实效性，进而维护主流意识形态在高校的指导地位，确保高校意识形态安全。必须始终坚持主流意识形态的指导地位、理直气壮地进行主流意识形态灌输，在维护和巩固主流意识形态中不断推进高校思想政治教育治理发展。

遵循科学的治理规律。治理规律，就是治理过程中各要素在相互作用中形成的本质联系。治理究其本质而言，是一项区别于统治和管理的实践活动，这些活动的主体不一定是公共机构，也不一定必须依靠国家强制力量来实现。治理是内涵丰富的现象，它是一系列活动的管理机制，这些管理机制既包括政府机制也包括非政府和非正式机制。高校思想政治教育治理作为治理的一种重要手段，同时又是治理的重要类型之一，毋庸置疑也具有治理的共同特征，遵循治理的共同规律。一方面要遵循多主体协同律。所谓多主体协同律，就是在多元主体的共同参与、协同推进中实现高校思

---

① 《马克思恩格斯全集（第三卷）》，人民出版社 1960 年版，第 544 页。
② 《马克思恩格斯文集（第一卷）》，人民出版社 2009 年版，第 12 页。
③ 《马克思恩格斯文集（第一卷）》，人民出版社 2009 年版，第 550 页。

想政治教育治理发展的一种本质联系和必然趋势。治理与管理虽一字之差，但却代表着两种不同的实践进路。在传统的管理模式中，政治权力主体和行政权力主体是高校思想政治教育的唯一主体，处于绝对的主动地位，遵循自上而下的单向性、刚性化的运行机制。治理则与之相反，更加强调主体的多元性及各主体间的相互依赖性。这就要求在推进高校思想政治教育治理过程中尊重所有主体的主体地位、保持各主体之间适度的张力，确保各主体各司其职、协同合作、共同发展。另一方面要遵循多手段互促律。所谓多手段互促律，就是在多种手段的共同运用、相互促进中实现高校思想政治教育治理发展的一种本质联系和必然趋势。就手段而言，管理更注重运用硬约束，而轻视软约束；更依赖于控制的方式方法，而忽视了沟通协商。治理则不同，更加注重运用各种综合性的治理手段。这就要求在推进高校思想政治教育治理过程中既要运用法律法规、制度机制等外在约束手段，也要运用道德规范等内在约束手段，同时要注重各种手段之间的相互配合、相互促进。

二、完善制度机制

完善制度机制，是推进高校思想政治教育治理现代化的内核，决定着高校思想政治教育治理现代化的水平。意指加强和完善高校思想政治教育治理体系和治理能力现代化，必须加强顶层设计，从高等教育治理现代化的战略意义上不断完善高校思想政治教育的制度体系和体制机制，形成符合学校发展实际，与高校思想政治教育实践相吻合，与高等教育治理现代化相适应的高校思想政治教育制度体系，并不断增强制度体系的自我完善和自我发展能力。在推进高校思想政治教育治理发展过程中，唯有良制才能确保良治，也只有完善的高校思想政治教育制度机制，才能使高校思想政治教育治理有所归依、日臻完善，从而最大限度释放出高校思想政治教育治理效能。

强化制度机制的系统性。强化制度机制的系统性，就是增强制度机制的整体性和层次性，这是完善制度机制的基础。"任何一项制度，绝不是孤立存在的。各项制度间，必然是互相配合，形成一整套。否则那些制度各个分裂，绝不会存在，也不能推行。"①高校思想政治教育制度机制同样是一个完整的体系，只有加强各项制度间的横向贯通、纵向衔接，才能最大限度发挥出高校思想政治教育制度机制的整体效能，否则必将遮蔽制度机制优势。强化高校思想政治教育制度机制的系统性，就是要强化整体思维、全局思维，从整体性出发完善高校思想政治教育制度机制，形成一套科学规范、行之有效的制度体系。一是强化横向制度间的整体性。就横向来看，管理存在着各项制度相互脱节甚至互为掣肘互不相容等重要瓶颈，治理则旨在通过构建大格局推进各项制度间的融合。这就要求高校党委加强顶层设计，注重主渠道与主阵地、思政课程与课程思政制度机制间的相互整合与配合。二是强化纵向制度间的衔接性。就纵向来看，管理存在着上下各项制度间缺乏有效衔接等问题，治理则强调不同层级制度间的纵向贯通。这就要求在推进高校思想政治教育治理过程中注重领导机制、运行机制、评估机制和反馈机制等各层级制度机制间的前后衔接、上下联动。三是强化制度实施的连续性。就实施来看，管理存在着重形式、轻实效；重制定、轻落实的现象，治理则更加强调不同阶段不同环节制度机制实施运行的连续性与接续性。这就要求在推进高校思想政治教育治理过程中不仅要注重制度机制的健全与完善，也要高度重视制度机制的过程性管理，确保制度机制的贯彻落实。

注重制度机制的操作性。注重制度机制的操作性，就是注重制度机制的可执行性及对高校思想政治教育实践的指导性，以达到制定制度机制的目的，这是完善制度机制的根本。制度机制的系统建构解决了"器"的问题，然而"器"能否有效发挥作用，很大程度上取决于对"器"的运用。高校思想政治教育制度机制只有具备可操作性，才能切实实现用制度管人、管事、管权。再完美的制度，倘若不能确保其有效运行，也仅仅是束之高阁、形同虚设。注重制度机制的操作性，就是要体现制度"可用、好用、管用"的要求，按照主体明确、指向明晰、科学易行的规则制定各项制度，从源

---

① 钱穆：《中国历代政治得失》，生活·读书·新知三联书店出版社2001年版，第4—5页。

头上避免制度流于纸面、止于文件的窠臼。一是在制度设计理念上要注重刚柔相济。所谓刚柔相济，就是在制度设计过程中，既要体现制度的权威性与严肃性，又要渗透以生为本、以人为本的理念。制定制度的初衷在于最大限度激发人们的内生动力，而绝非简单的束缚人。这就要求在高校思想政治教育制度设计过程中始终坚持将以理服人与以情感人相结合，既要彰显政策制度的刚性特征，又要体现深切的人文关怀，将尊重人、理解人、关心人贯穿于制度设计全过程各方面，形成一种柔性的迫人执行形势。二是在制度设计内容上要明确具体。所谓明确具体，就是在制度内容上，必须准确传递信息，而不能模棱两可、似是而非。唯有确保制度内容明确清晰，避免简单笼统，才能防止产生歧义。这就要求制度内容必须规范缜密，不仅要明确是什么、为什么，而且要明确怎么办、由谁办；不仅要形成各层次、各部门普遍适用的制度规定，也要形成适用于不同类别、不同层次要求的制度规范，使制度真正落到实处。

确保制度机制的长效性。确保制度机制的长效性，就是高校思想政治教育制度机制的建设必须着眼长远，追求长效，而不能简单就事论事，或者片面追求短期效应，这是完善制度机制的关键。高校思想政治教育治理作为一项复杂的系统工程，其问题的根本解决必然是长期性的，甚至某些问题还会循环往复出现。鉴于此，只有坚持长效性原则，才能切实发挥高校思想政治教育制度机制管根本、管长远的强大统摄作用。确保制度机制的长效性，要求高校思想政治教育制度机制在立足现实与着眼长远，在相对稳定性与动态发展性之间保持适度张力。一是坚持立足现实与着眼长远相统一。所谓立足现实与着眼长远相统一，就是制度建设要兼顾现实与未来，力争管得长远。高校思想政治教育制度机制源于高校思想政治教育实践，而高校思想政治教育制度机制也正是为了解决实践中反复出现的突出问题，进而遏制类似问题的再出现，并从源头上防止新问题的滋生。为此，高校思想政治教育制度建设既要立足当前，解决现实问题，又要着眼未来，解决根本问题。二是坚持相对稳定性与动态发展性相结合。所谓相对稳定性与动态发展性相结合，就是制度建设要适时应势，既要保证制度机制在较长时期内具有较强稳固性，又要根据不断变化的客观实际，适时对制度机制进行发展完善。高校思想政治教育制度机制作为一个相对独立的制度体系，需与高校治理体系、与国家治理体系之间保持适应，唯有如此，才能充分发挥出其在国家治理中的应有功能。这就要求在推进高校思想政治教育治理过程中，既要防止制度机制的朝令夕改，从而维护制度机制的绝对权威，又要本着开放的心态，与时俱进赋予制度机制崭新的内容和丰富的形式，不断增强制度机制的针对性与有效性。

三、凸显实践导向

凸显实践导向，是推进高校思想政治教育治理现代化的基础，意指加强和完善高校思想政治教育治理体系和治理能力现代化，必须立足实践发展、关注实践需求、回应实践期待，也即是说，要紧密结合时代发展特征、中国改革实践以及学生思想变化的时代特点，这是由高校思想政治教育的本质属性决定的。在推进高校思想政治教育治理发展过程中，只有坚持理论联系实际，着眼于教育主客体的思想行为变化、着力于解决实践中提出的各种重大问题，才能为推进高校思想政治教育治理发展夯实深厚根基、提供丰厚滋养。

凸显问题导向。列宁曾指出，"马克思主义者必须考虑生动的实际生活，必须考虑现实的确切事实，而不应当抱住昨天的理论不放"[1]，高校思想政治教育治理同样如此，现实的需要是推动其不断向前发展的根本动力。进一步看，现实的需要主要表现为现实中不断出现、凸显并要求去回答的问题。这些问题被人们意识到以后，就会转化为对研究的现实需要，促使研究者去进行解释、论证或寻找新的解决方案，从而推动理论发展。因此，推进高校思想政治教育治理发展必须凸显问题导向。也即是说，必须始终坚持以实践中出现的各种问题为牵引，以发现问题、分析问题和解决问题为逻辑主线和推进指南。凸显问题导向是一个动态的过程，发现问题是逻辑前提、分析问题是有力支撑、解决问题是最终目标。为此，既要牢固树立问题意识和问题思维，以"有问题"的眼光看待和考量实践，善于

---

[1] 《列宁全集（第二十九卷）》，人民出版社 2017 年版，第 139 页。

运用各种科学方法对实践中各方面的实际情况进行抽丝剥茧式的分析，从而发现实践中存在的真问题；又要精准、透彻、全面地分析问题，摸清问题的实际，厘清问题的来龙去脉，挖掘出隐藏于问题背后的规律，找到产生问题的根源，从而形成对问题客观而准确的把握；在此基础上，更要主动、及时、有效地回应和解决问题，通过将问题论证清楚，形成相关理论观点。

凸显时代导向。社会实践，尤其是政治实践，具有鲜明的时代性。高校思想政治教育治理作为一项重要的政治实践活动，必须彰显时代性。习近平总书记指出："只有聆听时代的声音，回应时代的呼唤，认真研究解决重大而紧迫的问题，才能真正把握住历史脉络、找到发展规律，推动理论创新。"① 这一富含哲理的重要论断深刻揭示了理论创新规律，即任何理论创新均离不开对时代问题的积极回应和科学解答。无论是将高校思想政治教育治理作为一项重要的政治实践活动，还是重大理论创新，都必须体现时代性、凸显时代导向，也就是要站在时代高度、立足于时代背景、把握时代特征、围绕时代主题，推进高校思想政治教育治理发展。具体而言，就是既要从推进国家治理现代化和全面实现社会主义现代化国家的战略意义上推进高校思想政治教育治理发展，又要深度融入大数据、互联网＋、沉浸式传播等崭新时代背景，也要全面把握中国特色社会主义进入新时代的鲜明时代特征，更要紧紧围绕培养中国特色社会主义事业合格建设者和可靠接班人的时代主题。

第三节 高校思想政治教育治理的协同性原则

协同性，就是构成事物的各要素之间在事物整体运行发展过程中相互协调与合作的性质。高校思想政治教育治理的协同性原则，就是在高校思想政治教育治理过程中，必须摆脱个体化的原子式思维，打破各治理主体、各治理要素和各治理环节之间的壁垒和障碍，使各治理主体各治理要素各

① 习近平：《在哲学社会科学工作座谈会上的讲话》，人民出版社 2016 年版，第 14 页。

治理环节在相互作用中彼此属性互相增强、优势互促互进，从而形成拉动效应，充分发挥出治理合力的协同效应。这是高校思想政治教育治理的根本要求，是由高校思想政治教育治理现代化的治理属性决定的。协同性原则是保证高校思想政治教育治理效益最大化的重要准则，是高校思想政治教育治理的基本遵循。

一、治理主体之间的协同

治理主体之间的协同，是协同治理的鲜明特质与核心要义，也是推进高校思想政治教育协同治理的核心所在，反映着高校思想政治教育治理所处的发展阶段，意指加强和完善高校思想政治教育治理体系和治理能力现代化，必须突破传统主客体的二元分立，强调多元主体共治，并且实现各治理主体之间平等协商、良性互动、各司其职、各尽所能。就一定意义而言，协同治理的过程就是多元主体共同参与的过程，其本质就在于协调处理好各治理主体在治理过程中的关系，弥补单一治理主体的局限性，从而实现以最低的成本达到治理效益的最大化。这是由高校思想政治教育治理的内在要求决定的。在推进高校思想政治教育治理发展过程中，只有强调多元主体共同参与、目标一致、相互合作，才能为推进高校思想政治教育的协同治理创造前提条件。

明确各治理主体责任。高校思想政治教育治理主体是高校思想政治教育治理的实施者和推动者，在高校思想政治教育治理过程中，起着引导、支配、推动的重要作用。推进高校思想政治教育治理持续健康发展，需要着力解决好的首要问题就在于明确治理主体的构成及其各自责任。基于不同标准，可以将高校思想政治教育治理主体划分为不同类型，如治理组织和治理者个体、校内主体和校外主体等，但总体而言，各种不同类型的主体无疑都可以涵括在政府、高校和社会三类主体中。就政府这一主体来说，又包括从中央到地方各级政府及其教育行政管理部门；就高校这一主体来说，又包括以党委书记为首的党务系统、以校长为首的行政系统、以学术委员会为核心的学术治理体系、以教职工代表大会和学生代表大会为核心的民主管理体系①；就社会这一主体来说，又包括各种社会组织、家庭、第三方评价机构等。在推进高校思想政治教育治理实践过程中，各治理主体所承担的职责和功能不同，既要明确政府组织公权力的中心地位，又要强调高校的主体责任，也要充分发挥社会力量的重要作用，形成在党委集中统一领导下的，高校为主、政府指导、社会支持、内外联动、各方协同的主体格局。

强调治理主体的协同性。在多元治理主体构成的治理系统中，各治理主体不能孤立存在、各自为政，更不能相互抑制、相互冲突，而要在目标一致、相互信任、相互合作的基础上，促进其各尽所能，形成相互联系、相互作用的治理共同体。唯有如此，才能在最大限度激发出不同治理主体积极性的同时，释放出合力治理的强大力量。为此，一方面要强化各治理主体的协同理念。所谓强化协同理念，就是树立各治理主体相互协调、相互合作的观念和思想。理念是行动的先导，任何行动都是由一定的理念来引领的，理念是否正确，从根本上决定着行动的成效乃至成败。各治理主体只有树立起了协同理念，才会产生协同行动。为此，高校思想政治教育治理主体要不断解放思想，自觉转变传统的相对滞后的管理观念的束缚，确立多元主体共同参与、相互配合的科学化的现代治理理念。另一方面要建立信息整合中心。所谓信息整合中心，就是将各种信息资源积累和集中起来，并对各种信息资源系列化、结构化、共享化，进而优化信息资源配置、挖掘信息资源价值、拓宽信息资源应用领域的部门和组织。整合信息是实现有效沟通和相互合作的前提，只有将各种信息整合起来进行共享，才能从根源上消除各治理主体间由于信息不对称而产生的阻碍和掣肘。为此，必须加强硬件设施建设和信息化业务培训力度，积极推动信息整合中心的建立和投入运行，使其负责相关信息数据的收集、分析和管理等重要工作，切实以信息化推动治理的协同化，为推进高校思想政治教育协同治理提供强大的技术支撑。与此同时，要构建沟通协作机制。所谓沟通协作机制，就是为了保证各治理主体在思想上达成一致、行动上形成合力，在高校思想政治教育治理过程中所涉及的各治理主体信息传递与反馈、工作衔接与合

---

① 贾永堂：《危境与对策：后大众化时代薄弱高校治理研究》，华中师范大学出版社 2019 年版，第 228 页。

作等协调运行的过程和方式。高效的沟通与合作是高校思想政治教育治理的重要环节和主要特征，是从根本上改变低效管理的根本所在。为此，既要畅通沟通渠道，建立沟通合作平台，又要积极构建以政府为主导、以高校为主体、以社会为基础的沟通合作机制，形成多元治理主体可持续发展的整体性、内生性和综合性。

二、治理要素之间的协同

治理要素之间的协同，是协同治理的根本要求和重要体现，也是推进高校思想政治教育协同治理的基础所在，反映着高校思想政治教育治理的发展层次，意指加强和完善高校思想政治教育治理体系和治理能力现代化，必须强化系统性思维，协调各元素、各部分、各方面的关系，使其相互配合、整体加强、共同发展。基于系统论视域，高校思想政治教育治理就是一个由不同要素、不同部分、不同方面有机关联、相互依赖、相互作用组成的具有一定结构和功能的有机整体，其关键就在于厘清高校思想政治教育治理体系各构成要素及其特性并协调好各要素彼此之间的关系，消除各要素间互不关联、相互割裂、相互离散的状况，从而保障协同效应的实现。这是由高校思想政治教育治理的整体性和相关性决定的。在推进高校思想政治教育治理发展过程中，只有强化各要素各部分各方面的相互配合、相互兼容，才能为推进高校思想政治教育的协同治理奠定坚实基础。

厘清各要素构成及其功能属性。高校思想政治教育治理要素，就是高校思想政治教育治理过程中必不可少的、内在关联的不同部分和方面，在高校思想政治教育治理过程中，起着基础性作用。推进高校思想政治教育治理统筹协调发展，需要着力解决好的关键问题就在于明确治理要素的构成及其功能属性。具体而言，高校思想政治教育治理作为一个相对独立的完整系统，主要围绕到底谁治理、治理什么、为什么治理、怎样治理等焦点问题[①]展开，与之相对应，主要涉及治理主体、治理客体、治理理念、治

---

① 王学俭、阿剑波：《思想政治教育治理现代化的内涵、特征与发展路径》，《思想理论教育》2020 年第 2 期。

理目标、治理方式等基本要素，这些要素作为构成高校思想政治教育治理体系最基本的单元，直接决定着高校思想政治教育治理的有效性程度。治理主体作为高校思想政治教育治理活动的发起者与实施者，在治理过程中居于主导地位，发挥主导作用。治理客体作为高校思想政治教育治理的对象，与治理主体始终处于密切联系的互动关系中，主要由教育者、教育对象及教育活动构成。治理理念，作为高校思想政治教育治理的思想前提，引领和指导着治理活动的全过程。治理目标作为高校思想政治教育治理预期达到的结果和标准，在治理过程中为治理各方指明方向、提供动力、凝聚力量。治理方式作为高校思想政治教育治理的方法、途径和手段，既是治理过程中必须借助的必不可少的中介，也是治理实践发展水平的重要标志。

强化治理要素之间的协同性。在不同治理要素构成的治理系统中，各治理要素不能相互割裂、独立运行，而要相互支撑、同向同行。唯有如此，才能形成强大的系统合力，从而提升治理成效。就高校思想政治教育治理体系这一系统而言，层次性是其基本规定性。一方面，高校思想政治教育治理系统不是孤立存在的，它与周围环境在相互作用下按特定关系组成较高一级系统，另一方面，构成高校思想政治教育治理系统内部的治理主体、治理客体、治理理念、治理目标、治理方式等各治理要素之间在相互作用下按一定关系组成较低一级系统，除此而外，就构成系统的每个要素而言，也是由其内部各部分、各方面按一定关系组成的更低一级的系统。因此，强化治理要素之间的协同性，必须以系统的层次性为基础，既要强化高校思想政治教育治理系统与其他各种系统形成的治理环境之间的协同性，从而为推进高校思想政治教育治理发展创造有利的外部条件，也要强化构成高校思想政治教育治理系统的各要素之间的协同性，使各治理要素依照各自职能，依循治理目标协同并进，从而实现高校思想政治教育治理系统的有序化，还要强化各治理要素内部各部分之间的协同性，使不同治理主体之间、各种治理客体之间、多种治理手段之间相互配合，确保每一个治理要素的最优化。通过促进各个层次系统内各要素之间的协同性进而实现系统整体的协同性。

三、治理环节之间的协同

治理环节之间的协同，是协同治理的基本要求和题中之义，也是推进高校思想政治教育协同治理的重点所在，反映着高校思想政治教育治理的成熟程度，意指加强和完善高校思想政治教育治理体系和治理能力现代化，必须强化过程思维，实现各阶段、各环节之间的前后呼应、有机衔接，协调联动。基于过程论视域，高校思想政治教育治理就是一个由不同阶段、不同环节构成的完整过程，其重点就在于明确各阶段各环节的地位作用及其主要任务，并衔接协调好各阶段各环节在治理过程中的关系，从根本上改变以往存在的重政策制度制定轻政策制度执行及监督和评价的弊端，从而保证协同治理的真正实现。这是由高校思想政治教育治理的动态性、过程性和长期性决定的。在推进高校思想政治教育治理发展过程中，只有实现各阶段各环节的紧密联系、前后相承、有效整合，才能为推进高校思想政治教育的协同治理提供有效保证。

明确各治理环节的地位作用。高校思想政治教育治理环节，就是高校思想政治教育治理过程中相互关联、前后衔接的治理步骤和治理阶段，在高校思想政治教育治理过程中，具有不可或缺性。推进高校思想政治教育治理长效稳定发展，需要着力解决好的重点问题就在于明确治理环节的主要构成及其地位作用。总体而言，高校思想政治教育治理是由制度体系、治理体系和治理能力前后衔接、协同推进的运行过程，也即是说，是一个政策制度制定和政策制度执行两个基本环节循序推进、循环往复的发展过程，不同环节在高校思想政治教育治理过程中的地位和作用不同。政策制度制定是推进高校思想政治教育治理的起始环节，也是将政策制度优势有效转化为治理效能的前提条件，为整个治理过程的顺利展开提供根本依据。政策制度执行是推进高校思想政治教育治理的中心环节，也是将政策制度优势有效转化为治理效能的决定性因素，为整个治理过程的顺利推进提供现实可能。除此而外，从政策制度执行的内在要求看，对政策制度执行的监督是为了确保执行的顺利推进，因而理应涵括在政策制度执行的范畴内。

强化治理环节之间的协同性。在不同治理环节构成的治理系统中，各治理环节相互依存、相互促进，有机统一于高校思想政治教育治理实践中。高校思想政治教育政策制度的科学化水平直接决定着治理能力潜能的发挥程度，如果政策制度制定得不科学不合理，则执行起来必定困难重重，最终也不会取得预期效果，甚至会产生严重的不良后果。与此同时，高校思想政治教育治理能力又会反作用于治理体系，科学完备的政策制度如果得不到有效执行，也必将丧失生命力，无法持久延续下去。进一步而言，政策和制度执行的过程，其实质既是检验政策和制度制定水平的过程，也是进一步修订完善相关政策制度的过程。在此意义上，高校思想政治教育政策制度的制定完善与执行本质上就是相互渗透、相互融合的。因此，必须始终强化两个环节的协同发展，以高校思想政治教育治理体系的构建和完善保障治理能力的提升，以高校思想政治教育治理能力的提升促进治理体系的健全和完善。为此，既要加快政策和制度建设，着力构建系统完备、科学规范、运行有效的政策和制度体系，又要健全权威高效的政策制度执行机制，确保各项政策及制度切实付诸实践，避免制度空置、空转、失灵情况，① 与此同时，也要加强对政策制度执行的监督力度，形成政策制度执行的强大推动力，坚决杜绝把政策和制度当摆设，或者在政策制度执行过程中搞变通、打折扣等不良现象，形成以政策制度制定为起点，以政策制度执行为旨归，互促互进、不断循环、螺旋式上升的协同发展格局。

第四节　高校思想政治教育治理的开放性原则

开放性，与封闭性相对，就是打通与外界的隔绝，加强与外界沟通和联系的特性。高校思想政治教育治理的开放性原则，就是在推进高校思想政治教育治理过程中必须充分认识到高校思想政治教育治理系统外部的各种因素对其建设和发展的影响作用，保持高校思想政治教育治理系统与外部各要素相适应的发展状态，也即是说，既要注重汲取历史养分，又要注重吸收其他学科知识和其他国家经验，立足历史视野、跨学科视野和国际

---

① 虞崇胜：《将制度优势转化为治理效能——国家治理现代化的关键环节》，《理论探讨》2020 年第 1 期。

视野。这是高校思想政治教育治理系统开放性特征的重要体现，是实现高校思想政治教育治理系统与外界环境和谐共存、互促共进的根本要求。开放性原则是保证高校思想政治教育治理系统适应性和灵活性的基本准则，是高校思想政治教育治理的重要遵循。

一、立足历史视野

立足历史视野，意指加强和完善高校思想政治教育治理体系和治理能力现代化，必须站在历史的高度审视当前高校思想政治教育治理过程中的重大问题及未来的发展趋势，以一种长时段的思维，贯通古今的智慧，破解当前遇到的难题，从而鉴往知来、向史而新，在历史前进的逻辑中继续前进。纵观时代发展的规律，一切当下的成绩和问题都有其历史的依据与根源。"只有回看走过的路、比较别人的路、远眺前行的路，弄清楚我们从哪儿来、往哪儿去，很多问题才能看得深、把得准。"[①]在推进高校思想政治教育治理过程中，唯有以宏大的历史视野、深邃的历史眼光，回望不同时期的治理经验，并从中汲取智慧和力量，才能温故知新、彰往察来，增强高校思想政治教育治理的历史底蕴。

善于从中国古代的治理思想中汲取养分。由于国家所代表的阶级利益不同，因此在不同社会形态以及同一社会形态的不同发展时期，国家治理在治理思想、治理主体及治理的具体方式上都会有所不同。在此意义上看，古今治理有着本质区别。然而，正如习近平总书记所指出的，"中国的今天是从中国的昨天和前天发展而来的。要治理好今天的中国，需要对我国历史和传统文化有深入了解，也需要对我国古代治国理政的探索和智慧进行积极总结。"[②]"对古代的成功经验，我们要本着择其善者而从之、其不善者而去之的科学态度，牢记历史经验、牢记历史教训、牢记历史警示，为推

---

① 《习近平谈治国理政（第三卷）》，外文出版社 2020 年版，第 70 页。
② 《习近平在中共中央政治局第十八次集体学习时强调　牢记历史经验历史教训历史警示　为国家治理能力现代化提供有益借鉴》，《人民日报》2014 年 10 月 14 日。

进国家治理体系和治理能力现代化提供有益借鉴。"①中国古代的治理思想内涵极其丰富，其中仍有许多方面值得重视和挖掘。一是中国古代治理中的建构性思想。治理作为调整国家和社会关系的重要手段，既可以指权力自上而下的强制性的结构关系，也可以指建构性的互动关系。这两种情况古已有之，甚至在远古时代，建构性的互动关系更多于权力强制性的关系，②在相当长的时期内，人们受困于低下的社会生产力和有限的认识能力，而不得不通过建构某种神秘感建立某种秩序。觋、巫作为沟通人神关系的神职，通过神秘化的仪式建构起社会秩序、君臣秩序。如果剔除唯心主义色彩的糟粕，其所包含的建构性思想仍然具有很强的现实意义。二是中国古代治理中的善治思想。古语中，治与理分开使用，治从水，引申为有效治理，理，成物之纹也，引申为顺着规则做事，至战国晚期，两字合二为一，指国家管理应按规则行事之义。强调只有选贤任能、公私分明、扬善止奸、循理论功才称得上"治理"，换言之，只有顺应时代需要，使国家井然有序的政治才能被称为"治理"或"至治"。③也即是说，只有善治才能称之为治理，这对今天仍然具有重要的启示意义。除此而外，在中国古代的治理思想中，不仅强调自上而下的治理，也注重民众的社会参与，这是中国古代治理思想中极富特色的组成部分，是治理主体多元化的源头。

善于从中国共产党百年社会治理实践中汲取智慧。围绕着治理怎样的社会，如何治理社会等焦点问题，中国共产党善于将我国的制度优势转化为社会治理效能，大力推进社会治理现代化。百年来，中国共产党始终致力于建设美好的社会主义社会，不断创新社会治理方式和手段，积累了诸多弥足珍贵的社会治理经验。一是以坚持中国共产党的全面领导作为政治保障。中国的发展历程充分证明，中华民族一步步从站起来富起来到强起来的光辉历程，均离不开中国共产党的领导。只有坚持党对社会治理的全面领导，人民的积极性才能最大限度调动起来，社会的丰富资源才能最大

---

① 《习近平在中共中央政治局第十八次集体学习时强调　牢记历史经验历史教训历史警示　为国家治理能力现代化提供有益借鉴》，《人民日报》2014年10月14日。

② 胡键：《治理的发轫与嬗变：中国历史视野下的考察》，《吉首大学学报（社会科学版）》2021年第2期。

③ 卜宪群：《中国古代"治理"探义》，《政治学研究》2018年第3期。

限度得以利用，人民的利益才能最大限度得到满足。作为有力的政治保障，必须毫不动摇地坚持党的全面领导。二是坚持以文化引领作为思想保障。百年来，中国共产党高度重视文化的社会治理作用，注重发挥文化潜移默化的涵育功能。从强调新民主主义文化"是替新政治新经济服务的"，是"反对帝国主义压迫"的，到今天的以文化人以文育人以文培元，中国共产党注重用文化的力量凝聚共识、统一思想，最大限度调动了人民群众参与社会治理的积极性，使文化建设与社会治理相互促进、相得益彰，充分发挥了文化的社会治理功能。作为思想保障，必须一以贯之坚持文化的引领作用。三是以把握社会治理规律作为成功保障。新中国成立初期，毛泽东高度重视社会建设规律的探索，明确指出"对于建设社会主义的规律的认识，必须有一个过程。必须从实践出发，从没有经验到有经验，从有较少的经验，到有较多的经验，从建设社会主义这个未被认识的必然王国，到逐步地克服盲目性、认识客观规律、从而获得自由"，[1] 拨乱反正后，邓小平总结中国共产党社会治理的经验教训，深刻指出"中国的问题，压倒一切的是需要稳定"。[2] 十八大以来，习近平高度重视社会治理，提出"社会治理是一门科学"[3]。正是由于各个时期对社会治理规律的重视和遵循，才使得社会建设生机勃勃又井然有序。作为成功保障，必须一如既往把握和遵循社会治理规律。

善于从改革开放以来高校思想政治教育管理实践中汲取经验。改革开放以来，高校思想政治教育管理经历了在恢复中重建秩序、在调整中丰富内涵和在科学化规范化中坚定方向三个发展阶段。[4] 在四十多年的发展历程中，积累了许多宝贵经验。一是始终紧扣时代主题。时代主题是社会发展进程中一定发展阶段所面临的主要课题和中心任务，具有全局性和战略性地位。虽然不同发展时期由于主要矛盾和核心问题不同，由此形成的时代主题也不同，但高校思想政治教育管理始终紧扣时代主题持续推进是其鲜

---

① 《毛泽东文集（第八卷）》，人民出版社 1999 年版，第 300 页。
② 《邓小平文选（第三卷）》，人民出版社 1993 年版，第 286 页。
③ 《习近平关于社会主义社会建设论述摘编》，中央文献出版社 2017 年版，第 127 页。
④ 冯刚、严帅：《改革开放 40 年高校思想政治教育管理的发展历程》，《北京师范大学学报（社会科学版）》2019 年第 1 期。

明底色。十一届三中全会前后，冲破"两个凡是"的思想禁锢，进行拨乱反正，实现党的工作重心转移，进而开辟新时期的新道路是中国共产党面临的突出时代主题。与之相应，邓小平在 1978 年 4 月 22 日召开的全国教育工作会议上指出，"学校要大力加强革命秩序和革命纪律"①、"教育事业必须同国民经济发展的要求相适应"②，这一论述成为恢复高校思想政治教育管理秩序的根本遵循，秩序恢复的过程紧扣拨乱反正、工作重心转移的主题，着眼于高校领导权和工作架构的确定。随着拨乱反正的完成和改革开放的深入发展，党和国家的工作重心转移到经济建设和社会发展上来。为了适应国家建设对人才的需要，高等教育扩大招生规模、确立缴费上学制度、调整就业模式，这一时期的高校思想政治教育管理紧紧围绕中心任务，不断完善管理架构、拓展管理职能、丰富管理内涵。进入中国特色社会主义新时代，紧扣建设社会主义强国对人才培育提出的新要求，高校思想政治教育管理着力于完善体制机制，实现规范化、科学化发展。二是始终以培养社会主义建设者和接班人为使命。虽然不同时期培养人才的具体规格不同，但培育社会主义建设者和接班人如同一条红线始终贯穿于高校思想政治教育管理发展的整个过程，构成高校思想政治教育管理最厚重的底蕴。党的十一届三中全会后，教育部、共青团中央联合发布的《关于加强高等学校学生思想政治工作的意见》指出，我国高等学校的培养目标必须坚持又红又专的方向，使受教育者在德智体几方面都得到发展，成为有社会主义觉悟的专门人才。③2004 年中共中央国务院印发的《关于进一步加强和改进大学生思想政治教育的意见》指出，促进大学生思想道德素质、科学文化素质和健康素质协调发展，引导大学生勤于学习、善于创造、甘于奉献，成为有理想、有道德、有文化、有纪律的社会主义新人。④

---

① 《邓小平文选（第二卷）》，人民出版社 1994 年版，第 105 页。

② 《邓小平年谱（一九七五——一九九七）》上卷，中央文献出版社 2004 年版，第 299 页。

③ 教育部思想政治工作司组编：《加强和改进大学生思想政治教育重要文献选编（1978—2014）》，知识产权出版社 2015 年版，第 4 页。

④ 教育部思想政治工作司组编：《加强和改进大学生思想政治教育重要文献选编（1978—2014）》，知识产权出版社 2015 年版，第 266 页。

二、立足跨学科视野

跨学科，是指两门或两门以上不同学科之间紧密的和明显的相互作用，包括简单的学术思想，甚至全面交流整个学术观点、方法、程序、认识和术语以及各种资料。[①] 立足跨学科视野，意指加强和完善高校思想政治教育治理体系和治理能力现代化，必须跨越学科边界、打破学科壁垒，强调多学科的交叉渗透融合，实现理论的整合和创新。也即是说，要在坚守思想政治教育学科特质的基础上，不断提升理论自觉，坚持在自主与借鉴中推进高校思想政治教育治理发展创新。这是由思想政治教育学科的交叉性特质及思想政治教育学科创新发展的规律所决定的。学科的交叉融合，是学科发展成熟到一定程度后的必然要求和表现，只有以不同学科的视角来审视本学科的发展，本学科才能不断获得新的生长点，这是学科发展的客观规律。而且，学科的交叉融合、不同思想理论之间的相互借鉴与相互渗透，也是促进学科发展、推进理论创新的必由之路。只有不断从其他学科中吸取营养，才能丰富高校思想政治教育治理的研究视角和研究方法。

善于吸收其他学科的理论资源。理论资源是任何一门学科建设与发展的基石[②]，高校思想政治教育治理的创新发展同样必须建立在丰厚的理论资源之上。具体而言，高校思想政治教育治理可汲取的理论资源极其丰富，既包括马克思主义理论及思想政治教育学科的理论资源，也包括政治学、教育学、社会学、心理学、管理学、哲学、伦理学等相关学科的理论资源。这就要求在推进高校思想政治教育治理创新发展的过程中，要密切关注其他学科发展的最新进展，及时吸收其他学科发展进程中产生的最新理论成果，使高校思想政治教育治理发展获得源源不断的"给养"。需要强调的是，吸收其他学科的理论资源，既不是简单地移植其他学科的概念，也不是机械地嫁接其他学科的体系，而是在坚守高校思想政治教育治理自身理论支点和学科品性的基础上，坚持"为我所用"的原则，根据各学科理论资源

---

① ［法］埃得加·莫兰：《复杂性理论与教育问题》，北京大学出版社 2004 年版，第 197 页。
② 李敏、吴华眉：《困境与突破：交叉学科视野下思想政治教育的创新发展》，《理论导刊》2014 年第 10 期。

与高校思想政治教育治理之间的内在逻辑关系进行科学借鉴和有效整合，使各学科理论资源在内洽的基础上被高校思想政治教育治理体系充分吸收利用，从而避免生搬硬套、简单迁移、随意搬用等庸俗做法。

善于吸收其他学科的研究方法。科学的研究方法是推动理论研究创新发展的有力杠杆，"在思想政治教育的学术研究中，要注重积极借鉴相关学科从研究内容到研究方法、研究思维的新发展、新成果，根据本学科学术发展的需要，及时转化和消化到本学科领域，为本学科的学术发展提供新的知识积累、新的方法论借鉴和新的思维启发。"[1] 就高校思想政治教育治理而言，目前绝大多数研究成果仍然使用文献研究、经验总结研究、历史研究等传统人文社会科学研究方法，而极少运用科学研究方法，还未达到科学研究的程度和水平。要从根本上提升研究水平和研究成果的层次，就必须广泛汲取不同学科的研究方法，着力构建科学的方法论体系。既要注重吸收诸如质性研究、量化研究、思辨研究等传统研究方法，更要借鉴诸如系统科学方法、大数据研究方法等现代科学研究方法。为此，首先，必须注意相关学科研究方法与高校思想政治教育治理研究的匹配度，绝不能生搬硬套，违背跨学科研究的初衷。其次，必须将借鉴与转化相结合。高校思想政治教育治理的跨学科研究并非研究方法的"大拼盘""大杂烩"，在研究过程中，要避免机械套用其他学科研究方法的做法，在借鉴的基础上，必须结合学科发展现状和研究实际，加以转化和创新，从而为高校思想政治教育治理研究提供更加合理、科学的研究工具。

三、立足国际化视野

国际视野是指能够跨越国界和地理空间，以世界维度的开放视域观察问题、认识问题的一种思维方式。[2] 立足国际化视野，意指加强和完善高校思想政治教育治理体系和治理能力现代化，必须在立足本国高校思想政治教育治理现状的基础上，以一种开放的态度、宽容的心态，超出本国孤立

---

[1]　周中之：《思想政治教育学科发展的若干关系研究》，《马克思主义与现实》2007年第2期。

[2]　孔燕：《国际视野：大学生思想政治教育的时代要求》，《思想理论教育导刊》2007年第5期。

发展的狭隘眼界，关注世界其他国家的治理现状及发展趋势，以其他国家的优势长项为镜鉴，比较本国的不足和劣势，旨在通过吸收他国的治理经验和文化精髓以提升本国高校思想政治教育的治理水平和治理质量。这是新时代高校思想政治教育治理内在规律与外在要求共同推动的结果。人类文化和文明发展进步的过程表明，一种文化与异质文化的交流和碰撞、冲突和融合，是保持其生命力、实现自我更新和发展的重要机制，是文化演进发展的一种带规律性的现象。[①]唯有立足国际视野，取其精华而去其糟粕，融会贯通，化为己用，才能增强高校思想政治教育治理的广度和深度。

准确把握国际发展大势。进入新时代新阶段，国际局势和国际环境发生了诸多深刻变化，这些变化不仅对师生的思想观念造成不同程度的影响，而且也给高校思想政治教育带来了新机遇和新挑战。"善弈者谋势"，推进高校思想政治教育治理现代化发展，必须深刻认识和准确掌握当前的时代潮流和国际大势。唯有如此，才能牢牢把握发展特征和趋势。目前，尽管和平与发展仍然是时代主题，但以美国为首的西方资本主义国家"西化""分化"中国的图谋没有变，他们极力通过意识形态的隐性入侵，企图混淆黑白、误导中国舆论走向，实现其"和平演变"的阴谋。尽管随着作为"构成21世纪的最强大力量之一"的信息技术的飞速发展，引发了全球范围内的科技进步浪潮，但西方敌对势力凭借其技术垄断地位，利用网络将其政治制度和价值观念全面渗透进大学生的思想空间，企图引起思想混乱、制造"颜色革命"。尽管我国经济总量已跃居世界第二，但我国是世界最大发展中国家的国际地位没有变。推进高校思想政治教育治理现代化发展，必须高度重视这些复杂变动的国际局势。既要把握和平与发展的时代主题，又要警惕西方敌对势力的渗透。既要善于运用信息技术，又要防范信息技术发展带来的意识形态风险。

善于汲取其他国家治理的经验教训。"治理"作为一种应对国家统治模式失灵而提出的崭新理论范式，首先兴起于20世纪90年代以来的西方国家，如今这一话语方式已成为公共问题讨论中最受关注的概念之一。考察最早

---

① 冯刚：《推动思想政治教育创新发展》，《光明日报》2014年6月10日。

提出治理概念的西方治理理论与治理实践的发展进路，能够为推进高校思想政治教育治理现代化提供有益借鉴。就此而言，习近平总书记也曾进行过深刻论述，指出"中华民族是一个兼容并蓄、海纳百川的民族，在漫长历史进程中，不断学习他人的好东西，把他人的好东西化成我们自己的东西，这才形成我们的民族特色"。① 高校思想政治教育治理只有在尊重人类治理文明普遍规律的基础上，立足本国实际，才能实现科学发展。回溯西方国家近三十年来的治理实践，可以得出以下经验教训。一是坚持治理的国家逻辑。国家是治理体系现代化中具有威权引领功能的重大责任主体，遵循、维系和保障国家逻辑是治理体系现代化进程中必须坚守的基本原则。治理理论在西方兴起之初，强调国家退场是其一致诉求，"没有政府统治的治理"是其典型口号，然而随着治理理论的发展和治理实践的推进，"没有政府统治的治理"俨然成为了一种想象的共同体，不可避免地走向治理失灵。基于对"去国家化"治理范式的现实反思，杰索普提出"元治理"概念，国家在治理实践中的主体功能重新凸显出来，曾经被"祛魅"的国家又"返魅"了。西方国家正反两方面经验给我们提供了深刻启示，即坚持国家逻辑，是治理取得成功的根本保障。二是坚持多元参与与合作共治。在过往的治理理论中，人们往往"直接把政治国家与经济或市场对置起来"②，而西方治理理论突破政府与市场的二元对立，高度重视社会公共领域的作用，强调国家力量、社会力量、企业组织及公民个人等多元主体基于共同利益和共同目标共同参与社会治理。这对于推进高校思想政治教育多元主体共同参与、协同共治具有重要的借鉴意义。

---

① 《习近平谈治国理政》，外文出版社 2014 年版，第 105-106 页。
② 王南湜：《全球化时代生存逻辑与资本逻辑的博弈》，《哲学研究》2009 年第 5 期。

第五章
高校思想政治教育治理方式

　　媒体融合、大数据、人工智能等新兴技术积极介入高校思想政治教育实践，可以预见的是，高校思想政治教育治理方式必然蕴含着人本主义立场、技术治理结构、科学思维方法等多重向度。在推进高校思想政治教育治理能力和治理体系现代化的过程中，高校思想政治教育治理方式正经历着由传统的对象性"管治"到包含政府、高校、专家、社会在内的多主体"共治"的革新和转变，呈现出鲜明的时代特征。在理念革新与技术创新的双重驱动下，新的治理方式不断得到探索应用，由此推动高校思想政治教育治理现代化不断走向深入。

第一节　高校思想政治教育治理方式的类型

　　治理方式一般指治理主体采取何种手段来实现治理目标。高校思想政治教育治理体系和治理能力现代化不是一蹴而就的，需要经过长期的理论研究和实践探索。为了保障高校思想政治教育治理体系和治理能力现代化进程的有效性、连续性，切实增强思想政治教育的效果，必须遵循科学、协同、开放等治理原则，加强总体设计，使治理体系和治理能力现代化的推进一以贯之，稳妥有序。在治理方式的选择上，既要学习、借鉴国内外治理相关的成功经验，也要密切结合我国高校思想政治教育的治理实践，探索走出一条符合新时代育人规律的中国高校思想政治教育治理之路。从已有经验来看，要素治理、过程治理是当前高校思想政治教育治理方式的常见类型。

一、要素治理

　　所谓要素治理，就是将高校思想政治教育治理视为一个系统工程，充分发挥这一系统工程中各个治理要素的功能作用，使其各司其职、各尽其责，协同运转，最终达到"1+1>2"的整体治理效果。要素治理是当前高校思想政治教育治理方式的重要类型，在推进高校思想政治教育治理体系和治理能力现代化的过程中发挥着重要作用。要素治理是对治理要素的治理，从内容结构上来看，包含目标、主体、内容、方法、环境等诸多要素，是多个要素协同推进、多管齐下的治理过程。

（一）高校思想政治教育的目标要素治理

　　高校思想政治教育的最终目标是相对固定的，即获得大学生的思想认同，把大学生培养成中国特色社会主义事业的建设者和接班人，并以此为基础实现大学生个人的全面、自由发展。而在高校思想政治教育治理能力和治理体系现代化的推进过程中，高校思想政治教育的具体治理目标会根据不同治理阶段、伴随社会进步而不断变化调整，这就涉及对高校思想政治教育治理目标的治理。只有树立起与社会时代发展、具体治理阶段相适应的治理目标，才能保证高校思想政治教育治理活动的科学性、合理性。

　　对治理目标的治理，也是不断推进治理目标现代化的过程。实现高校思想政治教育治理目标的现代化，是系统治理要着力解决好的首要问题。当前，我国发展处于新时代的历史条件之下，"新时代高校思想政治教育治理目标现代化，就是基于新时代赋予的新要求新条件新背景，将思想政治教育治理目标现代化的核心聚焦在时代新人的培养上，使思想政治教育立德树人的根本任务得到最有效贯彻落实。"[1] 换句话说，现阶段高校思想政治教育的治理目标需要与新时代发展要求相一致，以社会主义核心价值观为引领，完成培养"时代新人""社会主义建设者和接班人"的目标任务和伟

---

　　① 王学俭、阿剑波：《思想政治教育治理现代化的内涵、特征与发展路径》，《思想理论教育》2020 年第 2 期。

大历史使命。

（二）高校思想政治教育的内容要素治理

思想政治教育内容是思想政治教育目标和任务的具体化，是根据社会发展的要求以及思想政治教育目标和教育对象的思想实际来确定的。科学、合理的思想政治教育内容不仅决定着思想政治教育的性质和方向，更是保证思想政治教育效果的先决条件。进入新时代，我国高校思想政治教育所处的历史方位发生了深刻变化，迫切需要进一步创新高校思想政治教育的内容，努力在自身构成要素的优化中实现创新发展。[①] 因此，思想政治教育内容也成为了高校思想政治教育治理的基本要素。

高校思想政治教育的内容治理，同时也是思想政治教育内容的供给侧改革。高校思想政治教育内容丰富，不仅包括思想教育、政治教育、道德教育，还包含心理健康教育、文化教育、法制教育等。"从根本上说，思想政治教育是做人的工作，围绕学生生活、尊重学生需要、服务学生发展，是高校思想政治教育实践活动的内在规定，更是高校思想政治教育内容的现实所指。"[②] 一方面，不同时代有着不同的社会道德标准和行为规范，另一方面，高校思想政治教育的对象也存在着不可忽视的代际差异，这些都决定了思想政治教育的内容必须与时俱进，在坚持正确政治方向、原则不变的情况下，及时根据社会环境的发展变化作出及时调整。对高校思想政治教育的内容治理，既包括具体教育内容的增删，也包含教育话语的创新。例如，立足新时代的网络化时空教育环境，高校应选取科学的媒介素养教育内容，着力提高大学生的媒介素养，使其具备正确选择和使用媒介信息、辨别谣言和防止网络侵害的自我保护能力，更好地在媒介场景中成长成才；同时，为强化思想和情感交流，还要对传统的思想政治教育话语进行适当创新，运用潮流新颖的方式使其更接地气，增强思想政治教育话语的引领力、亲和力、说服力和吸引力。

---

① 冯留建、刘国瑞：《新时代高校思想政治教育内容创新研究》，《学校党建与思想教育》2018 年第 14 期。

② 张阳：《智媒时代高校思想政治教育：现实审视与创新路向》，《思想理论教育》2022 年第 5 期。

（三）高校思想政治教育的方法要素治理

思想政治教育方法是思想政治教育实践经验的总结，是对思想政治教育工作规律的高度凝练，是保证思想政治教育有效性的关键。互联网络时代，以 5G、大数据、云计算、物联网、区块链、人工智能等为代表的新技术正深刻改变着人们的生产、生活、学习方式。在这一背景下，传统的思想政治教育方法急需丰富和创新，面临吸引力下降、实效性不强的现实困境，与时俱进地推进思想政治教育方法治理，成为新时代高校思想政治教育治理能力和治理体系现代化建设的题中之义。

思想政治教育的方法创新是在方法论原则、工作艺术、手段和载体的运用、工作实践具体方式方法和技巧等方面创造性地进行思维和实践活动①，这一内涵与高校思想政治教育方法治理具有高度一致性。科学的思想政治教育方法是思想政治教育规律的体现，而对思想政治教育规律的探索不仅有赖于思想政治教育的有效运行，更取决于教育者与受教育者的有效互动。当代大学生成长于互联网络时代，对新媒体和新技术有着较高的接受度和依赖度，推进高校思想政治教育方法治理，必须推动思想政治教育方法与信息技术高度融合，有效发挥现代科学技术在思想政治教育方法创新中的作用，充分借助互联网、新媒体、大数据、人工智能等新技术、新手段、新载体，发挥其在改进、变革、拓展思想政治教育方法中的协同作用，加速实现思想政治教育方法现代化。

（四）高校思想政治教育的环境要素治理

"人创造环境，同样，环境也创造人。"② 思想政治教育环境是构成思想政治教育过程的要素之一，环境不仅是思想政治教育系统的外部条件，也是人的思想品德形成和发展的客观基础。作为思想政治教育对象的人，其生存和发展都离不开社会环境，而作为培养人的思想品德的思想政治教育，也只能在社会环境中进行。随着人类信息传播技术的不断发展，媒介环境、网络环境等新的环境因素开始出现，高校思想政治教育环境的多维性、复

---

① 石凤妍、徐建栋:《党的思想政治工作方法新论》，天津社会科学院出版社 2006 年版，第 6 页。
② 《马克思恩格斯选集（第一卷）》，人民出版社 2012 年版，第 172–173 页。

杂性和开放性愈加凸显。与思想政治教育的其他要素相比较，环境影响的功能作用正在不断强化。推进高校思想政治教育治理体系和治理能力现代化，必须重视环境在思想政治教育过程中的特殊作用，有针对性地开展高校思想政治教育环境治理，充分发挥环境对育人的积极作用。

创建良好的社会文化氛围、加强校园文化建设、增强网络意识形态安全是高校思想政治教育环境治理的重要着力点。良好的社会文化氛围对育人具有保障和支撑作用，整个社会的文化氛围积极健康向上，就会给人以积极的思想推动，激发人们向善、向上的精神力量和行动自觉，政府、企业、媒体等在创建良好社会文化氛围上要主动行动，积极发挥治理主体作用；校园文化是大学生能直接感受到的重要文化环境，具有指导引领、熏陶塑造、调适激励和传播辐射功能，可以活化思想政治教育的内容和方法，贴近大学生的现实生活。加强校园文化建设，营造和谐、有序的育人氛围，能够为高校思想政治教育环境治理提供重要支撑；网络环境对大学生的思想和行为有着潜移默化的"浸润"影响，互联网上的反动信息与错误观念极具隐蔽性和迷惑性，不断腐蚀大学生的理想信念，弱化其道德和法律意识。开展高校思想政治教育环境治理，必须强化网络意识形态安全建设，塑造积极、健康的意识形态网络生态，不断增强社会主义意识形态的凝聚力和引领力。

二、过程治理

过程治理是针对治理本身而言的，换句话说，在推进高校思想政治教育治理体系和治理能力现代化的过程中，需要对治理行为和治理主体进行有效控制和督导，不断强化各治理要素和治理环节之间的相互配合和整合，以保障治理改革落到实处，产生实效，并最终固化下来，成为制度和文化。过程治理重视治理本身，能够基于当前高校治理能力和治理体系建设现状制订最为适合的治理方案，并遵循循序渐进的原则，有组织、有步骤地不断深化。

过程治理强调对治理过程的有效督促和干预，有意识地将监督、约束贯穿治理过程的始终，保障治理机制的有效运行。首先，研究高校思想政治教育治理体系和治理能力现代化的阶段性特点和任务，明确不同阶段的治理工作重点，并采取有效的战略举措确保现阶段治理任务的完成。当高校思想政治教育治理体系和治理能力现代化迈入下一个新阶段时，再及时调整工作重心，转变工作方式，以适应新阶段的需要。其次，加强各阶段思想政治教育治理任务的落实，切实推进高校思想政治教育治理体系和治理能力现代化水平的不断提高。治理任务的完成要落实到每一个责任主体，明确权责，有计划、有步骤地开展，确保各阶段目标的渐次完成。最后，进一步加强过程监督和指导，保障高校思想政治教育治理体系和治理能力现代化的完成实效。定期开展治理任务完成情况的自评和他评，一旦发现问题及时沟通反馈，并给予有针对性的指导，推动治理方案的有效实施。高校思想政治教育的过程治理涵盖对顶层设计、制度完善、队伍建设、氛围营造、联络协调、绩效考评等多要素、多环节的引导与控制，力求构建起一套从源头到末端的全过程治理体系，治理过程的科学化、规范化和系统化成为实现这一目标的关键所在。

过程治理强调治理过程的科学化。治理过程的科学化是实现有效治理和高效治理的先决条件。高校思想政治教育治理过程的科学化，要求治理主体对推进高校思想政治教育治理体系和治理能力现代化具有一定的系统思考和战略规划，科学、专业地做好顶层设计，避免盲目与放任。同时，始终坚持以培养社会主义事业建设者和接班人为根本任务，牢固树立"立德树人""育人至上"的教育理念，充分发挥思想政治教育在价值引领方面的功能作用。由此，实现高校思想政治教育治理过程的科学化，必须坚持以马克思主义理论为指导，遵循思想政治工作规律，遵循教书育人规律，遵循学生成长规律，不断提高治理能力和水平，确保治理过程中各项决策任务的科学化。伟大的实践需要伟大的理论。推进高校思想政治教育治理体系和治理能力现代化，必须坚持马克思主义理论为指导，将马克思主义的基本原理与高校思想政治教育治理实践相结合，切实发挥理论对实践的指导作用。过程治理强调对治理过程的全程追踪与指导，治理主体要以普遍联系、变化发展的眼光看问题，深刻认识到高校思想政治教育治理是一个错综复杂、曲折前进、任重道远的改革过程，绝非一朝一夕便可完成。高校思想政治教育治理过程具有阶段性、系统性和整体性的特点，必须科学谋划，精准施策，既要抓住主要矛盾，又要统筹兼顾，注重各治理要素之间的协同配合，多管齐下，不断提升治理实效。

过程治理强调治理过程的规范化。规范化是使治理行为向着既定治理目标不断前进、避免方向偏移的重要保障。治理过程的规范化一般指以现代国家制度规约治理行为，使得整个治理活动按照一定的程序、标准进行，对治理行动进行有计划、有步骤的推进实施。这与高校思想政治教育治理方式的合法性特征具有高度内在一致性，是依法治理在高校思想政治教育治理过程中的具体体现。将规范化纳入到高校思想政治教育治理过程，是保障治理效率与效益的重要前提，也是推动高校思想政治教育治理能力和治理体系现代化的必然要求。坚持治理过程的规范化，要求在高校思想政治教育治理过程中完善规章制度，制定工作规则，所有治理活动按照一定规范和制度进行，不能随意而动，并自觉接受内外部监督。这种对治理过程的规范化要求，有利于提高治理主体运用法治思维和法治方式的能力，同时提升高校思想政治教育治理的法治化水平。一方面，治理过程规范化可以消弭个体行为与组织行为之间的矛盾，使治理主体克服主客观条件的限制，明晰自身权责，将思想行为逐步统一到高校思想政治教育治理目标的最终实现上来；另一方面，规范化要求对治理行为的指导、规定和约束，有助于治理过程的有序化、连续化和一贯化，保障整个高校思想政治教育治理体系的有效运转。

过程治理强调治理过程的系统化。系统化是过程治理方式的重要特征，也是高校思想政治教育优化治理资源、提升治理效能的关键所在。坚持过程治理的系统化既是不断深化认识高校思想政治教育运行规律和治理规律的结果，也是由思想政治教育自身的复杂性所决定的。"在移动互联网时代，思想政治教育的复杂性具体表现为：存在方式的多元化、内在结构的多样性、主体互动的多层次性、问题呈现的涌现性、运行的非线性、发展的非平衡。"①

---

① 李东坡：《思想政治教育复杂性及其创新发展》，《教学与研究》2018 年第 2 期。

这意味着，伴随移动互联技术应用的普及化，思想政治教育与生俱来的复杂性在更具复杂性的移动互联时代背景下更加凸显，由此，高校思想政治教育的过程治理必须注重系统化，以系统化思维破解、应对思想政治教育的复杂性问题。与思想政治教育自身的高度复杂性相呼应，高校思想政治教育治理体系是一个关联要素众多、内在构成复杂的巨型系统，这就决定了，任何只关注某一阶段、某一要素、某一环节的治理方式都是片面的，非科学的，而必须以整体性的方式推动治理进程。有效的思想政治教育治理绝不是各个治理主体各行其是、各自为政，更不是多种治理手段相互干扰、长短期目标相互矛盾，要有效统筹不同治理要素，实现治理活动的协同互动，前后衔接，针对不同治理要素、不同治理阶段都要设计有相应的治理目标和治理任务，并根据形势发展变化及时调整和跟进。推进高校思想政治教育过程治理的系统化，必须切实加强党的全面领导，站在立德树人的高度做好顶层设计和规划，激发"全员育人"的主体自觉，形成"全程育人"的系统合力，构建"全方位育人"的多维格局。

第二节　高校思想政治教育治理方式的特征

高校思想政治教育治理强调对"多方参与、协调合作、良性互动"等治理理念和治理原则的理解与运用，以构建高校"大思政"的整体性管理模式为目的，以增强政府、社会、学校、家庭、大学生主体间的协同治理能力为原则，在高校思想政治教育治理的实践探索中，逐步形成了"以高校为主导、多元主体参与、务实高效"的共同合作协同治理方式，而协同性、整体性、公共性和法治化正是这一治理方式的鲜明特征。

一、协同性

所谓协同，就是系统中诸多子系统相互协调、合作的集体行为，反映了系统中各子系统之间结合力的大小和融合度的高低，是辩证唯物主义量变引起质变哲学的生动体现。"协同治理应用到学校思想政治工作当中，即强调学校、社会和家庭的相互协作。"①高校思想政治教育治理方式的协同性，既是思想政治教育自身主体多元、内容多样、载体多变的特性使然，又是提升高校思想政治教育实效性和针对性的必然选择。

高校思想政治教育综合性极强，对协调性要求很高，不能单靠教师的一厢情愿，也不能单靠管理者的孤军奋战，更不能单靠学生的被动接受。《关于进一步加强和改进大学生思想政治教育的意见》中提出，"要建立健全党委统一领导、党政群齐抓共管，有关部门各负其责，全社会大力支持的领导体制和工作机制，形成全党全社会共同关心支持大学生思想政治教育的强大合力。"②可见，高校思想政治教育必须借助多方力量才能取得满意的教育效果，高校思想政治教育治理更要遵循这一客观规律，在治理方式上充分调动多元主体的能动性与积极性，统筹全局，分工协作。

高校思想政治教育治理方式的协同性，体现在多元治理主体间的协调与合作。"思想政治教育治理推动构建政府、社会、学校、家庭协同联动的育人共同体，认为任何一方的缺席都是思想政治教育木桶上的短板。"③高校思想政治教育治理需要多元主体的共同参与，不同主体基于共同的育人目标整合资源、分工协作。在高校内部，思想政治教育主体更加多元，除了思想政治理论课教师、党政干部、辅导员、班主任等专职人员外，还通过"全面推进所有学科课程思政建设"激发各类课程教师的思政育人积极性，全面落实研究生导师立德树人职责，充分调动各方力量，将思想政治教育贯穿人才培养全过程。同时，高校思想政治教育治理还重视校外育人资源的发掘和利用，倡导全社会共同关心、协同参与。通过校企合作、产学研结合创办形式多样的"行走课堂"，把思想政治教育融入社会实践、志愿服务、实习实训等活动中，发挥企事业单位在育人过程中的独特作用；通过积极宣传国家勋章和国家荣誉称号获得者、最美奋斗者、改

---

① 陶翀：《思想政治教育中"协同治理"的运用》，《学校党建与思想教育》2010 年第 1 期。

② 《中共中央国务院发出〈关于进一步加强和改进大学生思想政治教育的意见〉》，《人民日报》2004 年 10 月 15 日。

③ 冯刚、徐先艳：《现代性视域中思想政治教育治理的生成逻辑、基本内涵及时代价值》，《教学与研究》2021 年第 5 期。

革先锋、时代楷模等新时代先进人物的事迹，发挥榜样引领示范作用，发挥社会各方的育人功能，为学生成长成才营造和谐有序、健康向上的育人环境。

高校思想政治教育治理方式的协同性，还体现在网上网下的协同治理。随着信息技术的迅猛发展，网络空间已经成为大学生重要的思想文化生活场域，对大学生的思维方式、价值观念产生着直接的、不可忽视的重要影响，由此，网络空间的思想政治教育治理成为高校思想政治教育治理的重要内容。"网络空间与高校思政教育具有实践共生性、社会同构性、公共渗透性等协同特征。"[①]网上网下协同治理的方式是高校思想政治教育适应互联网络高速发展的必然结果，体现了思想政治教育坚持理论与实践相统一，不断创新发展、与时俱进的内在品格。网上网下协同治理是传播主流意识形态、维护意识形态安全的战略举措。网络具有开放、匿名、即时、交互等特征，由此导致各种社会思潮在网络上大行其道，激烈交锋，不断冲击主流价值观念，引发思想混乱，而网络谣言、网络渗透、网络问政无一不对主流意识形态安全形成威胁，网络空间已经成为维护意识形态安全的重要阵地。大学生群体作为网络原住民，不可避免地受到网络思想的全面浸润，高校思想政治教育要发挥激浊扬清的思想引领作用，在治理方式上必须实现网上网下协同联动，构建网上网下同心圆，更好凝聚社会共识，维护意识形态安全。随着"千禧一代""Z世代"步入大学，网络成为高校思想政治教育理论研究与实践探索的新场域。在思想政治教育的育人实践中，"要统筹考虑和综合运用网上网下两个教育场域、网上网下两种教育手段、网上网下两类教育规则，协同一致地实现思想政治教育目标、完成思想政治教育任务"[②]。换句话说，只有将网络空间和现实空间的系统力量加以整合，加强转化互动，才能不断增强高校思想政治教育治理效能，实现育人功能的最大化。

---

① 李颖、靳玉军：《网络空间视域下高校思想政治教育治理的创新发展研究》，《重庆大学学报（社会科学版）》2020年第3期。

② 杨果、唐亚阳：《网上网下思想政治教育协同育人的三重维度》，《学校党建与思想教育》2017年第21期。

二、整体性

整体性治理理论是西方行政学界对新公共管理理论的对立性回应，它主张用整合、协调和网络化的方法解决治理的碎片化问题。在英国学者佩里·希克斯看来，"整体性治理就是政府机构组织间通过充分沟通与合作，达成有效协调与整合，彼此的政策目标连续一致，政策执行手段相互强化，达到合作无间的目标的治理行动。"[①]整体性也是高校思想政治教育治理方式的鲜明特征之一。有研究者提出，高校思想政治教育治理的本质属性即为"以一体化视角统筹高校思想政治教育资源，以主动性思维破解高校思想政治教育难题，以反思性状态保障高校思想政治教育实效"[②]。所谓一体化，就是在整体性治理理论指导下，从制度设计、政策执行、资源调配到评价反馈，所有环节都围绕同一个愿景目标，彼此关联，相互承接，牵一发而动全身，在协同共进中推动治理效果从碎片化走向整合化，进而发挥最大化的治理效能。

高校思想政治教育是一项复杂的系统工程，既包括思想政治理论课这一主渠道，又包括日常思想政治教育这一主阵地；既包括思想政治教育专职力量，又包括思想政治教育的兼职力量；既包括思想政治教育的实施者，又包括接受思想政治教育的学生对象。思想政治教育致力于人才培养，同时人才培养中的各个环节又都需要加强思想政治教育[③]。思想政治教育自身的独特属性决定了思想政治教育治理不能"头痛医头，脚痛医脚"，而必须树立系统化思维，从整体上进行战略谋划。

作为国家治理体系和治理能力现代化的重要组成部分，高校思想政治教育治理基于整体性思维，放眼全局，不断推动构建"大思政"格局。"大思政"工作格局是对多种具有思想政治教育功能的因素通过特定的活动或联系机制所形成的合力体系的整体形态描述，在本质上，它是对思想政治教育的整体形态及其体制、生态和运行机制的实践要求[④]。在"大思政"格

---

① 叶璇：《整体性治理国内外研究综述》，《当代经济》2012年第6期。
② 冯刚、高山：《新时代高校思想政治教育治理论》，中国社会科学出版社2021年版，第74页。
③ 冯刚：《推进新时代思想政治教育治理体系现代化》，《中国教育报》2020年3月19日。
④ 刘兴平：《高校"大思政"格局的理论定位与实践建构》，《思想教育研究》2018年第4期。

局的治理理念下，高校"课程思政"使课程教学的思想政治教育功能渗透到专业课程和综合性通识课程之中，推动专业课程和思政课程"同向同行"，共同发挥育人功能；在教育资源整合与利用过程中，充分发挥学校、家庭、社会环境各自的特有优势，形成学校、家庭、社会合力共建、协同配合的高校思想政治教育治理模式；在思想政治教育治理空间上，深化线上线下相结合的高校思想政治教育治理实践，坚守日常思想政治教育主阵地的同时，加强网络育人阵地建设，强化网络意识形态治理，为大学生成长成才营造风清气正的网络环境。

高校思想政治教育在由传统走向现代的过程中已逐渐呈现出自身存在的复杂性和综合性，应对高校思想政治教育现代化过程中的效果不佳、反应迟滞、连接断裂等问题，必须将思想政治教育放置于现代性社会生长和发展的宏观进程中，整体性地审视和反思高校思想政治教育治理的协同创新。"思想政治教育治理体系的改革完善不是各领域、各环节各自为政、分散用力，要构建能促成多元教育治理主体形成合力、优势互补、取得协同效应的治理体系。"[①] 高校思想政治教育要积极"借鉴社会治理领域的创新成果，突破现有思维与框架，对学生工作模型进行系统设计和整体优化"[②]。近年来热度较高的大中小学校思想政治教育一体化建设，也深刻地体现出思想政治教育治理过程中的复杂性、系统性和综合性。"思想政治教育的大中小学一体化不仅是具体课程教学各学段上的一体化，更是整个思想政治教育围绕培养什么人、怎样培养人和为谁培养人的一体性问题综合设计。"[③]

三、公共性

公共性是人类生存和社会存在的基本问题。"从本质上说，公共性是一种社会属性，但它不是一般意义的社会性，而是一种有着特殊规定的社会性，

---

① 冯刚、徐先艳：《现代性视域中思想政治教育治理的生成逻辑、基本内涵及时代价值》，《教学与研究》2021 年第 5 期。

② 盛情：《大学生思想政治教育工作的现实问题与优化——以创新社会治理体制为视角》，《思想理论教育》2015 年第 11 期。

③ 韩震：《推进德育一体化的时代背景、内涵要求与实践进路》，《思想政治课教学》2021 年第 3 期。

其中蕴含着交互主体性、共享性、互利性、开放性、共创性等多重特定的内涵。"① 高校思想政治教育作为一种特殊的教育活动,同样具有公共性的内在品质,包含"涉及公众、实现公众和依靠公众"三个基本向度,这种内在品质决定了,针对高校思想政治教育的治理无法"独善其身",而是必然地具有了公共性特征。作为一种政治社会化公共性实践和意识形态性政治活动,高校思想政治教育是国家意志的体现,必须服从和服务于国家和社会的发展需要,在内容构成上具有较强的既定性,不因教育环境、教育主客体等外在条件的变化而出现大的变化。对高校思想政治教育的治理是为了更好发挥思想政治教育在教化公众、推动经济社会发展等方面的重要作用。高校思想政治教育治理方式的公共性特征,突出表现在治理主体的多元性、治理目标的公益性、治理手段的公共性等多个方面。

一方面,治理目标具有公益性。高校思想政治教育肩负着"培养德智体美劳全面发展的社会主义建设者和接班人"的重任,关系着"培养什么样的人、如何培养人以及为谁培养人"这个根本问题,换句话说,高校思想政治教育是一项公共事务,是以培养符合社会意识形态要求、社会行为规范的合格公民的教育实践。"我国自开展大学生思想政治教育以来,尽管每阶段的关于教育事业的方针、目标表述不尽相同,但都包含了公共性的意味。"② 高校思想政治教育对"接班人"的培养,是"为社会主义现代化建设服务,为人民服务"的,充分彰显了培养"公共人"的理念。可见,高校思想政治教育的治理目标天然具有公益性,在积极引导大学生公民身份认同和公共实践参与的过程中,促进社会公共生活的改善和公共利益的提升。

另一方面,治理手段具有公共性。"思想政治教育公共性是在思想领域通过公共化教育形式使教育对象具有以公共情感、公共理性、公共精神为核心的公共性品质,密切关注公共生活,积极参与公共事务,维护公共利益,实现公共价值的政治社会化实践活动。"③ 人的本质在于人的社会性,人的思

① 董雅华:《思想政治教育哲学问题研究》,复旦大学出版社 2019 年版,第 156 页。
② 莫春菊:《走向公共性:大学生思想政治教育现代化的必然选择》,《江苏高教》2014 年第 2 期。
③ 侯勇:《论思想政治教育公共性困境与公共化转型》,《理论与改革》2015 年第 4 期。

想形成是主客观共同作用的结果，由此，对人的思想引领与教化需要调集多种社会公共资源，采取多样化治理方式，充分发挥文教宣传、舆论引导、环境熏陶、法律强制等多种公共手段在高校思想政治教育治理过程中的功能作用。

四、法治化

法治源于人类对政治理想的追求，是一种源远流长的意识形态、治国方略和社会文化现象。在国家治理层面，法治的重要意义无需赘言。《中共中央关于全面推进依法治国若干重大问题的决定》指出，依法治国，是坚持和发展中国特色社会主义的本质要求和重要保障，是实现国家治理体系和治理能力现代化的必然要求。习近平总书记也强调，要推进全面依法治国，发挥法治在国家治理体系和治理能力现代化中的积极作用。具体到高校思想政治教育治理方式的法治化，则是依法治国的内在逻辑在教育领域的具体展开，它意味着思想政治教育治理首先应该遵循权利本位、程序正当和平等正义。

首先，法治化要求高校思想政治教育治理在方式上遵循权利本位。具体而言，高校思想政治教育治理必须坚持以人为本，以实现人的自由全面发展为目的。这里的人不单单指作为受教育者的学生，而是包括高校教师、辅导员、各类管理服务人员等在内的所有人。高校思想政治教育治理不仅倡导多主体共同参与，更倡导治理成果共享，合作共赢，即通过务实高效的思想政治教育治理实现学生成长成才、教师不断发展、学校各项工作有序运转、优秀人才向社会源源不断输送的良好局面。

其次，法治化要求高校思想政治教育治理在方式上坚持程序正当。程序是法治和恣意而治的分水岭，更是保障治理过程、治理结果合法性的重要前提。在高校思想政治教育治理过程中，程序的正当性、规范性不仅有利于减少治理失误，还能有效限制权力的滥用。这意味着，一套科学严密的治理制度体系必须建立起来，以保障各方治理主体的地位、规范各项具体治理行为、协调治理机制有序运转。具体而言，各项规章制度从制定、公示到执行，必须遵循民主、公开的原则和程序，广泛听取被管理对象的意见，尊重被管理对象的合法、正当权益，同时，不断完善、更新各项规章制度，做到有法可依、有章可循，保障规范管理的执行有效。

再次，法治化要求高校思想政治教育治理在方式上坚持平等正义。法治精神表现出来的以平等、正义等为基本内容的价值追求，为创新思想政治教育理念提供了有力依据。在高校思想政治教育治理过程中，各治理主体虽然角色分工不同，但在地位上相互平等、不分高下，随着公民权利意识的日益增强，思想政治教育正在建立一种新型的平等关系，倡导法治思维，树立平等理念，减少说教和管治。同时，对正义的价值追求又强调发挥道德在治理过程中的作用，由此，法治化为思想政治教育治理注入了"良法"的基本价值，保障思想政治教育治理实现"善治"目标。

现代社会，法治是思想政治教育治理的基本方式，推进思想政治教育治理现代化的应有之义是推进思想政治教育治理法治化。[①] 高校思想政治教育治理方式的法治化，重点依托治理体系法制化和治理能力法治化，两者是治理方式法治化的基本面向，共同推动形成高校思想政治教育治理方式的法治化特征。一方面，治理体系法制化。所谓治理体系法制化，具体指高校思想政治教育治理的制度化和体系化，也就是从制度层面将法治精神融入治理过程之中。高校思想政治教育治理体系是国家思想政治教育治理体系的一部分，其由一整套制度构成，包括以党章为统领的思想政治教育党内法规制度体系、以宪法为统领的思想政治教育国家法律制度体系和以党的基本路线为统领的思想政治教育政策制度体系。在回答"培养什么人、怎样培养人、为谁培养人"这一根本性问题上，高校思想政治教育治理必须牢牢把住正确的政治方向，坚持中国共产党的领导，坚持以习近平新时代中国特色社会主义思想为指导，遵循宪法确定的基本原则，为社会主义事业培养建设者和接班人。在具体落实方面，针对传统管理思路下的短板不足，有研究者提出高校思想政治教育治理的法治化路径，即"建立和完善学校管理规章制度，对校规校纪的合法性进行审查，按照正当程序处理

---

① 李淼磊、周刚志：《论法治视域下的思想政治教育治理现代化》，《思想教育研究》2021年第5期。

学校管理事务，保障学生在管理过程中的主体参与权利，实现学生的全面发展，为学校的和谐发展创造良好的法治环境"①。另一方面，治理能力法治化。治理能力，既包含治理主体对治理体系的执行力，又包含治理体系的运行力，还包括治理的方式方法。实现高校思想政治教育治理制度化、规范化、程序化，必须不断提高治理能力，而其中最为关键的，就是提高运用法治思维和法治方式的能力，解决法治缺位情况下高校思想政治教育治理动力不足、治理能力不够的问题。提升高校思想政治教育治理能力法治化，必须使治理主体信仰并坚守法治，学会用法治思维和法治方式将思想政治教育治理的法规法制融于实践，改变以往程序意识淡薄、管理手段随意、规章制度模糊、决策方式专断等突出问题，培养治理主体知法、懂法、守法、用法，遵循思想政治教育治理的基本规律，依托法治提升思想政治教育治理的效能。

第三节　高校思想政治教育治理方式的技术创新

技术创新是人类发展的永恒话题，也是推动社会变革的重要力量。互联网络时代，信息技术的飞速发展不仅引领了思想政治教育的全面革新，也为高校思想政治教育治理注入了生机与活力。利用网络信息技术创新高校思想政治教育治理方式不仅是趋势所向，也是激活思想政治教育治理内生动力、提高思想政治教育治理效能的必然选择。

一、媒体融合推动高校思想政治教育治理新形态

媒体融合是我国正在着力推进的一项重要发展战略。随着网络技术的发展，各种传统媒体形态利用新媒体技术进行整合融合之后形成的一种信息传输通道更为多元的新作业模式。随着互联网技术的迅速发展和自媒体的兴起，传统媒体借助新媒体技术实现融合发展成为一种必然趋势。在这个过程中，思想政治教育和计算机网络之间的关系由"思想政治教育 + 互

---

① 卢进伟：《高校思想政治教育管理法治化路径探析》，《学校党建与思想教育》2016 年第18 期。

联网"的简单相加状态,逐渐转变为"思想政治教育的互联网+"的深度融合状态①,并由此推动形成高校思想政治教育治理新形态。

首先,是物理空间与网络空间的全面衔接。思想政治教育的目标是实现人的全面自由发展,满足人们不断增长的物质文化和精神文化需求。新媒体的广泛应用为包含大学生在内的社会公众提供了一种新的学习和生活方式,也为高校思想政治教育开辟了新的实践场域。一方面,高校思想政治教育治理要重视思政育人的物理空间建设。学生成长发展和高校思想政治教育实践都需要依托一定的基础设施和环境,不断满足学生学习、生活、实习、实践等多方面需求,促进学生全面发展。随着"Z世代"逐步进入大学校园,已高度适应"数字化生存"的这一群体对便捷、高效、个性化服务的需求也愈加凸显。高校后勤不仅要重视教育教学类、生活服务类设备设施的日常维护更新,更要根据现代化、网络化的生活方式不断跟进需求,提供更加优质、便捷的服务,如通过修(扩)建体育馆、游泳馆、足球馆等扩大运动场地和空间,增设校史馆、咖啡厅、研讨室、排练厅等丰富大学生的文娱生活,安装快递柜、成绩打印机、一卡通充值机、自动贩卖机等自助服务设备满足日常生活需求等。高校思政育人物理空间的建设完善不仅可以为学生提供便捷、有序、丰富多彩的校园学习生活体验,也为思想政治教育活动的开展提供了有利条件。另一方面,高校思想政治教育治理还要兼顾思政育人的网络空间建设。随着互联网的普及发展,网络成为高校思想政治教育的重要阵地。思政育人的网络空间建设,不仅肩负着维护网络意识形态安全的重要责任,还发挥着价值引领、网络资源共享、网络文化建设等重要作用。网络不仅是信息的聚集地与思想观点的交汇处,更是一种话语空间和权力空间,承载着各种类型的文化价值观念、意识形态与政治倾向等。开放的网络环境既开阔了大学生的视野,也给主流意识形态带来巨大冲击。网络思想政治教育与网络空间治理具有主体一致、场域重合、路径同向和目的同一的内在契合性②。因此,思政育人的网络空间

---

① 董扣艳:《媒体融合时代思想政治教育的媒介逻辑探论》,《理论导刊》2022年第4期。

② 董兴彬、吴满意:《网络思想政治教育视域下的网络空间治理思考》,《学术论坛》2018年第5期。

建设必须坚持以社会主义核心价值观引领网络文化建设，实现网上理想信念教育常态化、制度化，积极弘扬民族精神和时代精神，加强党史教育，加强爱国主义、集体主义、社会主义教育，推进中华优秀传统文化创造性转化和创新性发展。

其次，是实体课堂与虚拟课堂的共时联通。面对无人不网、无时不网、无处不网的移动互联网普及趋势，高校思想政治教育的课堂形式也逐步与时俱进，各种在线学习平台、云课堂、移动学习客户端齐上阵，充分满足了大学生随时随地获取各种知识和信息的需求。同时，实体课堂中的知识讲授不再仅仅局限于教材，而会根据教学目标、教学内容进行适当调整，将网络新闻、热点事件引入课堂教学，引导学生将知识学习与对世界的认识统一起来，与解决实际问题结合起来，让学生对学习的意义和价值有更深的体悟，在知识传授的同时，帮助学生树立正确的世界观、人生观、价值观，实现实体课堂与虚拟课堂的共时联通。网络传播不仅具有速度快、容量大的特点，还提供了非常强大的非实时浏览功能，换句话说，人们完全可以根据自己的时间安排获取信息。在这种技术化的环境之中，移动课堂、掌中课堂随处可见，大学生可以随时随地接受各类思想政治教育信息而不受空间、时间的限制。只要引导得当，网络完全可以成为思想政治教育的有利阵地，搭建起虚实结合、内容丰富的思想政治教育虚拟课堂。在媒体融合的建设思路下，以"大学慕课"为代表的各类线上学习资源，为大学生提供了低成本、游戏化、碎片化的学习模式选择；以高校官方微信、微博、抖音账号为代表的新媒体平台通过不断推送优质信息，提供宣传教育服务，发挥着"虚拟课堂"的价值引领作用。

再次，是线上活动与线下活动的交互共振。面对受众对象、传播技术、舆论生态等信息传播要素的深刻变化，高校思想政治教育不断更新理念，充分挖掘、利用网络空间丰富生动的信息资源和便利多样的信息传播，不断拓展网络空间的思想政治教育功能，以实现思想政治教育活动"线上＋线下"的交互共振。在网络传播中，网络媒介所延伸的已经不是单一作用于人的某种感官的信息，而是集文字、数据、图像、音频、视频等为一体的多媒体信息，人们的认知也不是原来那种单一的线性的阅读方式，而是超链接的非线性的阅读方式。身处多媒体、超链接的网络媒介环境中，人的信息接收和阅听习惯已发生变化，思想政治教育传播要吸引教育对象的注意力，必须"顺应技术发展的趋势，采用图文并茂、声像俱全的多样、鲜活的形式传播思想政治教育信息，促进思想政治教育传播媒介从平面性向立体化、从静态向动态、从现实空间向虚拟空间转变"①。在这一思路指导下，有高校创办了基于 Web 网络的政治教育理论学习平台，如党建、党员教育客户端和慕课，激发学生党员的理论学习热情；有高校创建基于社交网络的课程学习交流平台，如微型党课、团课、易班工作站等，为师生、同辈搭建学习交流的桥梁；有高校研发基于移动终端的手机媒体平台，如微信公众号、抖音公众号、校园生活 APP 等，发挥新媒体优势，增强信息传播的针对性和互动性。由此，高校思想政治教育的线上活动和线下活动在交互共振中逐渐趋向融合化，共同推动育人目标的达成。

二、大数据应用创新高校思想政治教育治理新范式

"大数据是一种符合科技发展日新月异的当今时代发展潮流的、前所未有的方式，它最终的目的主要是通过对所采集的巨量的数据库的数据进行相对应的软硬件的分析、处理，以便获得具有巨大价值的产品信息、服务信息或是获取更为深刻的洞见。"②2017 年 12 月，习近平总书记在中共中央政治局第二次集体学习时强调，要"把握信息革命历史机遇"，"用好大数据，增强利用数据推进各项工作的本领，不断提高对大数据发展规律的把握能力，使大数据在各项工作中发挥更大作用"③。大数据是驱动高校思想政治教育治理现代化的重要引擎。大数据融合高校思想政治教育创新发展，既是大数据时代高校思想政治教育的发展趋势，也是高校思想政治教育治理现代化的内在要求。大数据应用是现代信息技术鲜明的时代标识，为高校思

---

① 朱耀华、郝小芳：《高校网络思想政治教育理论与实践》，湖北科学技术出版社 2013 年版，第 68 页。

② ［英］维克托·迈尔、肯尼思·库克耶：《大数据时代——生活、工作与思维的大变革》，浙江人民出版社 2013 年版，第 4 页。

③ 《审时度势精心谋划超前布局力争主动 实施国家大数据战略加快建设数字中国》，《人民日报》2017 年 12 月 10 日。

想政治教育治理现代化提供了技术支持。

首先，对思想政治教育对象的全样本画像。全面关照、整体把握大学生的思想动态是增强高校思想政治教育有效性的前提条件。大数据时代，教育者对教育对象思想状况相关数据的获取进入到"样本＝总体"的全数据模式，这使得信息获取和把握的准确性大大提高。在这一技术条件下，建立高校思想政治教育大数据库成为实现高校思想政治教育治理现代化的重要标志。大数据技术可以实时记录大学生们在微博、微信、QQ空间、网络论坛、购物网站、在线学习平台等网络空间的数据痕迹，记录他们发出的信息以及留言、评论、关注等行为活动。对这些动态信息的收集和关联性分析，为数据画像提供了丰富海量的素材，也为高校思想政治教育的对象分析进行了技术赋能。大学生群体关注什么，反感什么？对某些社会热点问题如何看待，大部分人持怎样的观点倾向？这一群体具有怎样的行为特点，又有怎样的成长烦恼？诸如此类的问题，以往需要通过调研问卷来管窥一隅，而在大数据技术的支持下，却可以快速、准确地得到数据反馈，为教育者们了解教育对象提供了直接、有效的指导与帮助。更为难得的是，除了针对群体的全样本画像，大数据技术还可以实现对教育个体的精准画像，对其需求实现精准聚焦，为思想政治教育把握不同个体差异与需求、实施精准思想提供技术条件。

其次，对思想政治教育需求的预测性分析。预测是大数据的核心价值。"大数据的预测功能是基于大数据全面占有人们思想动态和行为活动数据的基础上，深刻把握思想道德形成发展规律和思想政治教育规律，进而能精准、高效地预测出人们的思想动态和行为倾向，极大提升思想政治教育的有效性。"[1] 大数据预测模型在广泛收集大学生群体网络数据痕迹的基础上，通过数据提取、量化、对比，从中寻找行为之间、现象之间的数据关联，使教育者能更好把握教育对象思想动态的发展趋向与特点，做到着眼当下，把握未来，对教育对象可能产生的困惑、需求做到未雨绸缪，从而实现预测性引领。对教育需求的前瞻性把握是教育有效性的重要标志，对思想政治

① 罗红杰、平章起：《大数据驱动：思想政治教育现代化的重要引擎》，《重庆大学学报（社会科学版）》2020年第4期。

教育而言更是如此，只有明确了解教育对象的思想政治教育需求，才能在有针对性地答疑释惑、排忧解难中实现价值引领。随着网络技术环境及现代生活方式的变化，当代大学生的"网络化生存"特征更加凸显，这为大数据技术的应用提供了非常有利的实施条件，大学生的学业、情感、交友、求职、休闲、娱乐、消费等信息几乎都可以在网络上实现数据追踪和查询，为思想政治教育需求的预测性分析提供了可能。同时，这种预测性分析又有着特殊的必要性，因为"思想问题是一切问题的根源"，只有把思想问题解决好，立德树人的根本任务才能全面落实。思想政治教育需求是一种特殊的需求，关乎人的思想、观念和价值判断，必须予以高度重视。大学生群体正处于社会心理与政治判断力形成的重要阶段，高校思想政治教育者要时刻保持清醒头脑，借助大数据技术对大学生的思想政治教育需求做好预测性把握，在多元价值博弈中始终引领正确方向。

最后，对思想政治教育效果的数字化评价。数字化评价是大数据时代对思想政治教育评价提出的全新课题。"运用大数据可跨界融合源头多样、规模海量、结构复杂、内容丰富的信息，把文字、方位、沟通等通通转化为多维、动态、直观可视的数据，为思想政治教育者全面评价受教育者的行为举止和思想动态、综合评估教育过程和教育效果的绩效提供了有力支撑，有利于推动思想政治教育在评价方法上创新升级，不断提升思想政治教育的科学性和质量水平。"① 大数据时代，高校思想政治教育效果评价需要统筹教育实践活动的诸多方面，具有多维性、相关性、动态性、可持续性和客观性等特征。传统思想政治教育评价存在的评价维度单一、评价主体一元、评价方式有限等不足已经难以适应大数据时代的评价理念与趋势。充分挖掘大数据的潜在价值，将大数据与思想政治教育评价有机结合，实现思想政治教育数字化评价的思维变革，是提高思想政治教育效果评价科学化的必然选择。"大数据时代的思想政治教育数字化评价将从'经验主义''数据局限''单一维度'走向'数据主义''海量数据''多元维度'"，"建立科学、客观、全面、多维、动态、开放的思想政治教育数字化评价体

---

① 操菊华、康存辉：《大数据作用于思想政治教育引领力的内在机理与推进机制》，《学校党建与思想教育》2019 年第 6 期。

系，无疑是增强思想政治教育评价的科学性和实效性、提升思想政治教育教学质量、实现'立德树人'根本任务、培养合格建设者和接班人的'四赢'策略"①。利用大数据技术开展思想政治教育效果的数字化评价，坚持以"人"为核心的价值导向，善用数据资源优势，不断提升治理现代化水平，既是大数据时代思想政治教育评价方式变革的时代需要，也是构建立体化、多层次、全方位动态评价体系的现实需要。

三、人工智能引领高校思想政治教育治理新趋向

所谓人工智能，一般指利用计算机模拟人类大脑的归纳、抽象、推理、演绎等思维功能，使其具有识别文字、图像、语音以及推理和学习等能力。"大数据、深度学习和强算力（云计算）是当今人工智能技术的三大基石。"②人工智能技术革命引发人类社会生活方式"迭代更新"的同时，也引领了高校思想政治教育治理新趋向。

高校思想政治教育治理受到智能传播技术的深刻影响，日益呈现出显著的媒介化、数字化、智能化发展趋势。在可见的未来，人工智能、云计算、区块链等数字化技术将更加深度地融入思想政治教育治理实践全过程。"不同于信息时代网络教育技术嵌入思想政治教育初期影响的有限性，人工智能技术的兴起正以其特有的数据挖掘、多模态学习、算法算力、刷脸识别等技术广泛嵌入思想政治教育中，全方位、多层面刻画受教育者的意识、行为及反应，不仅为教育者掌握受教育者信息、追踪其变化提供了可能，同时也为受教育者的适应性反馈提供了新的机会。"人工智能嵌入思想政治教育给高校思想政治教育治理带来了新契机，凭借人工智能技术的赋能，思想政治教育的需求得以"被看见"，思想政治教育的要素不断"被优化"，思想政治教育的效果变得"可测量"，由此使得高校思想政治教育治理呈现出不同于传统的新的时代特点。

首先，积极打造思想政治教育智能数据库。数据是人工智能技术的基础，

① 付安玲：《大数据时代思想政治教育评价的数字化变革》，《思想理论教育导刊》2019年第4期。

② 王作冰：《人工智能时代的教育革命》，北京联合出版公司2017年版，第21页。

是算法的命脉。没有数据，算法就失去了操作对象，人工智能技术也就没了用武之地。因此，尽可能全面、迅速地收集与思想政治教育活动直接或间接相关的数据资源，成为高校思想政治教育治理现代化的首要任务。数字化时代的生存方式和状态，为这类数据收集提供了可能。"计算机、智能手机、各种智能家居用品，贴身收集着我们的一言一行，通过计算建模越来越了解我们，使得看新闻、运动健身、吃饭、听歌、出行等这些最简单的日常活动都成为一次次隆重的数据盛典。"[①] 例如，通过对大学生学习、生活、娱乐、实习实践等各类数据的收集、聚合和运算，就可以形成以大学生思想、行为状况为主题的数据库，为全面掌握大学生思想动态提供参考。

打造智能数据库是为了挖掘数据在思想政治教育中的作用和价值，发挥智能算法对科学决策的指导与帮助。因此，智能数据库建设必须重点着眼两个方面。一方面，除了针对教育对象的数据信息收集，思想政治教育的内容、方法、目标、反馈等与思政教育有关的数据信息，都应进入智能数据库系统，换句话说，大部分高校思想政治教育教学活动从设计、实施、反馈、评估等全部过程，都应在数据库中找到"痕迹"，并得到智能化的分类存储。智能数据库较之一般数据库的"升级"之处，就在于对结构化数据、非结构化数据、半结构化数据的整合应用。另一方面，通过深度学习算法对思想政治教育过程中反映人的意识、行为的大数据资源进行抓取、筛洗、建模、分析和评估，使大数据资源不断得到利用开发，并通过算法升级不断强化智能数据库在智能互动、智能引导、智能监督、智能评估等方面的作用，使人工智能在掌握思想政治教育经验方面越来越完善、科学、系统和规律化。

其次，推动思想政治教育过程向沉浸式、泛在化转变。所谓沉浸式，主要指随着各类生活设施的电子化以及智能终端的日常化、生活化，思想政治教育信息会被悄然投放于各种电子屏幕与智能平台上，大学生在置身校园日常环境、使用各种智能终端时，无形中就进入了广泛的思想政治教育场域之中，在无意识中接受到相应的价值观教育。除了这种"润物细无声"

---

① 李彦宏等：《智能革命：迎接人工智能时代的社会、经济与文化变革》，中信出版社2017年版，第74页。

的嵌入式价值引领，"虚拟思政"也是沉浸式思想政治教育的一种新型样态。近年来，MR（混合现实）、AR（增强现实）、VR（虚拟现实）等技术在人工智能的加持和完善下，使思想政治教育的场域创设实现了高度仿真，"通过虚拟仿真技术将思想政治教育的主体、客体、内容和方法等云端化、仿真化、虚拟化呈现，从而赋予一些在现实场域中难以操作的教育范式以新的生命力，增强思想政治教育的吸引力和有效性。"[①]

思想政治教育过程趋向沉浸式的同时，也在逐步实现泛在化。所谓泛在化，指高校思想政治教育可以打破时空限制，在绝大部分时间和场合都可以开展，达到时时、处处、人人均可触达的传播效果。同时，这种触达又是有迹可循、有据可查的，数据可以同步上传至高校思想政治教育智能数据库中，经过数据运算为教育者提供诊断式决策参考。比如，哪些思想政治教育传播内容更能吸引大学生群体关注，不同专业、不同年级的学生关注的内容是否存在显著差异？怎样的传播方式更能拉近与大学生们的心理距离，更易被大学生接受？大学生们在哪些移动终端上投入的时间最长？最喜欢在哪些网络平台进行分享交流？思想政治教育过程的沉浸化、泛在化使得高校思想政治教育在治理理念上更加开放，思想政治教育的手段、方法、方式也在技术支持中不断实现创新融合。

最后，构建过程性、多维性的动态智能评价体系。人工智能赋能高校思想政治教育治理现代化的表现之一，就是推动思想政治教育效果评价更趋数字化、动态化、智能化。思想政治教育是做人的工作，关注人的认知、情感、态度、道德、价值观念等主观意识，而人脑中的变化往往很难通过直接观察、口头交流来获得，因此，传统的思想政治教育效果评估往往存在重表面轻实质、重工作内容轻实际效果等问题，而借助大数据、深度学习、强算力等智能技术的加持，思想政治教育的效果可以通过数据化的方式呈现，个体思想的变化发展也能够实现过程追索，为构建过程性、多维性的动态智能评价体系提供了可能。

动态智能评价强调过程性。大数据的即时性使过程性的动态评价成为

---

① 崔建西、白显良：《智能思政：思想政治教育创新发展的新样态》，《思想理论教育》2021 年第 10 期。

可能。过程性评价着眼于"过程"和"发展"的价值取向，关注学生情感、态度、价值观的发展变化，重视成长性，关注倾向性，同时，教育者能够根据教育结果的即时反馈对教育内容和方法做出灵活调整，有助于增强价值引领的互动性、实效性；此外，动态智能评价还强调多维性，即定性评价与定量评价的结合、自我评价与他人评价的结合、整体评价与个体评价的结合。上述评价方法虽然早有强调，却缺乏具体可行、方便实操的技术条件，人工智能通过海量数据存储、深度学习和算法升级，能够自动完成教育效果的评价优化，这种评价不再是简单经验式的，而是可以精准到不同个体、不同阶段、具有详细数据支撑的诊断式反馈，评价依据更加多元，评价过程更加合理，评价体系更加完备。

第六章
高校思想政治教育治理动力

改革推进到哪一步，思想政治工作就要跟进到哪一步。[①] 在国家治理现代化发展的大背景下，积极引入治理思维，提高自身现代化水平，是高校思想政治教育工作守正创新的时代要求。在高校思想政治教育治理实践中，治理动力影响着高校思想政治教育治理的目标达成和持续发展，治理动力的构建和优化对高校思想政治教育治理起着重要作用。因此在理论与实践的结合中，进一步探讨治理动力的内涵、特征、结构及建构，是高校思想政治教育治理理论和实践的重要命题。

第一节　高校思想政治教育治理动力的内涵、类型与特征

高校思想政治教育的动力是高校思想政治教育过程的重要要素。动力研究是思想政治教育学的重要问题域，厘清高校思想政治教育治理动力的内涵、类型和特征三个基本问题，是分析高校思想政治教育治理动力的构成、探究治理动力的建构的基本前提。

一、高校思想政治教育治理动力的内涵

"力，形之所以奋也"（《墨经》），就是说动力是使物体运动的原因。动

---

① 《习近平主持召开中央全面深化改革领导小组第十二次会议强调：把握改革大局自觉服从改革大局　共同把全面深化改革这篇大文章做好》，《人民日报》2012 年 5 月 6 日。

力也指对组织或事业前进和发展起促进作用的力量。高校思想政治教育治理动力是指引起和推动高校思想政治教育治理发生和不断向前发展，从而实现立德树人育人目标的各种原因和力量。

作为一项专业实践活动的高校思想政治教育治理，其发展不可能只有一种动力在发挥作用，也不可能只有一种促进力量。换言之，有多种力量共同起着促进作用，是多种动力要素互动的结果。所以当我们谈起高校思想政治教育治理动力的时候，实际上谈的是高校思想政治教育治理的动力系统。使用动力系统这一概念，强调的是动力不是单一的而是多样的，不同时空条件下，各种动力在系统中所处的位点、影响力的大小使得动力系统呈现出结构化、时代化的特征。因为各种动力不是孤立存在、独自发挥作用，而是相互交织、相互影响、共同发挥作用，所以动力系统不仅指各种动力要素的总和，而且包括这些要素之间的相互联系和影响。要言之，高校思想政治教育治理的不同动力要素组合在一起按照一定的机制共同发挥作用，就构成了高校思想政治教育治理的动力系统。也就是说，我们可以把高校思想政治教育治理的动力系统定义为，影响高校思想政治教育治理履行功能、发挥作用的各种动力要素的构成及其相互之间互动作用的方式。可见，动力系统包括动力要素和动力机制，动力要素指的是不同的推动力量，动力机制指的是不同推动力量形成和发生作用的方式，即动力形成机制和动力作用机制。

当对高校思想政治教育治理动力系统的界定从内涵转向外延时，就是要解决这个问题，构成动力系统的动力要素是哪些？马克思主义理论为回答这一问题提供了基本思路。

首先，马克思主义唯物辩证法认为，矛盾是事物运动、变化和发展的原因。矛盾是事物内部的对立统一关系，事物的基本矛盾是事物存在的基础。毛泽东同志指出："无论什么事物的运动都采取两种状态，相对地静止的状态和显著地变动的状态。两种状态的运动都是由事物内部包含的两个矛盾着的因素互相斗争所引起的。"[①] 由是推之，高校思想政治教育有相对静止的

---

① 《毛泽东选集（第一卷）》，人民出版社1991年版，第332页。

常规发展状态和显著变动的创新发展状态。高校思想政治教育治理可谓是创新发展状态，是由高校思想政治教育内部包含的矛盾着的两个因素处于不平衡状态引起的。习近平总书记指出："一种理论的产生，源泉只能是丰富生动的现实生活，动力只能是解决社会矛盾和问题的现实要求。"① 由此可见，高校思想政治教育治理的理论创新和实践创新的动力只能是解决高校思想政治教育治理矛盾和问题的现实要求。"思想政治教育的矛盾，是思想政治教育系统内部各构成要素相互联系的形式，是决定思想政治教育发生、存在与发展的根本动力。"② 所以分析新时代高校思想政治教育治理内蕴的矛盾是找到根本动力的方向。而"分析和认识思想政治教育的矛盾就是分析和认识思想政治教育系统内部及其同外部环境之间对立统一的关系"，其中，"存在于思想政治教育系统内部对其他矛盾起着支配、制约作用的矛盾，称为思想政治教育的基本矛盾"③。可见，高校思想政治教育治理过程中的基本矛盾直接影响其根本动力。

其次，马克思主义人学认为，需要是人认识活动和实践活动的原初动因。马克思指出："在现实世界中，个人有许多需要。"④ 需要对人的存在来说是一种内在必然性，需要是人一切行为的原初动力、内驱力，是人产生主动性、发挥创造性的源泉。"任何人如果不同时为了自己的某种需要和为了这种需要的器官而做事，他就什么也不能做。"⑤ 而且，是否满足需要是衡量人的一切行为活动及其结果是否有价值以及价值大小的最终尺度，是否满足社会的需要则是衡量大学这个法人主体是否有价值及价值大小的最终尺度，是否满足社会的需要和受教育者成长成才的需要是衡量思想政治教育治理是否有价值及价值大小的最终尺度。可见，主体的发展需要是高校思想政治教育治理内生动力的重要内容。

再次，唯物史观认为，我们总是在一定条件下取得解放事业的实际推动。"人们自己创造自己的历史，但是他们并不是随心所欲地创造，并不是

---

① 《习近平谈治国理政（第三卷）》，外文出版社 2020 年版，第 63 页。
② 《思想政治教育学原理（第二版）》，高等教育出版社 2018 年版，第 135-136 页。
③ 《思想政治教育学原理（第二版）》，高等教育出版社 2018 年版，第 136 页。
④ 《马克思恩格斯全集（第三卷）》，人民出版社 1960 年版，第 326 页。
⑤ 《马克思恩格斯全集（第三卷）》，人民出版社 1960 年版，第 286 页。

在他们自己选定的条件下创造，而是在直接碰到的、既定的、从过去承继下来的条件下创造。"① 马克思主义揭示，人类的需要是在各种历史活动中得到满足和发展的，人类的历史活动受一定历史条件的制约，这说明特定历史阶段人的需要的产生、具体内容以及满足程度、满足方式都受到社会历史条件的制约，"所谓必不可少的需要的范围，和满足这些需要的方式一样，本身是历史的产物，因此多半取决于一个国家的文化水平。"② 马克思还说道："人们每次都不是在他们关于人的理想所决定和所容许的范围之内，而是在现有的生产力所决定和所容许的范围之内取得自由的。"③ 即一件事情要顺利完成、达到发展目标，需要各种条件，受到各种影响力量的推动，这些影响力量也是一项事业发展的基本动力。可见，影响高校思想政治教育治理的各种力量是高校思想政治教育治理的具体动力、外部动力。

最后，马克思主义唯物辩证法认为，事物是相互联系、相互作用的，这种联系和作用引起事物的运动、变化和发展。所以动力要素不是孤立存在的，当动力要素之间通过相互联系、相互作用形成合力，才能最大程度地发挥各动力要素的最大效能，而且还能产生比单个动力要素机械相加的总和更大的动力结果，或者说一种新的动力，比如马克思在谈到现代经济分工协作的价值时指出，个体劳动者由分工协作体系整合产生了比个体生产力之和更大的新的集体生产力，"不仅是通过协作提高了个人的生产力，而且是创造了一种生产力，这种生产力本身必然是集体力"④。可见，高校思想政治教育治理动力是外部环境要求和自身内在需求的统一，是各种动力要素聚合集成的合力。

二、高校思想政治教育治理动力的类型

"类型的划分是科学研究的需要，而类型的划分又是依据一定的标准进

---

① 《马克思恩格斯选集（第一卷）》，人民出版社 2012 年版，第 669 页。
② 《马克思恩格斯全集（第二十三卷）》，人民出版社 1972 年版，第 194 页。
③ 《马克思恩格斯全集（第三卷）》，人民出版社 1960 年版，第 507 页。
④ 《马克思恩格斯全集（第二十三卷）》，人民出版社 1972 年版，第 362 页。

行的。"①高校思想政治教育治理的各种动力要素可以按以下不同维度进行类型划分。从动力的来源来看，有外源动力和内生动力。外源动力主要是外部环境对高校思想政治教育治理提出的要求和促进高校思想政治教育治理发展的各种影响力量，反映着高校这个子系统与政治、经济、文化、科技等子系统的互动关系。从系统论的视角看，"思想政治教育作为一个开放性的系统结构，与社会结构之间进行物质、能量、信息的交换，社会各个要素不仅为思想政治教育发展提供环境，也为思想政治教育发展提供动力"②。内生动力是作为一个组织的高校的发展需要、作为一项极端重要工作的思想政治教育的创新需要以及作为活动主体的思想政治教育管理者、教育者和受教育者的发展需要。尤其是各主体的积极性、主动性和创造性是高校思想政治教育治理最核心的内生动力。

从动力的性质来看，有根本动力、直接动力和具体动力。根本动力指的是高校思想政治教育治理过程中的基本矛盾，它是高校思想政治教育治理发生、存在和发展的根据，决定着高校思想政治教育治理过程中其他具体矛盾。直接动力是高校思想政治教育引入治理理念和思维的直接原因，与治理理念的缘起有着密切关系。具体动力包括来自于外部环境变化提出的新要求（压力）和提供的发展条件（支持力）以及从内部生发出来的发展需要。

从动力的内容来看，有政治动力、经济动力、文化动力、社会动力、生态动力、技术动力、学术动力等，即对高校思想政治教育治理有影响和促进作用的政治力量、经济力量、文化力量、社会力量、生态力量、技术力量、学术力量等。随着新时代"五位一体"总体布局的统筹推进，我国政治建设、经济建设、文化建设、社会建设、生态文明建设都对高校思想政治教育治理提出了新要求，各项建设取得的历史性成就也都给高校思想政治教育治理发展提供了强有力的支撑，是高校思想政治教育治理的具体动力。总的来说，政治动力、经济动力、社会动力、生态动力属于外部动力。

---

① 冯刚，郑永廷主编：《思想政治教育学科30年发展研究报告》，光明日报出版社2014年版，第251页。

② 廖志诚：《论思想政治教育发展动力系统的构成》，《马克思主义与现实》2009年第6期。

文化动力需要具体分析，作为高校外部环境的文化是外部动力，而各高校积极建设的校园文化则是高校思想政治教育治理发展的内部动力。因为科学发明转化为技术应用主要在经济社会场域，所以技术动力主要以外部动力形式出现，比如互联网、新媒体、大数据技术对高校思想政治教育治理来说是重要的技术驱动力和技术条件。学术动力包括思想政治教育理论研究成果对思想政治教育治理实践的指导和推动，以及自然科学和其他哲学社会科学研究成果对思想政治教育治理实践的借鉴意义，在学科交叉发展成为当前科学发展的大趋势下，高校思想政治教育治理的理论研究和实践探索需要具备跨学科视野。因为这些研究成果主要产生于各高校，其他研究机构和高校属于学术共同体的成员，所以学术动力主要属于内部动力。

从动力的层次看，有宏观动力、中观动力和微观动力。从系统动力学的观点看，思想政治教育发展动力的系统结构有三个层次。一是宏观层次，社会各个要素不仅为思想政治教育发展提供环境，也为思想政治教育发展提供动力。二是中观层次，即现代思想政治教育的基本组织形式——学校、企业、单位、社区、村镇等，它们是思想政治教育活动的平台。三是微观层次，即思想政治教育者和思想政治教育对象。它们是思想政治教育活动的直接承担者和接受者。在这个动力系统中，第一层次和第二层次是思想政治教育发展的外在动力，第三层次是思想政治教育发展的内在动力，它们共同构成思想政治教育发展动力的合力系统。[1] 也有学者把推动思想政治教育现代转型的动力系统分为宏观场域国家和社会，中观场域学校、社区、企业等，微观场域教育者与受教育者、学科自身发展三个部分。[2] 我们认为，对高校思想政治教育治理来说，动力有宏观层次的全球、国家和社会，它们构成高校思想政治教育治理的国内外基本环境；有中观层次的高校，它是思想政治教育治理活动的平台、场域；有微观层次的思想政治教育学科、教育者和受教育者，思想政治教育学科是高校思想政治教育治理的科学化基础，教育者和受教育者是高校思想政治教育治理活动的直接参与者。第一层次的动力是外源动力，第二、第三层次的动力是内生动力。

① 廖志诚：《论思想政治教育发展动力系统的构成》，《马克思主义与现实》2009年第6期。
② 孙其昂：《思想政治教育现代转型研究》，学习出版社2015年版，第70-88页。

此外，从动力的存在状态来看，有现实动力和潜在动力（简称潜力）。从动力的作用方式来看，有推力、拉力、压力、张力，以提出要求和提供支持为主要表现形式。内生动力子系统中有向心力和离心力，以促力（凝聚）和阻力（耗散）的状态存在并产生积极和消极的影响。

三、高校思想政治教育治理动力的特征

"如果我们对互动及其所属的系统的动力特征有所洞察，那么在治理的过程中，就可以利用这些特征。"[1] 我们有必要对高校思想政治教育治理动力系统的主要特征做一番分析。从治理理论的理论逻辑和我国高校思想政治教育发展的现实逻辑来看，我国高校思想政治教育治理动力系统具有三大基本特征，即多样性、复杂性和动态性。

（一）多样性基础上的整体性

首先，从总体看，高校思想政治教育治理的动力要素是复数，而不是单数。高校思想政治教育治理发展动力，是各种作用力构成的合力系统，是一个多类型、多层次、多方面构成的有机结构体系。[2] 因此，高校思想政治教育治理动力不是单独的，而是一个系统化的整体。

其次，从外部动力看，影响高校思想政治教育治理的力量越来越多样化。新中国成立以来，我国高校思想政治教育的发展动力从单一走向了多样，从侧重于被动到更加主动。"在大一统的计划经济体制下，一切活动几乎都源于政治的需要，以政治力量为核心的外部需求是大学发展的绝对动力；而在外部需求中，中央层面的集权又具有绝对的约束力，地方的需求只能通过落实国家层面的计划来体现，高校完全是一个被动执行者的角色。"[3] 改革开放以来，随着市场经济的发展，经济力量对高校人才培养发挥着日益显著的作用。中国特色社会主义进入新时代，在"五位一体"总体布局下，

---

① ［美］詹·库伊曼：《治理和治理能力：利用复杂性、动态性和多样性》，周红云编译，俞可平主编：《治理与善治》，社会科学文献出版社 2000 年版，第 224 页。

② 廖志诚：《论思想政治教育发展动力系统的构成》，《马克思主义与现实》2009 年第 6 期。

③ 刘国瑞：《我国高等教育发展动力系统的演进与优化》，《高等教育研究》2018 年第 12 期。

文化建设、社会建设、生态文明建设的需要也深刻地影响着高校思想政治教育治理的内容、目标、功能等。比如，在生态文明建设成为我国"五位一体"总体布局的重要一环，生态治理成为全球治理的重要议题的时代背景下，思想政治教育治理承担着"提高全民生态文明意识。积极培育生态文化、生态道德，使生态文明成为社会主流价值观，成为社会主义核心价值观的重要内容"的任务。①

最后，从内部动力来看，治理主体从单一走向多元，各类主体的发展需要具有多样性。治理动力的多样性源于需要的多样性和历史性。一方面，需要的主体是复数的。要处理好组织发展需要与个人发展需要的平衡、教育者发展需要与受教育者发展需要的平衡等。另一方面，需要的内容是复数的。教师既有生存的需要，也有发展的需要。当代大学生的发展需要更是出现了多样化、个性化的发展趋势。不断满足教师学生的多方面、个性化需要，是思想政治教育治理的重要功能也是重要动力。值得一提的是，人的需要也分合理、正当、积极的和不合理、不正当、消极的，后者不但不是动力，反而是阻力，比如完全利己的需要、功利主义的需要等。总之，完整的治理动力系统必然是全面的需要结构。对高校思想政治教育治理系统来说，应该涵盖高校各类主体的物质或经济需要、精神或文化需要、组织的需要和个体自我实现和发展的需要等。没有这样一个完整丰富的需要结构，没有各种需要之间的平衡，动力系统都会是低效的。对某一方面需要的忽视，都会成为高校思想政治教育治理体系和治理能力上的一块短板，影响到整个高校思想政治教育的治理效能、人才培养质量。

（二）复杂性基础上的协同性

高校思想政治教育治理动力的复杂性与教育环境的日益复杂和需要处理的事务的日渐复杂密切相关，德国社会学家尼克拉斯·卢曼（Niklas Luhmann）提出，现代社会不同于此前的社会，具有前所未有的复杂性。最复杂的状态是毫无秩序的混沌状态。秩序则是结构化了的复杂性，即要

---

① 冯刚、徐先艳：《现代性视域中思想政治教育治理的生成逻辑、基本内涵及时代价值》，《教学与研究》2021 年第 5 期。

素之间建立起比较稳定的关系。卢曼进一步指出，对秩序来说，复杂性的程度主要取决于以下几个条件。一是要素的数量。一般情况下，要素数量越多，复杂性程度就越高。但也有一个例外情况，要素数量大，但同质性程度高，秩序的复杂性也不会很大。二是要素的异质性。要素的异质性越大，复杂性程度就越高。三是要素之间的连接。如果要素之间不发生关联，系统内部秩序的复杂性也不会增加。运用卢曼的这一理论框架分析高校思想政治教育治理的动力系统，可以发现改革开放前高校思想政治教育是一个规模相对小、低度复杂的系统，今天的高校思想政治教育则是一个规模扩大、高度复杂的系统。

首先，高校思想政治教育治理动力系统的构成要素的数量在增加。复杂性总是在系统演化的动态过程中呈现出来，是指可能性的总体性，包括系统与其环境组成元素的多样性以及系统与环境关系的复杂性等不同形态。① 从外部动力来看，如果说在改革开放前，高校思想政治教育处于政治影响力独大的发展阶段，那么改革开放以来，尤其是党的十八大以来，经济、文化、社会、生态、科技等力量也开始共同发力。党和政府代表的国家利益和公共利益决定了高校思想政治教育治理的发展方向，经济力量影响着高校思想政治教育治理的发展规模、速度等，科技发展给高校思想政治教育治理提供创新手段和巨大的激发力。这些力量与高校思想政治教育是互为动力要素的辩证关系，即这些力量推动高校思想政治教育的治理的发展并提供各种发展条件，高校思想政治教育治理作为一项极端重要的工作，也是这些领域改革创新、纵深发展的动力要素。

其次，高校思想政治教育治理动力系统各要素的差异性在增加。现代社会本身是一个复杂社会，又因为我国是超大规模的人口大国，所以国家治理本身就具有高度复杂性。2014 年习近平总书记在谈到党的建设形势时指出："社会多样化发展使人们思想多元化、复杂性的特征越来越明显，这必然增加党内统一思想的难度，我们党是一个大党，统一思想历来

---

① 焦瑶光、吕寿伟：《复杂性与社会分化——卢曼社会系统理论研究》，《自然辩证法研究》2007 年第 12 期。

不易。"① 随着我国社会变迁，人们的利益出现分化，思想观念出现多变，所以在协调多元主体的关系、整合多样利益诉求、统一思想共识时，尤其有难度。

最后，高校思想政治教育治理各动力要素之间连接的复杂化。马克思主义认为，社会历史的发展是有意识、有目的的人交互作用的结果，所以社会发展的动力机制不是线性单向度的，而是非线性的复杂系统。正如恩格斯在谈及"历史合力论"时指出："有无数互相交错的力量，有无数个力的平行四边形，由此就产生出一个合力，即历史结果。"② 各种动力要素并不是单个起作用，往往形成复杂的关系。影响高校思想政治教育治理的各种力量并不是绝对分离的，常常交织在一起，比如政治力量也会用经济手段。换言之，不同的动力并非孤立地存在和线性地发挥作用，而是相互交织，共同作用于高校思想政治教育治理体系和治理能力，以复杂的网络格局存在，综合地发挥作用，是一个非线性的复杂动力系统。而且，各动力的作用方式是多样化的。比如外部动力的作用形式可以是推力、拉力，也可以是压力，可以是吸引力，也可以是支持力。此外，要素之间发生联系后，要素就有可能被"赋能"。反言之，如果这些动力源没有很好地互动、没有融合，作用效率肯定会低，甚至出现消耗、内耗状态。所以在用改革关键一招优化动力系统时，要照顾各动力之间的协同关系，改革的关联性和互动性很强，对每一项动力要素的激发既会对其他动力要素产生影响，又需要相关动力要素的配合。

（三）动态性基础上的可持续性

首先，突出过程性和可持续性，追求在过程中取得动态平衡，持续发挥作用。"它（指治理——引者注）的要旨不在具体的机构，而在过程和实践。它是一个过程而不是一个结构。"③ 思想政治教育治理是一个不断运行、循环往复的过程，是实践创新、理论创新与制度创新不断相互促进、运用

---

① 《习近平关于全面从严治党论述摘编》，中央文献出版社 2016 年版，第 7 页。
② 《马克思恩格斯文集（第十卷）》，人民出版社 2009 年版，第 592 页。
③ ［法］阿里·卡赞西吉尔：《治理和科学：治理社会与生产知识的市场式模式》，黄纪苏编译，俞可平主编：《治理与善治》，社会科学文献出版社 2000 年版，第 131 页。

反馈、自我完善的过程。① 卢曼指出，社会系统的复杂性会打破社会系统原有的稳定结构，不断使社会系统远离平衡。这就需要动态性的治理。而且"系统过于稳定，将会出现平衡态，使系统变得死寂、缺乏活力，因此还要使系统不断地远离平衡态，这就要在要素齐备与协调的基础上，持续不断地为系统注入新动能"②，所以治理用动态平衡取代了静态平衡。比如对人才的评价是激发动力的重要手段，治理思维下对人才的评价要一改以往的静态评价。"要通过改革，改变以静态评价结果给人才贴上'永久牌'标签的做法。"③ "通过对高校思政队伍建设的动态性监测，及时发现队伍建设过程中与实践和时代发展不相适应的不足，解决队伍建设过程存在的真实问题，形成监测与反馈及时交互的动态性评价体系，保障高校思政队伍专业化建设的持续性和长效性。"④ 总之，治理动力的建构不是一劳永逸的，要指向能有效防止惰性、保持活力的建构方向。

其次，强调更多的互动。"没有对互动作用的洞察，就不可能理解（社会政治系统的）动力。动力总是暗含着互动。互动和动力是内在地联系在一起的。"⑤ 从权力的运行向度来看，治理既包括自上而下，也包括自下而上，强调的是一个双向互动的过程，在治理过程中多元主体是平行的，共同发挥作用。与统治的权力运行方向总是自上而下，是权力的单向管理不同，治理是从自上而下的纵向式管控到双向互动或者平行的横向互动。习近平总书记在指导全面深化改革时强调："要坚持把自上而下的改革和自下而上的改革结合起来，鼓励地方、基层、群众积极探索。"⑥ 这就是说，内生动力首先要与外部动力有效互动，外部动力要与内生动力有机融合，转化为内

① 冯刚，徐先艳：《现代性视域中思想政治教育治理的生成逻辑、基本内涵及时代价值》，《教学与研究》2021 年第 5 期。

② 王留玉，赵继伟：《国家治理现代化促进思想政治教育创新发展的基本原理》，《学校党建与思想教育》2021 年第 11 期。

③ 《习近平谈治国理政（第三卷）》，外文出版社 2020 年版，第 253 页。

④ 冯刚：《治理视域下高校思政队伍专业化建设的理论与实践》，《学校党建与思想教育》2012 年第 5 期。

⑤ ［美］詹·库伊曼：《治理和治理能力：利用复杂性、动态性和多样性》，周红云编译，俞可平主编：《治理与善治》，社会科学文献出版社 2000 年版，第 223 页。

⑥ 《习近平总书记重要讲话文章选编》，中央文献出版社、党建出版社 2016 年版，第 106-107 页。

生动力。同时，内生动力之间也要更多的互动，实现内部力量的聚合。实际上，在一个组织系统中，个人的行为实现程度与其他个人对其行动的期待程度有关系，即系统中相遭遇的个人总是怀着相互期待。所以更多的互动，组织成员的主体性、潜能才能得到最大程度的激发。

最后，突出协同联动。从空间上看，思想政治教育治理涉及多个领域、环节和层级，并非一项单一性、单向性工作，所以更加注重体系建构和协同联动。新时代思想政治教育治理突出"大思政"视野下的协同合力，包括纵向的大中小学校思想政治教育一体化建设，以及横向的家庭、学校、社会、政府的协同联动等，重视家校联动的源头治理作用，解决思想问题与解决实际问题的综合施策。突出协同联动，要避免的是制约整体效能的提升的短板效应。新时代高校思想政治教育治理将由"单兵作战"转变为"集团作战"，以更好地适应深刻变化、高度复杂的外部环境。

第二节　高校思想政治教育治理动力的构成

高校思想政治教育治理的动力系统是一个各种动力要素共同发挥作用形成的合力系统，要推进高校思想政治教育治理的现代化，就需要厘清高校思想政治教育治理动力系统的构成及其结构。

一、高校思想政治教育治理的根本动力

毛泽东同志指出："任何运动形式，其内部都包含着本身特殊的矛盾。这种特殊的矛盾，就构成一事物区别于他事物的特殊的本质。"[①] 构成高校思想政治教育特殊本质的特殊矛盾、基本矛盾是我国社会发展所需要的思想品德、心理素质与大学生实际的思想品德、心理素质之间的差距。"思想政治教育的一切活动都是为了解决这个矛盾，以便使社会发展所需要的思想品德和心理素质转化为教育对象的素质。"[②] 这一矛盾贯穿高校思想政治教育

---

① 《毛泽东选集（第一卷）》，人民出版社 1991 年版，第 308-309 页。
② 陈秉公：《思想政治教育学原理》，辽宁人民出版社 2001 年版，第 130 页。

的各个环节和整个过程的始终，推动着高校思想政治教育的创新发展。"思想政治教育基本矛盾的展开过程，是思想政治教育动力呈现的过程，也是思想政治教育本质属性的实现过程。"①"随着社会环境的变化，社会会提出新要求，教育对象的思想也会出现新情况，两者之间又会出现新的不平衡即新的矛盾，为解决新的矛盾，又开始一个新的教育过程，如此循环往复，推动着思想政治教育不断发展。"②新时代高校思想政治教育的基本矛盾是新时代社会发展提出的思想、政治、道德、文化、精神、心理等方面要求与大学生实际思想、政治、道德、文化、精神、心理素质之间的差距，或者说社会发展所需要、历史使命所规定的对时代新人的培育要求与大学生现有素质能力之间的矛盾。这一矛盾是高校思想政治教育治理发生、发展的内在根据，即合法性所在，解决这一矛盾、缩短二者之间的差距构成高校思想政治教育治理的根本动力。换言之，高校思想政治教育治理的目标不仅仅是为了推动思想政治教育的有效运行，更重要的是在其有效运行的基础上，不断提升人的基本素养，提高教育对象的思想政治素质、科学文化素质、身心健康素质，不断培养社会主义事业的合格建设者和可靠接班人。

二、高校思想政治教育治理的直接动力

高校思想政治教育治理作为国家治理的重要方面，内含于国家治理现代化的整体部署之中。习近平总书记在《关于〈中共中央关于坚持和完善中国特色社会主义制度、推进国家治理体系和治理能力现代化若干重大问题的决定〉的说明》中指出，坚持和完善中国特色社会主义制度、推进国家治理体系和治理能力现代化是"实现'两个一百年'奋斗目标的重大任务"，"是把新时代改革开放推向前进的根本要求"，"是应对风险挑战、赢得主动的有力保证"③。治理的出现和危机应对有直接关系，或者说，治理的出现与

---

①　唐晓燕：《思想政治教育动力辨析》，《思想政治教育研究》2015 年第 2 期。

②　陈万柏、张耀灿主编：《思想政治教育学原理（第三版）》，高等教育出版社 2015 年版，第 6 页。

③　《〈中共中央关于坚持和完善中国特色社会主义制度、推进国家治理体系和治理能力现代化若干重大问题的决定〉辅导读本》，人民出版社 2019 年版，第 49—53 页。

风险处理有密切关系。

现代社会是一个风险社会，主要表现为各种危险的涌现和各种不确定性的挑战。当前，我国面临对外维护国家主权、安全、发展利益，对内维护政治安全和社会稳定的双重压力，各种可以预见和难以预见的风险明显增多。[①] 我国正处于由大国向强国转变的重要节点，处于最终实现中华民族伟大复兴的关键时期。总体而言，我国国家安全形势十分稳定，但所面临的安全和发展环境日趋复杂化，需要增强风险防控意识和能力，破解新时代中国特色社会主义国家安全面临的难题，在国际上积极维护我国国家利益，增强中国在国际舞台上的话语权。为此，我们既要有防范风险的先手，也要有应对和化解风险挑战的高招；既要打好防范和抵御风险的有准备之战，也要打好化险为夷、转危为机的战略主动战。[②] 面对世界百年未有之大变局的挑战，我们要力争把风险化解在源头，做到五个"不让"：不让小风险演化为大风险；不让个别风险演化为综合风险；不让局部风险演化为区域性或系统性风险；不让经济风险演化为社会政治风险；不让国际风险演化为国内风险。要防范各种风险，战胜在政治、经济、文化、社会等领域和自然界出现的困难和挑战。所有这些都需要发挥思想政治教育的作用，充分调动人们的积极性、主动性与创造性，以不变应万变，在危机中育新机，在变局中开新局。

习近平总书记强调："一个政权的瓦解往往是从思想领域开始的，政治动荡、政权更迭可能在一夜之间发生，但思想演化是个长期过程，思想防线被攻破了其他防线就很难守住。"[③] 对此必须要有极清醒的风险意识。高校是意识形态斗争的前沿阵地、重要阵地，需要保证高校这个重要阵地的意识形态安全，否则会极大削弱我国社会主义现代化建设事业的根基，威胁到国家安全。习近平总书记在全国高校思想政治工作会议上强调："要坚持不懈促进高校和谐稳定，培育理性平和的健康心态，加强人文关怀和心

① 《十八大以来重要文献选编（上）》，中央文献出版社 2014 年版，第 506 页。
② 《习近平谈治国理政（第三卷）》，外文出版社 2020 年版，第 73 页。
③ 《十八大以来重要文献选编（上册）》，中央文献出版社 2014 年版，第 465 页。

理疏导,把高校建设成为安定团结的模范之地。"① 高校思想政治教育治理是维护高校稳定的重要手段, 高校稳定首先是思想稳定和政治上的安定团结, 因此, 思想政治教育不可或缺。思想政治教育治理活动的效能本身就是国家治理效能的组成部分, 其效能突出体现在保证党在意识形态领域的领导权和话语权, 维护我国意识形态安全, 保证高校稳定有序, 从而为维护社会大局的稳定、国家长治久安奠定基础。

综上所述, 巩固马克思主义在意识形态领域占主导地位这一根本制度, 化解意识形态领域的风险, 维护意识形态安全和政治安全、校园稳定和社会稳定, 是高校思想政治教育治理的直接动力。

三、高校思想政治教育治理的基本动力

近年来, 学界对激发思想政治教育内生动力日发重视, 但探索思想政治教育发展的内生动力, 不能把它独立于社会发展、党和国家各项工作之外, 而是要在马克思主义理论的指导下, 结合中国改革发展大势, 在中国特色社会主义建设过程中来加以理解, 使改革发展和社会进步的成果成为推动思想政治教育创新发展的持续力量, 使中国特色社会主义建设实践和理论成为开展思想政治教育创新发展的丰厚滋养和肥沃土壤。所以, 高校思想政治教育治理的基本动力包括外部动力和内生动力。

（一）外部动力

高校和思想政治教育都不是孤立自足的存在, 其存在和发展都受外在环境的深刻影响。高校思想政治教育发展不是一个自发的过程, 而是高校思想政治教育对社会发展新要求的积极回应。虽然高校是以教师和学生组成的学术共同体, 但高校的不断发展不仅仅是学术发展因时而新的结果, 也是社会发展因时而进的产物。今天, 我国进入统筹推进"五位一体"总体布局的发展阶段, 高校的职能由单一的人才培养扩展到科学研究、社会服务、文化传承等, 所以影响高校思想政治教育治理发展有六种基本的力量:

---

① 《习近平在全国高校思想政治工作会议上强调把思想政治工作贯穿教育教学全过程　开创我国高等教育事业发展新局面》, 《人民日报》2016 年 12 月 9 日。

政治建设、经济建设、社会建设、文化建设、生态文明建设，还有科技的发展。这六种影响力量构成高校思想政治教育治理发展的国内环境。它们对高校思想政治教育治理的影响、作用方式有两种，一是通过提出要求形成压力，二是通过提供动能、条件形成支持力。我们重点探讨当前高校思想政治教育治理的政治动力、经济动力、文化动力和技术动力。如果从生态学的视角来看高校思想政治教育治理的外部动力结构，可以发现不同的影响力量处于不同的生态位，政治动力发挥着定向作用，是核心动力；经济动力发挥着提供物质基础的作用，是根本动力；文化动力提供重要支撑，相较而言作用方式更持久和深远，是基础动力；技术动力提供创新思路和手段，相较于而言作用方式更为直接和显见，是重要动力。它们之间相互联系、相互影响，共同决定着高校思想政治教育治理的目标、内容、方式、手段等基本要素，影响着高校思想政治教育治理体系和治理能力的现代化水平。

1. 政治动力

高校思想政治教育治理的政治动力是指影响高校思想政治教育治理的政治力量，是党和国家意志的体现。

首先，推进国家治理现代化的大背景构成高校思想政治教育治理发展的最基本的政治动力。习近平总书记在中央全面深化改革领导小组第十二次会议上指出："要高度重视思想政治工作，改革推进到哪一步，思想政治工作就要跟进到哪一步。"[①] 今天，我国改革事业进入全面深化的新阶段，全面深化改革的目标是坚持和完善中国特色社会主义制度，推进国家治理体系和治理能力现代化。所以思想政治工作，包括高校思想政治教育必须服务于国家治理现代化这个总目标，必须引入治理新理念实现自身的守正创新。可以说，从国家治理现代化到高校思想政治教育治理的现代化，是治理理念从战略全局到党和政府工作的重要领域的贯彻落实。国家治理现代化给国家带来的变化将是全面的而非局部的，国家治理现代化的总体布局必然引起高校思想政治教育理念的更新、目标的提升、功能的拓展、内容

---

① 《习近平主持召开中央全面深化改革领导小组第十二次会议强调：把握改革大局自觉服从改革大局　共同把全面深化改革这篇大文章做好》，《人民日报》2012 年 5 月 6 日。

的调整、方法的优化。

其次，党对思想政治工作和青年工作的高度重视为高校思想政治教育治理发展提供了重要政治氛围。党的十八大以来，以习近平同志为核心的党中央高举中国特色社会主义伟大旗帜，坚定不移地推动全面深化改革，坚持把教育摆在优先发展的战略地位，提出了党管青年、青年首先发展的理念，为全社会关注关心支持高等教育事业的发展、高校思想政治教育的发展提供了强大的政治保障和有力支持，高等教育、高校思想政治教育进入了新的发展阶段。

最后，党推出的一系列思想政治工作方针政策为高校思想政治教育治理提出了要求，提供了政策支持。中共中央、国务院《关于加强和改进新形势下高校思想政治工作的意见》提出了"构建教书育人、科研育人、实践育人、管理育人、服务育人、文化育人、组织育人长效机制"的明确要求；党的十九届四中全会通过的《中共中央关于坚持和完善中国特色社会主义制度　推进国家治理体系和治理能力现代化若干重大问题的决定》明确提出坚持马克思主义在意识形态领域占主导地位是我国的根本制度，并且指出要加强和改进学校思想政治教育，建立全员全程全方位育人体制机制；教育部等八部门印发和实施《关于加快构建高校思想政治工作体系的意见》，对构建高校思想政治教育治理体系做出了明确的工作部署；中共中央、国务院印发《新时代加强和改进思想政治工作的意见》明确提出把思想政治工作作为治党治国的重要方式，强调要加强学校思想政治工作，加快构建学校思想政治工作体系，实施时代新人培育工程，完善青少年理想信念教育齐抓共管机制，培养德智体美劳全面发展的社会主义建设者和接班人。总之，学习、贯彻落实习近平新时代中国特色社会主义思想，特别是有关思想政治工作的重要思想，完成相关决定、意见的工作部署是当前高校思想政治教育治理研究和实践的政治任务。

2. 经济动力

高校思想政治教育治理的经济动力是指影响高校思想政治教育治理发展的经济力量。当前高校思想政治教育治理的经济动力主要体现在以下几个方面。

　　首先，我国经济实力的增强为高校思想政治教育治理提供了有力的支撑。一是我们有了更大的实力来支持高等教育的发展、高校思想政治教育治理的发展。根据历史唯物主义基本观点，社会物质生活条件决定着思想的现实性及其历史发展。思想政治教育作为一种精神实践、政治实践，也离不开具体的物质生活条件。二是我们有了更大的底气来做好高校思想政治教育工作。邓小平同志在20世纪80年代曾说道："我们一定要、也一定能拿今后的大量事实来证明,社会主义制度优于资本主义制度。"[①]新中国成立以来，尤其是改革开放以来，中国共产党带领全国各族人民取得的经济长期高速发展和社会长期保持稳定的两大历史性成就，为我们做好高校思想政治教育治理工作奠定了深厚基础。三是生产力的发展带来人们对更好教育的需求构成高校思想政治教育创新发展的重大动力。随着中国特色社会主义进入新时代，我国社会主要矛盾已经转化为人民日益增长的美好生活需要和不平衡不充分的发展之间的矛盾。"必须认识到，我国社会主要矛盾的变化是关系全局的历史性变化,对党和国家工作提出了许多新要求"[②]，包括对高校思想政治教育工作。人民美好生活需要指向更好的教育，所以建设世界一流高校不仅对国家在激烈国际竞争中保持不败具有战略意义，而且对人民生活品质提升、过上幸福生活有着重要意义。但我们要建设的是中国特色世界一流高校，其中立德树人是中国特色社会主义高校的基本原则，培养社会主义建设者和接班人是根本目标，思政课程是落实立德树人的关键课程，思想政治教育培养社会主义建设者和接班人的关键环节。新时代高校思想政治教育必须在已经取得的发展基础上，扬优势、补短板，通过引入治理思维和方法，走内涵式发展道路，大力提升育人质量和效益，从而更好地满足人民在政治、文化等方面日益增长的需要，更好地推动大学生的全面发展、社会全面进步。

　　其次，我国经济发展的阶段性跃升和增长方式的深刻调整推动高校思想政治教育在理念、内容、手段、载体等方面的创新发展。随着我国经济发展进入高质量发展阶段，高校思想政治教育治理的经济动力主要有经济

---

① 《邓小平文选（第二卷）》，人民出版社1994年版，第269页。
② 《习近平谈治国理政（第三卷）》，外文出版社2020年版，第9页。

增长方式的重大调整，供给侧结构性改革的深入推进，产业结构和经济结构的深刻调整，以企业为主体的各类市场力量对高等教育的持续影响等，集中体现为对人才素质的更高要求，对高校思想政治教育的发展方式、适应能力产生了不容小觑的冲击。之前与我国经济高速增长相适应的是我国高校的外延式发展，今天随着我国增长发展转向高质量发展，我国高校也转入高质量发展，思想政治教育也从外延式发展转向内涵式发展。不管是高等教育内涵式发展，还是思想政治教育内涵式发展都必然是适应经济社会发展要求的发展，即在外部性上是增强高校促进经济发展的关系的发展，为此我们必须"坚持系统观念，把思想政治工作与经济建设和其他各项工作结合起来，为党和国家中心工作提供有力政治和思想保障"①。

最后，市场经济纵深发展过程中出现的负面影响对高校思想政治教育治理带来新挑战，同时让它的职责更加突出。随着市场经济的发展，出现了这样的发展趋势："市场向知识扩张，科学（而不仅仅是技术）越来越可以买卖。"② 于是我们面临这样一个问题："现在的问题是，在科学中市场动机目前压过了非市场动机"，但对整个人类社会发展来讲，"真正的问题在于把知识作为一种公共的善而主要不是作为可资交易的商品来生产。"③高校思想政治教育在把知识作为一种公共的善来"生产"方面，肩负着不可推卸的责任。比如市场经济带来的商品交换原则对大学生价值观的负面影响，需要思想政治教育坚持理想信念教育、社会主义核心价值观教育、法治教育等，中国共产党一直坚持物质文明和精神文明两手都要抓、两手都要硬的原则，思想政治教育作为我国精神文明建设的重要力量，只能加强和改进，不能削弱和停滞，要为把大学生培养成一个"总体"的人，而非片面发展的人做出应有的贡献。

---

① 《中共中央国务院印发〈关于新时代加强和改进思想政治工作的意见〉》，《人民日报》2021 年 7 月 13 日。
② ［法］阿里·卡赞西吉尔：《治理和科学：治理社会与生产知识的市场式模式》，黄纪苏编译，俞可平主编：《治理与善治》，社会科学文献出版社 2000 年版，第 138 页。
③ ［法］阿里·卡赞西吉尔：《治理和科学：治理社会与生产知识的市场式模式》，黄纪苏编译，俞可平主编：《治理与善治》，社会科学文献出版社 2000 年版，第 140 页。

3．文化动力

高校思想政治教育治理的文化动力是指影响高校思想政治教育治理发展的文化力量。文化动力对高校思想政治教育治理的影响是深刻、隐性、持久的。重视文化力量对高校思想政治教育治理的支撑作用，积极探索高校思想政治教育创新发展的文化向度，是出于思想政治教育与文化是双向建构的关系，积极建构高校思想政治教育治理的文化动力可以让二者对彼此的重要意义互现。

首先，高校承担着文化传承的重要职责，所以探索思想政治教育治理的文化动力是应有之举。当前高校的职能由单一的人才培养扩展到科学研究、社会服务、文化传承等。中华民族几千年来形成的博大精深的优秀传统文化，我们党带领人民在百年奋斗历程中锻造的革命文化和社会主义先进文化，为高校思想政治教育治理提供了深厚力量，也是高校思想政治教育必须面向大学生讲好的中国文化故事，培育当代大学生的文化自信是高校思想政治教育的重要职责。

其次，文化是高校开展隐性思想政治教育、日常思想政治教育的重要载体，所以建构高校思想政治教育治理的文化动力是必要之举。思想政治教育是做人的工作的，而人是一种文化动物、符号动物，所以要做好人的工作，就需要尊重人的文化特性，满足人的精神文化发展需求。思想政治教育本身是人的一种重要的精神活动、精神交往，是人类重要的文化活动，应遵循文化发展规律，"思想政治工作本身即是人类在劳动实践过程中创造的一种文化现象，这就要求思想政治工作要注重以文化人以文育人，增强思想政治工作的文化力量，要重视教育对象的思想情怀的培养，注重对人的思想的引导和塑造，体现思想政治教育的人文性"[1]。青年大学生与文化天然具有亲密关系，在现代科技的加持下，青年的文化反哺能力愈加突出，人类社会的后喻文化特征愈加凸显。所以，发挥文化的力量、运用文化的方式，不断增强文化蕴涵，是新形势下提升思想政治教育质量的现实要求。[2]

---

[1] 冯刚：《在遵循规律中提升思想政治工作质量》，《思想教育研究》2017 年第 4 期。

[2] 王振：《增强新时代思想政治教育文化蕴涵的理论思考》，《思想政治教育研究》2019 年第 2 期。

4. 技术动力

高校思想政治教育治理的技术动力是指影响高校思想政治教育治理发展的科技力量。随着新科技革命浪潮的不断发展，人类社会正在大踏步地走入全新的信息时代，发展迅猛的大众传媒尤其是新媒体一方面为新时期的高校思想政治教育工作带来了难得的机遇，同时也让高校思想政治教育面临形势严峻的挑战。[①] 今天，世界正在进入以信息产业为主导的经济发展时期，应信息技术的发展，推动教育变革和创新是人类共同面临的重大课题。高校思想政治教育工作要把握数字化、智能化融合发展的契机，以信息化、智能化为杠杆培育自身创新发展的新动能，构建起网络化、数字化、个性化的高校思想政治教育体系。总体而言，当代科技力量对高校思想政治教育治理的影响集中在挑战和机遇两大方面。

一方面，从挑战来看，互联网是当前影响高校思想政治教育治理的重要外部驱动力。首先，现代技术深刻改变着教育对象思想状况和认知特点。近年来，移动互联网、云计算、大数据、人工智能等现代技术深刻改变着人们的生产、生活、学习、工作方式，也改变着人们的思维方式、交往方式，重塑着当代青年的接受习惯和行为模式，必然也改变着高校思想政治教育的内容、载体、方式方法等。高校思想政治教育必须敏锐识变、积极应变、主动求变，实现从"+互联网"到"互联网+"的深度创新发展。其次，互联网空间的不良信息对青年大学生产生消极影响，使得社会要求的思想品德与大学生实际的思想品德之间产生了不平衡，造成高校思想政治教育矛盾双方的失衡，从而引起新的教育过程，形成了提高高校思想政治教育治理效能的强大推动力。

另一方面，从机遇来看，新媒体等现代技术能有效增强高校思想政治教育的时代感和吸引力。习近平总书记在全国高校思想政治工作会议上提出："要运用新媒体新技术使工作活起来，推动思想政治工作传统优势同信息技术高度融合，增强时代感和吸引力。"[②] 我们要充分发挥科学技术的先导性和支柱性作用，要推进互联网、大数据、人工智能同高等思想政治教育

---

① 王学俭、刘强：《新媒体与高校思想政治教育》，人民出版社 2012 年版，第 8 页。

② 《习近平谈治国理政（第二卷）》，外文出版社 2017 年版，第 378 页。

的深度融合，做大做强数字校园。即以技术"鼎新"带动教育"革故"，将互联网这个最大变量变成高校思想政治教育治理的最大增量并带动以往工作的存量。而且，充分利用互联网技术，打造网络思想政治教育的各种平台、开发网络思想政治教育的各类应用，能够有效扩大网络思想政治教育的阵地，促成各类思想政治教育资源的整合使用，从而扩大思想政治教育内容传播的覆盖面，提高教育者与受教育者的互动时效和实效，从而提升思想政治教育对人思想行为的影响力、感染力。

（二）内生动力

内生动力是一个组织要维持生存、实现发展在内部产生的自发动力，来源于组织存在和保持合法性的需要以及组织成员生存发展的需要。高校思想政治教育治理是为了高质量发展，高质量发展是能够有效适应社会发展，满足社会和个体发展需求的动态过程。所以，内生动力更多是从需要的角度来分析的。另外，我们可以把高校思想政治教育"视为现时代的一个相对独立自足的社会空间、一种专业化的社会实践形态和自足性的社会职业"①。那么，高校思想政治教育作为一种社会空间，有自己的结构动力或者说张力；作为一种专业化的实践，本学科的创新发展是重要推动力和支撑力；作为一种自足性的社会职业，从业者的职业荣誉感和归属感、责任感和使命感、获得感和成就感、进取精神和奋斗意愿是内生动力。

1. 高等教育内涵式发展的需要

处在最终实现民族复兴伟大中国梦的关键阶段，面对日益激烈的国际竞争，在挑战逼人、形势逼人、使命逼人的情况下，我们"对高等教育的需要比以往任何时候都更加迫切，对科学知识和卓越人才的渴求比以往任何时候都更加强烈；源源不断的人才资源是我国在激烈的国际竞争中的重要潜在力量和后发优势"②。为将我国建设成为教育强国、人才强国，我们必须实现高等教育内涵式发展，办好中国的世界一流大学。习近平总书记强调指出："办好中国的世界一流大学，必须有中国特色。没有特色，跟在他

---

① 蔡如军、金林南：《试论现代社会的思想政治教育治理》，《思想教育研究》2018年第1期。
② 《习近平谈治国理政（第二卷）》，外文出版社2017年版，第376页。

人后面亦步亦趋,依样画葫芦,是不可能办成功的。"①中国大学的特色之一就是坚持立德树人的根本原则,将思想政治工作作为治校的重要方式,将思想政治工作体系贯穿学科体系、队伍体系的建设中,将思想政治理论课作为立德树人的关键课程。"我们办中国特色社会主义教育,就是要理直气壮开好思政课。"②可见,高校思想政治教育内涵式发展、高质量发展是高等教育内涵式发展的重要环节,高校思想政治教育治理则是高校思想政治教育内涵式发展、高质量发展的题中应有之举。新时代我国高等教育事业的发展需要为高校思想政治教育治理发展提供了强大的内生动力。

2. **思想政治教育守正创新的需要**

作为一种能够自我运行、自我调节的系统,思想政治教育机制必然存在一种能够推动这种自我运动稳定向前发展的动力。③可见,思想政治教育自身发展逻辑、发展需要也是重要的内生动力。自1984年思想政治教育学科成立,经过30多年的发展,有必要对思想政治教育治理体系和治理能力进行系统总结和梳理,站在全面深化改革的新起点上,落实《中共中央关于坚持和完善中国特色社会主义制度　推进国家治理体系和治理能力现代化若干重大问题的决定》提出的"坚持改革创新"的要求,举改革旗、打创新牌,明确前进方向,通过改革创新的集成联动保持思想政治教育治理体系、治理能力的稳定性和延续性的同时不断增强发展性和创新性,推动思想政治教育治理体系更加成熟更加定型。概言之,把治理引入高校思想政治教育的理论创新和实践创新,既是思想政治教育服务国家治理,发挥思想政治教育作为治党治国重要方式的必然要求,也是思想政治教育运用治理理念、方式和思维,提高自身现代化水平的迫切需要。

3. **教育者和受教育者发展的需要**

思想政治教育是做人的工作的。以人民为中心是思想政治教育的价值指向,也是思想政治教育发展的不竭动力。因而,必须面向人民,把人民群众作为思想政治教育高质量发展的认识主体、实践主体和价值主体。④对

---

① 《习近平谈治国理政(第二卷)》,外文出版社2017年版,第376页。

② 《习近平谈治国理政(第三卷)》,外文出版社2020年版,第329页。

③ 邱伟光、张耀灿主编:《思想政治教育学原理》,高等教育出版社2002年版,第207-208页。

④ 沈壮海、刘灿:《论新时代思想政治教育的高质量发展》,《思想理论教育》2021年第3期。

于高校思想政治教育治理来说，教师、学生是高校思想政治教育高质量发展的认识主体、实践主体和价值主体，是高校思想政治教育发展的不竭动力。

首先，思政课教师的发展需要和进取精神是重要动力。从彼得组织理论来看，在社会组织中的个人，角色始终是双重的：作为组织中的人，要服从和服务于组织目的，作为具有独立性的个体人，要实现个人的人生价值。所以，他们的内在驱动也是双重的：既有组织权力和利益激励起来的欲求，又有个体人源自自身价值追求的意愿。对高校教师而言，既有生存需要也有自我发展的需要，有着自己追求的学术旨趣，职业的荣誉感、工作的意义感和成就感是激励他们投入工作的重要驱动力。习近平总书记强调："办好思想政治理论课关键在教师，关键在发挥教师的积极性、主动性、创造性。"[1] 同理，高校思想政治教育治理的发展关键在发挥教师的积极性、主动性、创造性。如果说外部力量为高校思想政治教育治理提供了基础和条件，那么还需要有主体的能动，需要教师的乐为、敢为、有为。所以，一方面，高校思想政治教育治理对高校思政队伍专业化建设提出更高要求，对高校思政教师的专业化能力提出更高要求，需要教师对新要求主动适应；另一方面，"高校思政队伍专业化建设必须重视队伍成员作为生动丰富的主体自身的现代化需求，秉持以人为本的价值理念"[2]。

其次，其他教师的发展需要和进取精神是推动课程思政发展的基本动力。要挖掘其他课程和教学方式中蕴含的思想政治教育资源，实现全员全程全方位育人，还需要尊重和激发其他专任教师的积极性。在全员全程全方位育人的格局中，课程育人是核心环节，包括思政课程和课程思政，专业课要与思政课同向同行，"其他各门课都要守好一段渠、种好责任田，使各类课程与思想政治理论课同向同行，形成协同效应"[3]。在全员全程全方位育人理念下，思想政治理论课教师、党团干部、辅导员、班主任是专门的力量，其他各门专业课教师、各级干部也是重要的力量。唤起其他专任课教师育人的自觉性和责任意识，就需要满足他们的发展需要。

---

① 《习近平谈治国理政（第三卷）》，外文出版社 2020 年版，第 330 页。

② 冯刚：《治理视域下高校思政队伍专业化建设的理论与实践》，《学校党建与思想教育》2012 年第 5 期。

③ 《习近平谈治国理政（第二卷）》，外文出版社 2017 年版，第 378 页。

最后，学生的成才需要和主动精神是重要的内生动力。习近平总书记强调，要"提升思想政治教育亲和力和针对性，满足学生成长发展需求和期待"①。纵观新中国成立 70 年以来高校思想政治教育发展的过程就会发现，在不断解决社会发展的需要和学生个体发展需要之间的矛盾的过程中，高校思想政治教育得到了长足发展。学生不仅有获得专业知识技能和学位以便在社会立足的需求，也有获得整全生命状态的发展需求。马克思主义强调人的需要具有层次性、丰富性和全面性。层次性指的是需要可以分为生存需要、发展需要和享受需要。丰富性指的是人的需要包括自然需要或生理需要、经济需要、社会需要、精神或文化需要。全面性指的是这些需要缺一不可，构成完整的人的本质。在治理视域下，思想政治教育工作强调通过培育现代公民素质、开发人的主体潜力，满足人的多元需要，丰富人的生命内涵。

总之，只有尊重和满足教师和学生自身的发展需要，才能够有效激发他们的内生动力，最大程度调动他们的积极性、主动性和创造性，高校思想政治教育治理才能实现教师主导作用和学生主体作用相统一。

第三节　高校思想政治教育治理动力的建构

马克思指出："光是思想力求成为现实是不够的，现实本身应当力求趋向思想。"②厘清了高校思想政治教育治理动力系统的构成后，要运用好改革创新这一关键之招，建构符合立德树人育人目标的动力系统。

一、高校思想政治教育治理动力的建构方向

党的十八大以来，在党中央的高度重视和大力支持下，各高校在加强改进思政课、积极建设校园文化、创新发展日常思想政治教育等方面进行了深入探索，解决了一些一直想解决但没能解决的难题，取得了新成就，

---

① 《习近平谈治国理政（第二卷）》，外文出版社 2017 年版，第 378 页。
② 《马克思恩格斯文集（第一卷）》，人民出版社 2009 年版，第 13 页。

获得了明显进展，但不可否认的是，依然存在一些有待解决的突出问题，既有高校思想政治教育治理动力系统长期存在的固有的深层次问题，也有高校思想政治教育治理发展中出现的新问题。概而言之，第一，思想政治教育资源分散、重复、低效的问题还没有从根本上得到解决；第二，外部支持力未完全转化为内生动力，需要高校思想政治教育治理体系，特别是落实机制的进一步完善和各主体治理能力，尤其是制度执行力的进一步提升；第三，内生动力还未完全释放，因利益而生的内驱力高于源于责任的内驱力，思政课教师进行原创性理论研究的创造性、其他任课教师参与育人的积极性、大学生进行自我教育的主动性还没有充分激发出来；第四，内外合力还未完全形成，包括学校、家庭、社会协同推动思政课建设的合力没有完全形成；思政课教师与党团干部、班主任、辅导员、负责学生工作的教师等沟通不够。换言之，理论育人与实践育人结合不多，显性教育与隐性教育、思政课教育与日常思想政治教育融合不够；思想政治教育与其他哲学社会科学的交叉研究和研究转化应用力度不够，即相关学术研究、学科建设、课程建设、实践活动设计开展相互疏离，未能深度融合、相互支持。这些问题背后实际上是高校教师协同发力不足，影响思想政治教育整体治理效能的提升，等等。

"惟创新者进，惟创新者强，惟创新者胜。"[①] 改革创新是动力，也是激活动力的手段。无论是世界百年未有之大变局带来的大机遇和大挑战，还是中华民族伟大复兴战略全局提出的新使命和新战略，都对高校思想政治教育治理动力的整体适应性和运行有效性提出了更高的要求。所以这次动力系统的优化不能是零打碎敲、打补丁式的改革，而应坚持全面发力、多点突破、纵深推进，增强改革的系统性、整体性和协同性，要确立高校思想政治教育治理动力改革的主体架构，在重要方面和关键环节改革取得实质性突破。针对以上主要问题，对照坚持立德树人、培育时代新人的育人目标，新时代高校思想政治教育治理动力系统的优化方向应该包括如下几个方面。

---

① 习近平:《在欧美同学会成立 100 周年庆祝大会上的讲话》,《人民日报》2013 年 10 月 22 日。

首先，是自外向内和内外融合的改革。是次治理动力的建构和优化，首先要着力提高外部动力转化为内部动力的效率，使得内外动力同向发力、相互促进，将外部的支持力高效地转化为思想政治教育治理的"生产力"。治理理念关联系统观，高校是一个重要的子系统，这个系统的运转高效与外部系统密切相关。

其次，是更多地激发内生动力，提高内力有效应对外力干扰的改革。正如著名哲学家黑格尔所言："我们简直可以断然声称，假如没有热情，世界上一切伟大的事业都不会成功。"[①]以往的高等教育改革一直是外部驱动主导型、外部压力驱动改革，思想政治教育自身治理过程就是思想政治教育开展系统内部治理的过程[②]，治理视域下动力系统的改革优化不是被动跟随型，而是主动适应型。

最后，是大力推动合力形成协同联动的改革。高校思想政治教育治理是一项党的领导下多元力量参与的系统工程，其中党团干部、思政课专任教师、辅导员、班主任等队伍力量是重要力量，发挥着不可或缺的作用。治理视域下还要整合各方力量协同共进，追求把分散的力量变为协同的力量，赋予动力以结构的、系统的品质。"高校思想政治教育将由原来的内循环转变为大循环，由原来思政系统内的单兵作战变为集团作战、联合作战，迎来'大思政'工作格局。"[③]因此，高校思想政治教育治理动力系统的建构和优化是局部改革转向全面改革，不仅要改变各种力量相互隔阂的状态，增强同一队伍内部的协同、校内不同力量之间的协同、校内外力量的协同、家校社的协同，也要改变各项工作的"拼图"状态，增强工作之间的无缝衔接。其中，积极推进大中小学一体化的协同，"要把统筹推进大中小学思政课一体化建设作为一项重要工程"；积极推进思政课程与课程思政的协同，"解决好各类课程和思政课相互配合的问题"，"其他各门都要守好一段渠、种好责任田，使各类课程与思想政治理论课同向同行，形成协同效应"[④]；积极

---

① 黑格尔：《历史哲学》，王造时译，商务印书馆1963年版，第62页。

② 冯刚、高山等：《新时代高校思想政治教育治理论》，中国社会科学出版社2021年版，第106页。

③ 冯刚主编：《改革开放以来高校思想政治教育发展史》，人民出版社2018年版，第26页。

④ 《习近平谈治国理政（第三卷）》，外文出版社2020年版，第331-332页。

天津学术研究与学科建设的协同，"形成学科支撑科研、科研指导实践、实践推动政策、政策反哺学科的良性循环"①。

综上所述，在高校思想政治教育治理动力的具体建构中，要坚持主体思维、整体思维、系统思维、协同思维，加强对各项动力激发改革关联性的研判，把各方面动力机制的改革有机结合起来。

二、高校思想政治教育治理动力的建构路径

创新发展不是推倒重来，而是抓住重点，持续发力，久久为功，形成突破。2022年"五四"青年节前夕，习近平总书记考察中国人民大学时强调指出："思想政治理论课能否在立德树人中发挥应有作用，关键看重视不重视、适应不适应、做得好不好。"② 这段讲话启示我们，高校思想政治教育治理动力的优化路径有三个重点，通过坚持党的全面领导，解决重视不重视的问题；通过完善体制机制，解决适应不适应的问题；通过加强治理能力建设，解决做得好不好的问题。

（一）坚持和加强党的全面领导，各方力量共同发力的主体结构

治理强调多元主体的共同参与，共建共治共享，激发"利益""责任"相关方的动力，形成共同发力的动力系统。中国高校思想政治教育治理的动力系统应是坚持完善以党的领导为核心，协调各方力量共同参与的治理主体结构，形成在党领导下的，高校为主、政府指导、社会支持、内外联动、各方协同的主体格局。

首先，坚持党对高校思想政治教育治理的全面领导，坚持党在高校思想政治教育治理政策设计中的领导核心地位。办好中国的事情，关键在党。"历史经验告诉我们，坚持和加强党的全面领导，高校思想政治教育就会得到加强和改进；如果忽视或削弱党的全面领导，高校思想政治教育就会遭

---

① 沈壮海、刘灿：《论新时代思想政治教育的高质量发展》，《思想理论教育》2021年第3期。
② 《习近平在中国人民大学考察时强调　坚持党的领导传承红色基因扎根中国大地　走出一条建设中国特色世界一流大学新路》，《人民日报》2022年4月26日。

受挫折甚至失败。"[1] "相比过去,新时代改革开放具有许多新的内涵和特点,其中很重要的一点就是制度建设和分量更重,改革更多面对的是深层次体制机制问题,对改革顶层设计的要求更高,对改革的系统性、整体性、协同性要求更强,相应地建章立制、构建体系的任务更重。"[2] 中国共产党是中国特色社会主义事业的领导核心,处于总揽全局、协调各方的关键地位。所以高校思想政治教育治理动力系统的优化、动力机制的完善首先要坚持党的领导。第一,各级党委要把高校思想政治教育治理建设摆上重要议程,抓住制约高校思想政治教育治理建设的突出问题,在工作格局、队伍建设、支持保障等方面采取有效措施。第二,要建立党委统一领导、党政齐抓共管、有关部门各负其责、全社会协同配合的工作格局,推动形成全党全社会努力办好思政课、教师认真讲好思政课、学生积极学好思政课的良好氛围。第三,学校党委要坚持把从严管理和科学治理结合起来。树立起抓好思想政治教育是本职、不抓是失职、抓不好是不称职的认识,充分了解本校思想政治教育工作的薄弱环节,制订提升质量的目标计划。学校党委书记、校长要带头走进课堂,带头推动思政课建设,带头联系思政课教师。

其次,激发高校、政府相关部门、社会相关组织、家庭等多方主体力量参与高校思想政治教育治理的积极性和主动性,形成各尽其能、合力育人的良好局面。改革既需要全面推进,也需要重点突破,目前需要在以下两方面下更大功夫。一方面,构建以提升高校思政工作队伍质量为核心的动力系统。作为高校思想政治教育工作中的主要力量,高校思政工作队伍的质量决定了思想政治工作是否能够持续稳定地发展,而队伍中成员的能力与专业素养影响着思想政治教育的开展及效果。构建以提升高校思政工作队伍质量为核心的动力系统,既要积极满足队伍成员专业素质与能力提升的需要,也要着力解决其实际问题,协调其全面发展的丰富需求,培养始终能与高校思想政治教育实践工作及思政学科发展同频共振的专业化人才,形成推进高校思想政治教育治理现代化不断发展的稳定动力系统。另

---

① 冯刚、金国峰:《新中国成立70年来高校思想政治教育的发展动力、经验和展望》,《思想教育研究》2019年第10期。

② 《习近平谈治国理政(第三卷)》,外文出版社2020年版,第112页。

一方面，构建以提高大学生接受效度为主体的动力系统。新时代高校思想政治教育治理体系，更加聚焦培养时代新人，更加注重以学生为中心的价值理念，坚持一切为了学生，一切依靠学生，发挥学生的主动性与积极性。肯定学生的主体地位，相信学生能够进行自我创造与自我发展，承认并尊重学生的主体地位和独立人格，并通过科学规范、合理明晰的治理规章，有效激发大学生自我教育、自我管理、自我服务的动力，为高校思想政治教育赢得广泛持久的自觉力量。

总之，要解决当前存在的治理主体分散化、治理结构碎片化、治理机制单一化、治理能力低效化问题，把党宏观顶层设计、高校中观具体落实、教育者和受教育者微观试点探路，全局推进和重点突破相结合。

（二）通过体制机制改革激发内生动力

习近平总书记强调指出："相比过去，新时代改革开放具有许多新的内涵和特点，其中很重要的一点就是制度建设和分量更重，改革更多面对的是深层次体制机制问题，对改革顶层设计的要求更高，对改革的系统性、整体性、协同性要求更强，相应地建章立制、构建体系的任务更重。"① 推动高校思想政治教育治理现代化包括治理体系的现代化和治理能力的现代化，放在第一位的是构建起资源集约、结构合理、运转高效的治理体系。质言之，"通过体制机制改革激发高校内生动力和活力。"②

首先，在完善教育现代化投入支撑体制的同时完善落实机制，建构将有力的外部支持力转化为合理的主体压力再转化为强大的内在动力的动力链条。建设科学的责任制和评价体系是其中关键的环节，因为责任性是确保公共政策与实际实施之间的一致，和对公共资源的有效配置与使用的关键。高校这个公共空间里的责任不仅包括党政部门的管理责任，还有高校作为一个组织应该承担的社会责任和作为学术共同体成员的教师应该承担的学术责任。要充分发挥责任机制对人的约束力和推动力就需要明确不同主体的责任边界。既用党规党纪、教育法、大学章程等成文制度，又要用

---

① 《习近平谈治国理政（第三卷）》，外文出版社 2020 年版，第 112 页。
② 《习近平主持召开中央全面深化改革领导小组第十五次会议强调：增强改革定力保持改革韧劲 扎扎实实把改革举措落到实处》，《人民日报》2015 年 8 月 19 日。

校园文化、价值观等不成文的软约束，处理好政府与高校、高校与社会、教师与学生等方面的利益关系，找到利益最大公约数，把评估考核过程变成动力再生和指导工作的过程。为此，要加强质量评价体系的建设和运行，质量评价是实践工作的标尺和指引，治理过程的动态性、发展性和长期性，要求以科学有效的质量评价，来检验治理成效，总结反思治理过程，进而推进高校思想政治教育治理的可持续发展。

其次，建构有利于创新的制度环境，激发主体的主动性。创新是第一动力，创新靠人来做。个体积极创新除了个体自身的自我要求外，也需要创新环境的熏陶。要形成良好的创新环境，就需要在机制建设和完善上下功夫，主要包括有利于受教育者成长成才的培养机制、有利于各类思想政治教育主体人尽其才的使用机制、有利于各类思想政治教育者各显其能的激励机制、有利于各类思想政治教育人才脱颖而出的竞争机制等，使高校成员在变动不居的环境里保持相对较强的创新和学习能力。

最后，建构利益驱动和责任约束相平衡的体制机制。以往动力系统中，强调责任多于尊重利益。马克思早就指出："'思想'一旦离开'利益'，就一定会使自己出丑。"[1] 习近平总书记指出："思想政治工作从根本上说是做人的工作，必须围绕学生、关照学生、服务学生，不断提高学生思想水平、政治觉悟、道德品质、文化素养，让学生成为德才兼备、全面发展的人才。"[2] 思想政治教育一旦脱离教育对象的生活实际及现实需求，将会影响工作的吸引力、感染力，削弱对教育对象思想和行为的影响力和塑造力。所以，正视、重视、理解学生成长发展需求，是激发思想政治教育内生动力的重要内容。是否重视、能否回应、有无关切这些合理诉求，直接关乎思想政治教育的有效开展和实际效果。一方面，思想政治教育必须正视受教育对象的成长发展需求，离开了这一需求，无疑就是刻舟求剑、缘木求鱼，使思想政治教育脱离现实基础，损害自身生命力。另一方面，强调尊重教师、学生的个人发展诉求，要坚持马克思主义人的社会性原则，换言之，仅仅从接受主体的需要角度来重塑动力系统是不够的、片面的，只有将个人、

---

① 《马克思恩格斯文集（第一卷）》，人民出版社 2009 年版，第 286 页。
② 《习近平谈治国理政（第三卷）》，外文出版社 2017 年版，第 377 页。

社会、国家发展需求相结合，才是对学生成长发展需求的科学理解，是学生确立成长发展需求的正确方向，也是思想政治教育应该重视、回应和关切的学生现实发展需求。

（三）通过治理能力建设推动潜在动力变为现实动力

需要是观念上的内在动力因素，实践才是行动的起点，是现实的动力因素，治理能力建设是激发动力从潜力转化为现实力的关键。通过加强机制建设，满足不同主体的发展需要激发各主体的积极性，让各主体想为、敢为外，还需要通过能力建设，提高不同主体的治理能力和创造性，让各主体有为，从而让潜在的动力变为现实的动力，为高校发展注入活力。既要在人的潜力如何最大限度地调动起来上下功夫，也要在人的潜力如何加以实现上加大力度。

首先，加大交叉研究力度，在跨学科视野中推动高校思想政治教育治理理论研究的创新。实践创新需要理论创新的指导，需要在现有研究基础上，继续深入研究思想政治教育治理这一重要前沿课题，为高校思想政治教育治理动力的优化提供理论指导。20 世纪 80 年代治理理念被引入高等教育领域的改革中。以英国为代表的几乎所有欧洲国家都进行了"治理"理念引导下的高等教育系统变革和创新，促进了大学管理模式的转变，例如，引入市场机制、统一全国课程、建立外部质量保证体制等。我们在合理借鉴西方高等教育改革的有益经验的同时，必须坚持扎根中国大地办教育的基本原则，加强把治理理念引入高等教育、高校思想政治教育领域的原创性研究。

其次，通过精神牵引和情感感召，让多元主体在高校思想政治教育治理这一公共空间共同在场。治理的本质是一种由共同目标支持、驱动的行为，质量保障导向。治理是通过治理主体相互信任和通力合作实现善治，事关利益分配、责任共担、结果共享，治理的本质是一种由共同目标支持、驱动的行为。所以让这些主体积极参与、有序在场，即让主体格局更加有序是重要条件。让当前"拼图"状态的主体各安其位，形成合理的主体格局，并让各自的功能在合理格局中形成"地图"，指引青年大学生坚定走中国特色社会主义道路，培育青年大学生成为时代新人，实现伟大中国梦，这就需要调动教育者和受教育者作为治理主体的参与意识、主动意识、责任意识。如果没有参与意识，则治理能力是局部的而不是系统的。如果参与意识只是出于自发状态，则治理能力是零散的而不是整体的。只有各主体以高度自觉意识参与"三全"育人，才能让思想政治教育治理的体系是完整的，功效是整体的。为了达成这一动力优化目标，除了利益驱动外，精神牵引和情感感召必不可少。在一定的条件下，精神需要比物质需要对人的行为具有更大的动因作用。马克思曾指出，由于社会物质财富的增长，工人有可能"参与更高一些的享受，以及参与精神享受——为自身利益进行宣传鼓动，订阅报纸，听讲演，教育子女，发展爱好，等等"[1]。可见，精神牵引作用不容忽视。"思想政治工作是做人的工作，因此必须尊重人、关心人、爱护人，最大限度地调动人的积极性。"[2] 情感是人行为的重要动能，"对于人的行为活动具有增力或减力的效能"[3]。社会纽带理论提出，联结社会共同体的链条包括依恋、担当、参与和信念。情感认同和归属为高校各方面的建设提供了重要的动力源泉。

最后，构建互动机制和平台，在强互动中让教师和学生的创造性充分涌现。英国学者格里·斯托克认为："治理的概念是，它所要创造的结构或秩序不能由外部强加；它之发挥作用，是要依靠多种进行统治的以及互相发生影响的行为者的互动。"[4] 这就是说，只有把各种动力激发并聚合起来才能把发展的潜力变为现实的活力。通过机制建设、平台搭建让教师和学生实现共建共治共享。富有生命力的高校思想政治教育治理，必然是主体广泛激活、力量有效联结、要素深度融合的发展过程，要让高校各主体不仅"动起来"，而且"联起来"，从而让工作"实起来"。

高校思想政治教育工作长期以来形成的一系列规律性认识和成功经验，

---

① 《马克思恩格斯全集（第四十六卷上）》，人民出版社 1979 年版，第 246 页。
② 袁贵仁：《价值观的理论与实践——价值观若干问题的思考》，北京师范大学出版社 2006 年版，第 364 页。
③ 卢家楣：《心理学与教育：理论与实践》，上海教育出版社 2016 年版，第 243 页。
④ ［英］格里·斯托克：《作为理论的治理：五个论点》，《国际社会科学杂志（中文版）》1999 年第 2 期。

为高校思想政治教育治理提供了重要基础，有了这些基础和条件，再加上教育者和受教育者的有为，我们完全有信心有能力实现高校思想政治教育治理目标。

第七章

高校思想政治教育治理体系建设

高校思想政治教育治理体系是由高校思想政治教育各要素、各环节、各层次组成的有机系统。在中国共产党实现了第一个百年奋斗目标，向着全面建成社会主义现代化强国的第二个百年奋斗目标迈进的关键时期，对培养德智体美劳全面发展的社会主义建设者和接班人，培养担当民族复兴大任的时代新人，开创新时代高校思想政治教育新局面的需求更加强烈。面对这些机遇和挑战，需要积极推进高校思想政治教育治理的持续创新发展，对高校思想政治教育面对这些机遇和挑战具有重要意义。这就需要建设高校思想政治教育治理体系，全面提升高校思想政治教育治理效能。

第一节　高校思想政治教育治理体系的构成要素

有效的治理一般涉及谁来治理、治理什么、如何治理、治理得如何四个基本问题，也就是要回答好治理主体、治理对象、治理工具、治理效果等问题。① 从这个逻辑出发，高校思想政治教育治理体系应当包含队伍体系、教学体系、实践体系、保障体系，每个体系都由相应的制度及内部运行机制组成。

---

①　冯刚、成黎明：《治理视域下思想政治工作体系构建的逻辑与路径》，《思想理论教育》2020 年第 8 期。

一、高校思想政治教育教学治理体系

高校思想政治教育教学治理决定了思政课怎么教、课程思政如何开展、学科建设如何推进，是整体上谋划有关高校思想政治教育课堂教学"模块"的顶层设计和实践路径，利用系统思维解决长期困扰教学问题的关键。高校思想政治教育教学体系包括思想政治理论课、课程思政以及思想政治教育学科建设的制度及运作机制。

加强党对高校思想政治理论课的领导制度。习近平总书记指出："各级党委要把思想政治理论课建设摆上重要议程，抓住制约思政课建设的突出问题，在工作格局、队伍建设、支持保障等方面采取有效措施"，"要建立党委统一领导、党政齐抓共管、有关部门各负其责、全社会协同配合的工作格局，推动形成全党全社会努力办好思政课、教师认真讲好思政课、学生积极学好思政课的良好氛围"。[①]2019 年，中央办公厅、国务院办公厅印发《关于深化新时代学校思想政治理论课改革创新的若干意见》，明确提出要加强党对思政课建设的领导，推动建立高校党委书记、校长带头抓思政课机制，建立健全高校党委书记、校长及职能部门力量深入一线了解学生思想动态、服务学生发展的制度性安排。

推进课程思政建设，充分发挥高校各门课程的思想政治教育功能，挖掘各门课程中蕴含的思想政治教育元素是落实立德树人根本任务，实现全员全过程全方位育人的基本要求。习近平总书记在全国高校思想政治工作会议中强调："要用好课堂教学这个主渠道，思想政治理论课要坚持在改进中加强，提升思想政治教育亲和力和针对性，满足学生成长发展需求和期待，其他各门课程都要守好一段渠，种好责任田，使各类课程与思想政治理论课同向同行，形成协同效应。"[②]为了落实习近平总书记的要求，2017 年，教育部印发的《高校思想政治教育质量提升工程实施纲要》提出建立课程育人质量提升体系，要求大力推动以"课程思政"为目标的课堂教学改革，

---

① 《习近平主持召开学校思想政治理论课教师座谈会强调用新时代中国特色社会主义思想铸魂育人　贯彻党的教育方针落实立德树人根本任务》，《人民日报》2019 年 3 月 19 日。

② 《习近平在全国高校思想政治工作会议上强调：把思想政治工作贯穿教育教学全过程　开创我国高等教育事业发展新局面》，《人民日报》2016 年 12 月 9 日。

优化课程设置，修订专业教材，完善教学设计，加强教学管理，梳理各门专业课程所蕴含的思想政治教育元素和所承载的思想政治教育功能，融入课堂教学各环节，实现思想政治教育与知识体系教育的有机统一。2018 年，教育部制定《关于加快建设高水平本科教育　全面提高人才培养能力的意见》，要求在构建全员、全过程、全方位"三全育人"大格局过程中，着力推动高校全面加强课程思政建设，做好整体设计，根据不同专业人才培养特点和专业能力素质要求，科学合理设计思想政治教育内容。2019 年，中共中央办公厅、国务院办公厅印发《关于深化新时代学校思想政治理论课改革创新的若干意见》，强调要整体推进高校课程思政和中小学学科德育。①2020 年，教育部印发《高等学校课程思政建设指导纲要》，对开展课程思政进行了全面规划。2021 年，新修订的《中国共产党普通高等学校基层组织工作条例》对高校党组织提出要"推进课程思政"的明确要求。党和国家对于课程思政的重视，相关政策文件的出台，为把思想政治教育贯穿人才培养全过程，全面推进高校课程思政建设，发挥好每门课程的育人作用提供了坚实的保障。

积极推进思想政治教育学科建设。思想政治教育学科建设，指的是对高校思想政治理论课各门课程所涉及的重大理论和实践问题进行研究，并将研究成果运用到思想政治理论课的教学中，使得高校思想政治理论课的建设从单纯的课程建设提升到了以学科建设支撑课程建设的新层面，为解决思想政治理论课实效性不强的问题提供了根本性的方向和途径。学科建设的推进，带来的是学科制度的确立，学术资源的积累和学术队伍的壮大，这都为产生本学科的优秀科研成果提供了扎实的基础和良好的条件。1990 年，国务院学位委员会通过了《授予博士、硕士学位和培养研究生的学科专业目录》，在法学门类政治学一级学科下设立了科学社会主义、思想政治教育、马克思主义理论教育（含马克思主义原理、中国革命史、中国社会主义建设、世界政治经济与国际关系），这为后来的马克思主义学科建设划定了基本的方向，积累了初步经验。2005 年，中央决定设立马克思主义

---

① 《中办国办印发〈意见〉深化新时代学校思想政治理论课改革创新》，《人民日报》2019 年 8 月 15 日。

理论一级学科，包括 5 个国家二级学科，分别是马克思主义基本原理、马克思主义发展史、马克思主义中国化研究、国外马克思主义研究、思想政治教育，为提升高校思想政治理论课的质量提供了学科支撑。2008 年，国务院学位委员会又增设了"中国近现代史基本问题研究"二级学科，进一步完善了马克思主义理论学科的体系，并为高校思想政治理论课中的"中国近现代史纲要"课程提供了学科支撑。2017 年，中共中央、国务院印发《关于加强和改进新形势下高校思想政治工作的意见》指出，支持有条件的高校在马克思主义理论一级学科下设置党的建设二级学科。学科体系的不断丰富和发展，为高校思想政治教育教学体系创新发展提供了必要的支撑。

二、高校日常思想政治教育治理体系

社会实践是课堂教学的有效延伸，也是隐性思想政治教育的重要载体。党和国家历来高度重视实践育人工作。坚持教育与生产劳动和社会实践相结合，是党的教育方针的重要内容。1996 年，中宣部、国家教委、共青团中央下发《关于深入持久开展大学生社会实践活动的几点意见》，明确了将社会实践作为高校思想政治教育的重要途径。2012 年，教育部等部门《关于进一步加强高校实践育人工作的若干意见》指出，进一步加强高校实践育人工作的重要意义，即不断增强学生服务国家服务人民的社会责任感、勇于探索的创新精神、善于解决问题的实践能力；坚定学生在中国共产党领导下，走中国特色社会主义道路，为实现中华民族伟大复兴而奋斗，自觉成为中国特色社会主义合格建设者和可靠接班人；深化教育教学改革、提高人才培养质量，服务于加快转变经济发展方式、建设创新型国家和人力资源强国。2017 年，中共中央、国务院《关于加强和改进新形势下高校思想政治工作的意见》指出："要强化社会实践育人，提高实践教学比重，组织师生参加社会实践活动，完善科教融合、校企联合等协同育人模式，加强实践教学基地建设，建立健全国家机关、企事业单位、社会团体接收大学生实习实训制度，开设创新创业教育专门课程，增强军事训练实效,建立健全学雷锋志愿服务制度。"① 高校实践育人发挥作用的机制进一步明确。

校园文化建设在高校思想政治教育中发挥重要作用。中国共产党自诞生以来,无论是在革命年代还是在社会主义建设和全面发展时期,都非常重视文化育人,重视文化对于青年学生的道德教化和价值引领作用。作为中发〔2004〕16号文件的配套文件,2004年,教育部、共青团中央联合印发了《关于加强和改进高等学校校园文化建设的意见》,并专门提出切实建立和完善高等学校校园文化建设的保障机制。文件提出"加强对校园文化建设的领导""加强对校园文化建设的管理""加强对校园文化建设的保障"等建立和完善高等学校校园文化建设的保障机制的具体措施。2014年,中共中央、国务院《关于进一步加强和改进大学生思想政治教育的意见》提出,校园文化具有重要的育人功能,要建设体现社会主义特点、时代特征和学校特色的校园文化,形成优良的校风、教风和学风。关于校园文化建设发挥作用的机制,文件强调大力加强大学生文化素质教育,开展丰富多彩、积极向上的学术、科技、体育、艺术和娱乐活动,把德育与智育、体育、美育有机结合起来,寓教育于文化活动之中。要善于结合传统节庆日、重大事件和开学典礼、毕业典礼等,开展特色鲜明、吸引力强的主题教育活动。②2017年,共青团中央、教育部《关于加强和改进新形势下高校共青团思想政治工作的意见》中强调,强化文化育人,努力在校园中弘扬主旋律、传播正能量,并提出发挥团学组织优势,围绕学术科技、文化艺术、公益服务等主题组织开展丰富多彩、积极向上的校园文化活动积极参与文明校园创建,强化校训校歌校史的育人功能,从班风、舍风抓起,营造良好校风和学风。这些政策文件为推进以文化人、以文育人制度化、规范化提供了依据和保障。

高校网络育人工作不断创新发展。2000年,教育部印发《关于加强高等学校思想政治教育进网络工作的若干意见》,提出切实加强对思想政治教

---

① 《中共中央国务院印发〈关于加强和改进新形势下高校思想政治工作的意见〉》,《人民日报》2017年2月28日。

② 《加强和改进大学生思想政治教育重要文选选编（1978—2008）》,中国人民大学出版社2008年版,第361页。

育进网络工作的领导，进一步理顺管理体制，扎实推进思想政治教育进网络的各项工作的要求，并指出："各高校要建立健全学校信息化领导小组，统一规划校园网的建设和管理。影响较大的高校应在党委统一领导下，成立由负责宣传思想政治工作的党委领导为组长，由主管网络建设工作的校领导和学校宣传思想、学生工作、稳定工作和网络技术等部门负责同志参加的思想政治教育进网络工作领导小组。"①2016 年，习近平总书记在全国思想政治工作会议上强调："要运用新媒体技术使工作活起来，推动思想政治工作传统优势同信息技术高度融合，增强时代感和吸引力。"②2017 年，中共中央、国务院《关于加强和改进新形势下高校思想政治工作的意见》明确指出："要加强互联网思想政治工作载体建设，加强学生互动社区、主题教育网站、专业学术网站和'两微一端'建设，运用大学生喜欢的表达方式开展思想政治教育。"③2017 年，教育部印发的《高校思想政治工作质量提升工程实施纲要》提出，要构建网络育人质量提升体系，并指出要大力推进网络教育，加强校园网络文化建设与管理，拓展网络平台，丰富网络内容，建强网络队伍，净化网络空间，优化成果评价，推动思想政治工作传统优势同信息技术高度融合，引导师生强化网络意识，树立网络思维，提升网络文明素养，创作网络文化产品，传播主旋律、弘扬正能量，守护好网络精神家园。这些政策文件积极推进高校网络思想政治教育的创新发展，不断完善高校网络育人的载体、内容、机制等，为互联网时代青年大学生的价值引领和成长成才提供了必要保障。

心理健康教育在高校日常思想政治教育实践中扮演重要角色。提升心理育人质量，坚持育心与育德相结合，是培养师生理性平和、积极向上心态的必然要求。一方面，实现高校心理健康教育的制度化。2001 年，教育部出台了《关于加强普通高等学校大学生心理健康教育的意见》，明确了高

---

①《加强和改进大学生思想政治教育重要文选选编（1978–2008）》，中国人民大学出版社 2008 年版，第 231 页。

②《习近平在全国高校思想政治工作会议上强调：把思想政治工作贯穿教育教学全过程　开创我国高等教育事业发展新局面》，《人民日报》2016 年 12 月 9 日。

③《中共中央国务院印发〈关于加强和改进新形势下高校思想政治工作的意见〉》，《人民日报》2017 年 2 月 28 日。

校大学生心理健康教育工作的重要性，对大学生心理健康教育工作的主要任务和内容，工作途径和方法以及队伍建设、工作管理等方面提出了具体细致的指导意见。2002年，教育部办公厅印发了《普通高等学校心理健康教育实施纲要（试行）》，对高校心理健康教育的指导思想、主要任务、途径和方法以及师资队伍建设等作出进一步规范。2017年，中共教育部党组印发《高校思想政治工作质量提升工作实施纲要》，明确提出按照师生比不低于1∶4000配备心理健康教育专业教师，每校至少配备2名专业教师，完善工作保障，研制高校师生心理健康教育指导意见，保证生均经费投入和心理咨询辅导专用场地等工作保障要求。另一方面，实现高校心理健康教育的标准化。2011年，教育部办公厅印发《普通高等学校心理健康教育工作基本建设标准（试行）》的通知。文件从大学生心理健康教育体制机制建设、师资队伍建设、教学体系建设、活动体系建设、咨询服务体系建设、预防与干预体系建设、工作条件建设等方面提出了工作标准。同年，教育部办公厅印发《普通高等学校学生心理健康教育课程教学基本要求》，确定了我国高校心理健康教育课程的基本定位，并对教学目标、主要内容、课程设置、教学模式、教学方法、教学管理、组织实施、教学评估等问题提出了指导意见。这些政策文件开启了高校心理健康教育制度化的新阶段，为更有针对性地开展面向大多数学生的心理健康教育提供了依据和指导。

三、高校思想政治教育保障治理体系

高校思想政治教育保障治理包括高校思想政治教育的领导、管理、规划、评价制度及其运作机制等，规定了高校思想政治工作由谁领导，如何治理，怎样运转等问题，该体系主要包括三个主要内容。

首先，党委统一领导、党政齐抓共管、职能部门组织协调、社会各方积极参与的高校思想政治教育领导体制。关于党委统一领导，习近平总书记在全国教育大会上把"坚持党对教育事业的全面领导"放在"九个坚持"的首要位置，并特别指出"这是我们对我国教育事业规律性认识的深化，

来之不易，要始终坚持不断丰富发展"。①2017 年，中共中央印发《关于加强和改进新形势下高校思想政治工作的意见》，明确提出"要完善高校党的领导体制，坚持和完善普通高校党委领导下的校长负责制，高校党委对本校工作实行全面领导，履行管党治党、办学治校的主体责任，切实发挥领导核心作用"。②该文件对加强和改善党对高校的领导进行了具体要求。党对教育事业全面领导的重要方面就是党对高校思想政治工作的领导，具体表现在保证高校始终坚持社会主义办学方向，始终成为培养社会主义建设者和接班人的坚强阵地；对思想政治工作进行顶层设计，履行管党治党、办学治校的主体责任，不断加强高校党组织建设和党员教育管理，不断加强高校思想政治工作队伍建设，对思想政治工作实行全面领导。

其次，通过系统规划形成各方面合力育人的体制机制。新中国成立以后，高校普遍建立了党委，还成立了青年团和学生会，成为党领导下开展自我教育活动的群众组织。在这一时期，高校初步形成了党委领导、校长负责，以政治理论课为主渠道，共青团及学生会积极参与，各方分工配合的思想政治工作体系。全国范围内则确立了中央统一领导，以高校负责具体实施，动员社会各方面共同参与的思想政治教育领导制和运行机制。改革开放后，2004 年，中共中央国务院印发《关于进一步加强和改进大学生思想政治教育的意见》，要求"要建立健全党委统一领导、党政群齐抓共管、有关部门各负其责、全社会大力支持的领导体制和工作机制，形成全党全社会共同关心支持大学生思想政治教育的强大合力"③，明确提出了建立思想政治教育合力机制的问题。进入新时代，习近平总书记在全国高校思想政治工作会议中明确指出，"把思想政治工作贯穿教育教学全过程，实现全程育人、全方位育人。"④2017 年，中共中央、国务院《关于加强和改进新形

---

① 《习近平在全国教育大会上强调坚持中国特色社会主义教育发展道路　培养德智体美劳全面发展的社会主义建设者和接班人》，《人民日报》2018 年 9 月 11 日。

② 《中共中央国务院印发〈关于加强和改进新形势下高校思想政治工作的意见〉》，《人民日报》2017 年 2 月 28 日。

③ 《加强和改进大学生思想政治教育重要文选选编（1978–2008）》，中国人民大学出版社 2008 年版，第 361 页。

④ 《习近平在全国高校思想政治工作会议上强调　把思想政治工作贯穿教育教学全过程　开创我国高等教育事业发展新局面》，《人民日报》2016 年 12 月 9 日。

势下高校思想政治工作的意见》中明确指出："坚持全员全过程全方位育人，把思想价值引领贯穿教育教学全过程和各环节，形成教书育人、科研育人、实践育人、管理育人、服务育人、文化育人、组织育人长效机制。"①2019 年，党的十九届四中全会提出："改进学校思想政治教育，建立全员、全程、全方位育人体制机制。"②2020 年，教育部等八部门发布《关于加快构建高校思想政治工作体系的意见》，提出以建立完善全员、全程、全方位育人体制机制为关键。这也是新中国成立以来国家出台的第一个专门面向高校思想政治工作体系建设的里程碑式政策文件。上述文件的陆续出台，为积极构建"三全"育人大格局，完善思想政治教育顶层设计，推动形成各方面育人合力的体制机制打下了基础。

最后，高校思想政治教育评价制度。质量评价工作对于高校思想政治教育创新发展具有重要价值，涉及"为什么评价""谁来评价""评价什么""如何评价"等重要问题，是高校思想政治教育治理向何处发展的指挥棒。一方面，对高校思想政治教育评价制度进行总体设计。1994 年，《关于进一步加强和改进学校德育工作的意见》中指出，要建立德育评估制度，并把德育工作作为评价一个地区、一所学校教育教学工作的重要内容。2017 年，中共中央、国务院《关于加强和改进新形势下高校思想政治工作的意见》中指出："要健全高校思想政治工作评价体系，研究制定内容全面、指标合理、方法科学的评价体系，推动高校思想政治工作制度化。"③ 同年，教育部印发《高校思想政治工作质量提升工程实施纲要》，提出了构建高校思想政治教育质量评价的运行机制。强化高校思想政治工作督导考核，把加强和改进高校思想政治工作纳入高校巡视，"双一流"建设、教学科研评估范围，作为各级党组织和党员干部工作考核的重要内容。上述文件为高校思想政治评价制度的建立和完善提供了政策依据。另一方面，制定具体工

① 《中共中央国务院印发〈关于加强和改进新形势下高校思想政治工作的意见〉》，《人民日报》2017 年 2 月 28 日。
② 《中共中央关于坚持和完善中国特色社会主义制度、推进国家治理体系和治理能力现代化若干重大问题的决定》，《人民日报》2019 年 11 月 6 日。
③ 《中共中央国务院印发〈关于加强和改进新形势下高校思想政治工作的意见〉》，《人民日报》2017 年 2 月 28 日。

作领域的思想政治教育成效评价标准。针对高校思想政治理论课，2011年，教育部制定了《高等学校思想政治理论课建设标准（暂行）》，并于2015年进行了修订，正式出台《高等学校思想政治理论课建设标准》，建设指标分A★、A、B三类，共39项。对于本科学校和专科学校，文件分别制定了不同的合格标准；针对高校马克思主义学院建设，2017年，教育部制定并颁布了《高等学校马克思主义学院建设标准（2017年本）》，设置了组织领导与管理、思想政治理论课教学、马克思主义理论学科建设、社会服务与社会影响、党的建设与思想政治工作5项一级指标，17项二级指标及56项具体要求。此外，还有《普通高等学校学生党建工作标准》《高等学校辅导员职业能力标准》《普通高等学校辅导员队伍建设规定》等，逐步形成了高校思想政治工作具体工作领域可量化、可考察的评价指标体系。

第二节　高校思想政治教育治理体系的顶层设计

"顶层设计"（Top-down）最初为工程学概念，指运用系统论的方法，从全局的角度，对某项任务或者某个项目的各方面、各层次、各要素统筹规划，以集中有效资源，高效快捷地实现目标。对高校思想政治教育治理体系进行顶层设计，核心就是要制定战略规划，决定发展方向和行动重点，包括"目标与定位""战略与设计"和"控制与执行"三个环节。

一、把正确的政治方向贯穿治理体系建设全过程

习近平总书记在全国高校思想政治工作会议上指出："我国高等教育肩负着培养德智体美劳全面发展的社会主义事业建设者和接班人的重大任务，必须坚持正确政治方向。"[①]建设高校思想政治教育治理体系，一个首要问题就是把坚持正确的政治方向贯穿全过程。

---

① 《习近平在全国高校思想政治工作会议上强调：把思想政治工作贯穿教育教学全过程　开创我国高等教育事业发展新局面》，《人民日报》2016年12月9日。

（一）加强党对高校思想政治教育的全面领导

加强思想领导，就要贯彻党的方针政策和思想理念。列宁曾指出："任何一个代表着未来的政党的第一个任务，都是说服大多数人民相信这个党的纲领和策略正确。"[①] 这不仅指明了思想领导对于政党的重要意义，还同时为党加强思想领导提出了重要要求。党的各项路线、方针和政策决定了高校思想政治教育的目标和内容。加强党的思想领导要求学校党委全面贯彻党的教育方针，把培养德智体美劳全面发展的社会主义事业的建设者和接班人作为根本目标，用习近平新时代中国特色社会主义思想铸魂育人，真正将科学理论转化为大学生的行动自觉。当前，强化思想引领，牢牢把握意识形态工作的引导权，是党对高校思想政治教育进行思想领导的核心工作。这不仅是因为确保意识形态安全已经成为高校必须面对和完成的重要任务，更因为加强意识形态工作内在地蕴含了引导广大师生抓住解放思想，实事求是的马克思主义精髓。

加强组织领导，就要提高党的基层组织做思想政治工作能力。即对高校思想政治教育队伍进行建设和管理，并组织和动员高校各方面力量形成思想政治教育合力。这是因为只有依靠党的领导才能将高校内部党委系统、行政系统、共青团系统和学生组织的作用统一到加强和改进思想政治教育这一核心工作上来。目前在我国高校实行的党委领导下的校长负责制，突出了学校党委在思想政治教育工作中的领导核心地位，同时也要求学校党委担负起整合全校力量做好思想政治教育工作的责任。除了统合党委系统和行政系统外，学校党委还要充分发挥共青团和学生组织的作用。因为共青团组织是学校党委领导下团结和教育青年大学生的重要抓手，加强团的工作，有利于充分发挥思想政治教育"第二课堂"的作用。学校党委对团的领导，既要指方向，交任务，提要求，更要为其创造有利条件，解决实际问题。此外，还要充分发挥学生组织联系广大学生群众的有利条件，注重其纽带作用，将学校党委对学生的关怀和期望带给广大学生，同时也及时把学生的意见和要求向学校党委反映。

---

① 《列宁全集（第三十四卷）》，人民出版社 1985 年版，第 154 页。

（二）贯彻新发展理念

高校思想政治教育要主动适应新时代要求，立足新发展阶段，完整准确全面贯彻新发展理念，服务和融入新发展格局，实现思想政治教育治理体系现代化与新时代中国特色社会主义事业发展的同频共振。

以制度机制创新为动力。习近平总书记多次强调制度创新的重要性，指出："我们要坚持以实践基础上的理论创新推动制度创新，坚持和完善现有制度，从实际出发，及时制定一些新的制度，构建系统完备、科学规范、运行有效的制度体系，使各方面制度更加成熟定型，为夺取中国特色社会主义新胜利提供更加有效的制度保障。"[①]一方面，要从中国共产党百年来领导高校完善思想政治教育制度机制的历程中汲取经验。建党百年来，我们党高度重视探索并建立科学、有效的高校思想政治教育制度机制，取得了丰硕的成果，积累了宝贵的经验，为保证高校思想政治教育始终沿着正确方向有效运行提供了保障。另一方面，要做到因事而化、因时而进、因势而新，鼓励思想政治教育研究者，特别是从事思想政治理论课教学和日常思想政治教育的一线工作者，从自己正在做的事情出发，通过实证调研、深度访谈等方式，就改进高校思想政治教育制度的某一具体问题展开研究，提出可操作性强的方案。

以各部分协调运行为基础。高校思想政治教育系统具有显著的整体性特征。它虽然是由诸多要素共同组成的，而且目标、内容、教育者和教育对象等要素都具有自身的功能，但其最佳效果的形成并不是各要素功能简单相加就可以达成的。只有在服从整体目标和功能的前提下，充分调动各组成要素的积极作用，并使其密切配合，协同运作，才能共同形成育人合力，发挥整体效能。这是统一调配各类思想政治教育资源的必然要求，也是建设高校思想政治教育治理体系的题中之义。

以完善思想政治教育生态为方向。人的思想观念的形成及变化是在与社会交往和实践中逐步形成的，与环境的影响和渗透密不可分。好的环境，能为人的成长营造好气候,创造好生态,以润物无声的方式给人以精神力量。

---

① 习近平：《紧紧围绕坚持和发展中国特色社会主义　学习宣传贯彻党的十八大精神——在十八届中共中央政治局第一次集体学习时的讲话》，人民出版社 2012 年版，第 5 页。

因此，要把营造思想政治教育的好气候和好生态作为开展隐性思想政治教育的重要内容，通过多元化的治理主体，引导家庭和社会在思想政治教育上形成合力。家庭是思想政治教育的起点，可以发挥家风对人的教育作用，引导广大家庭帮助孩子扣好人生的第一粒扣子，将思想政治教育融入家庭教育，达到"日用而不知"的效果。社会是思想政治教育的环境，要整合社会资源服务高校育人，形成全社会共同关心、支持、服务高校思政工作的机制和氛围。

以开放的视野和格局为前提。推进高校思想政治教育治理体系现代化并不是横空出世的东西，而是要注重借鉴发达国家高校先进的治理经验，吸取其教训，取其所长，为我所用。对发达国家思想政治教育治理模式的借鉴既可以是一个"面"，即从治理主体、治理结构、治理组织等方面汲取其合理内核，也可以是一个"点"，即学习和借鉴国外高校在思想政治教育治理中某一项成熟的做法或模式。

以共享发展为目的。当前高校思想政治教育的开展情况整体较好，但由于地区差异，资源不均等问题，情况在不同省份、不同区域、不同类型高校之间存在显著差异。发达地区和重点高校往往在政策支持力度、工作经费保障、人才质量等方面相比其他地区和高校来讲都具有较大的优势，因此也容易被打造成"样板间"和"示范区"。但与此相应的是，还有相当多的地区和高校思想政治工作基础相对薄弱，加之因人才缺乏，经费不足等原因，缺乏提升工作的水平与资源，彼此之间的差距有可能进一步拉大。因此，为改善各高校之间思想政治教育资源不平衡的问题，应积极搭建沟通、交流平台，建立相应的思想政治教育优质资源共享机制，实现不同高校之间教育资源的优化配置。

二、激发高校思想政治教育治理体系的创新动力

以党的创新理论为外部推力。党的十八届三中全会中提出，推进国家治理体系和治理能力现代化是全面深化改革的总目标。党的十九届四中全会提出，坚持和完善中国特色社会主义制度、推进国家治理体系和治理能

力现代化，是全党的一项重要战略任务。建设高校思想政治教育治理体系是在中央提出要推进国家治理体系和治理能力现代化的总体决策和部署后，为了应对新形势下的新挑战而作出的宏观性战略。习近平总书记在全国高校思想政治工作会议上强调："高校党委对学校工作实行全面领导，承担管党治党、办学治校主体责任，使高校成为坚持党的领导的坚强阵地。"① "人才培养体系涉及学科体系、教学体系、教材体系、管理体系等，而贯通其中的是思想政治工作体系。加强党的领导和党的建设，加强思想政治工作体系建设，是形成高水平人才培养体系的重要内容。"② 这些重要论述为高校思想政治教育治理体系的创新发展注入了理论推力。

以实践探索为助推动力。高校思想政治教育治理体系的创新动力，不仅来源于教育管理部门和高校管理层的顶层设计，还来源于基层高校和一线思想政治工作者为解决实际问题在实践中的探索。例如，抗日根据地高校在多年的实践中，总结出组织领导思想政治工作的丰富经验，在组织领导上，加强党对学校的领导，中央领导同志经常亲自来上课、演讲，配备政治上和能力上较强的政工干部，并在学生中加强党的建设，发展党的组织，发挥党员的先锋模范作用。除自上而下地开展思想政治教育外，通过指导建立学生组织，自发地开展教育活动也是思想政治工作的重要方面。在苏维埃大学，"在校长和学校管理委员会监督下设'学生公社'，'学生公社'不同于黄埔军校的统一战线性质的学生组织，由全体大学生选举出来的干事会来领导。"③ 在陕北公学，"在陕北公学学生会领导下还成立了救亡室（即俱乐部）……各队学生分会都建立救亡室，里面建立各种研究组和委员会。"④新民主主义革命时期党对高校思想政治教育制度及体制机制的探索，形成了坚持党对思想政治工作的领导，实行党团领导下的校长负责制、由党的主要领导人亲自上课等制度和原则，为建国后建立科学的思想政治教育领

---

① 《习近平在全国高校思想政治工作会议上强调：把思想政治工作贯穿教育教学全过程　开创我国高等教育事业发展新局面》，《人民日报》2016 年 12 月 9 日。
② 习近平：《在北京大学师生座谈会上的讲话》，人民出版社 2018 年版，第 10 页。
③ 《中国高等学校思想政治教育史纲》，高等教育出版社 1992 年版，第 31 页。
④ 成仿吾：《战火中的大学——从陕北公学到人民大学的回顾》，人民出版社 2014 年版，第 77 页。

导体制奠定了基础。

此外，还可以把成功的实践经验转化为理论动力。1953 年，清华大学校长蒋南翔率先提出在高校设立政治辅导员，成为我国高校实行政治辅导员制度的开端。"双肩挑"，即"两个肩膀挑担子"，也就是同时承担思想政治工作与业务工作。从此，政治辅导员队伍形成了少数专职、多数兼职、专兼结合的发展模式。许多来自一线的思想政治教育工作者在实践中形成了从所在学校实际出发，带有鲜明特色的工作模式，并在此基础上凝练成为具有一定推广价值的理论成果。这些来自实践中的创新往往具有问题意识明确，工作理念新颖，成果显示度高等特点。因此，可以梳理总结提炼基层的好经验和好做法，把它们凝练成规律性认识和科学理论，为高校思想政治教育治理体系的创新发展提供理论动力。

三、推进高校思想政治教育治理体系现代化

实现现代化，必然要有一套现代化的制度及其运行机制与之匹配。从这个角度上讲，不断完善高校思想政治教育制度体系及其运行方式，构建与新时代同向同行的新时代高校思想政治教育治理体系，就是高校思想政治教育治理体系现代化的过程。推进高校思想政治教育治理体系现代化，既是全面深化高校思想政治教育改革，把党对思想政治工作领导的制度优势转化为治理效能的必然要求，又是把思想政治教育作为治党治国的重要方式，巩固马克思主义在意识形态领域的指导地位、巩固全党全国人民团结奋斗的共同思想基础的基础和前提。

实现思想政治教育管理向思想政治教育治理转变，必然要求推进高校思想政治教育体系现代化。习近平总书记指出："治理和管理一字之差，体现的是系统治理、依法治理、源头治理、综合施策。"[①] 管理是治理的基础，但从管理到治理，需要有一个成熟的、行之有效的高校思想政治教育制度体系及运行机制作基础。从高校思想政治教育管理到高校思想政治教育治理的转变，是对权力分配、制度安排和运行机制的一次系统性、实质性的

---

① 习近平：《论坚持全面深化改革》，中央文献出版社 2018 年版，第 95 页。

变革。当前，高校思想政治工作中还存在一些突出问题和薄弱环节，也面临发展不平衡不充分的问题。解决这些问题，需要高校思想政治教育实现从管理到治理的历史性变革。比如，不同区域、不同类型高校、不同学段、不同学科、不同专业之间的不平衡问题，教师思政有待进一步加强、基层党建有待进一步完善、全员全过程全方位育人格局还未完全形成等不充分问题。这些问题，迫切需要我们从体制机制、育人理念、教育方式、队伍建设、条件保障等方面进行系统设计，形成上下联动、同频共振、齐抓共管的工作合力。要坚持把破解高校思想政治工作不平衡不充分问题作为目标指向，着力构建一体化育人体系，打通育人最后一公里。一体化育人，要全面统筹办学治校各领域、教育教学各环节、人才培养各方面的育人资源和育人力量，从体制机制完善、项目带动引领、队伍配齐建强、组织条件保障等方面进行系统设计，从宏观、中观、微观各个层面一体化构建育人工作体系，实现各项育人工作的协同协作、同向同行、互联互通。

抵御意识形态领域各种风险挑战，必然要求推进高校思想政治教育治理体系现代化。高校是意识形态工作的前沿阵地，大学生是防范意识形态渗透的最主要群体。大学生正处于人生成长的"拔节孕穗期"，能不能引导他们树立对马克思主义的信仰，直接关系培养合格社会主义建设者和接班人事业的成败。一方面，国内国际形势深刻变化，不同思想文化交流交融交锋，社会思潮多元多样多变，高校思想政治教育面临许多新情况新任务新课题。另一方面，全媒体时代的到来，改变了信息生产和传播的方式，促成了传播权力的再分配，也带来了育人环境的深刻变化。全媒体加剧了社会的浮躁心态，部分大学生理想信念具体性和功利性倾向严重。新媒体助推消费主义泛滥，部分大学生耽于享乐，为长远目标艰苦奋斗的动力不足。这些风险挑战是我们面向"十四五"规划乃至2035教育现代化远景目标，推进高校思想政治教育守正创新发展必须要面对和解决的问题。关键就是以不变应万变，通过不断完善高校思想政治教育治理体系，提升治理能力，以成熟定型的制度体系对冲不断变化的风险。

第三节 高校思想政治教育治理体系的制度机制

新时代高校思想政治教育治理体系是与高校思想政治教育相关的各种因素所组成的复杂的综合性系统，要保障各系统之间的有效沟通和高效协同，须着力构建协同联动的体制机制，以体制机制保障各治理主体及育人力量之间的沟通协作，形成强大的育人合力，进而整体提升育人质量和治理水平。总的来讲，高校思想政治教育治理体系建设要通过把握"制"与"治"的关系、"合"与"治"的关系、"人"与"治"的关系，在制度机制完善上取得突破，形成实效。

一、把高校思想政治教育制度优势更好转化为治理效能

高校思想政治教育治理体系由"制"与"治"共同构成，要辩证把握"制"与"治"的关系，把高校思想政治教育制度优势更好转化为治理效能。

首先，"制"是"治"的基础，只有建立好的制度，才能形成合理有效的治理。高校思想政治教育治理的一切活动和工作都是依据相关制度开展的。思想政治教育的创新理念和实践经验，如果不转化为成熟定型的制度，并且在实践中得到有效贯彻执行，就很难持续长久发挥效能。因此，凡是有关高校思想政治教育的战略设计，不仅要靠提高认识和整体布局，而且要靠制度保障才能确保落实。一方面，要把握好制度制定环节。中国共产党领导建立的高校自诞生之日起就有了思想政治工作，这就要求同时建立一套思想政治工作领导管理体制、工作运行机制以及相关工作制度。新民主主义革命时期，大学教育的核心是为革命战争作准备。虽然在当时的战争条件下，革命根据地不可能有系统的学校制度，但我们党依然十分重视建立有效的学校思想政治教育领导体制和运行机制，改变教育的旧制度、旧课程，实行以抗战救国为目标的新教育制度、新课程。百年来，中国共产党领导高校在建立和完善思想政治教育制度上取得了丰富的经验，要在继承经验的基础上，继续深入研究思想政治教育本身的内在规律，在新时代不断完善高校思想政治教育制度。另一方面，要把握好制度执行环节。

制度的生命在于执行。要组织广大高校师生员工学习思想政治教育制度，自觉按照相关制度的要求履行育人职责。加强思想政治教育制度落实情况的监督和检查，把"软指标"变为"硬约束"。各级党委和政府要加强组织领导，把推进落实立德树人根本任务列入重要议事日程，并结合实际明确落实举措。教育督导要将各高校落实立德树人任务情况作为重要内容，对违反相关规定的予以督促纠正，依规依法对相关责任人员严肃处理。

其次，"治"是"制"的实现，治理是否有效关乎制度的兴废。高校思想政治教育治理体系是思想政治教育制度在治理中的具体化，治理能力是思想政治教育制度在落实中的应用化。一方面，抓工作标准。继续加强高校思想政治教育工作标准的研究和制定，在《高等学校思想政治理论课建设标准（暂行）》《普通高等学校心理健康教育工作基本建设标准（试行）》《普通高等学校学生心理健康教育基本要求》《教育部高校辅导员培训和研修基地建设与管理基本标准（试行）》等已出台工作标准的基础上，围绕思想政治教育评价、监督、工作体系构建等实践性较强的工作板块，制定相应的工作标准，让各项工作能够有章可循。另一方面，抓领导管理体制。领导管理体制是指关于高校思想政治教育领导机构设置和权力配置的制度以及根据一定的思想政治教育目标，通过决策、计划、组织、指导等手段和措施，对该项工作实现有效控制的制度。不仅要继续完善党委统一领导、党政齐抓共管、部门各负其责的高校思想政治教育领导管理体制，推动党对高校思想政治教育的领导纵到底、横到边、全覆盖；同时也要充分发挥大中小学思政课一体化建设指导委员会等机构的作用，发挥前瞻研究、评价指导、工作研讨、经验总结、问题研判等功能。

再次，将制度优势更好转化为治理效能。中国共产党百年来高校思想政治教育的发展史，就是一部高校思想政治教育制度建立与体制机制不断完善的历史。特别是改革开放以来，高校思想政治教育制度化取得显著进展，思想政治教育工作从习惯于采取运动式、社会动员的方式展开，向制度化、法制化和规范化转变，思想政治教育活动日益在制度的规范下以系统稳定有序的方式推进。新时代，要把高校思想政治教育的制度优势充分释放出来，就要继续推进高校思想政治教育守正创新，核心是破除各种体制机制障碍，充分释放制度潜能，提高治理现代化水平。当前，最急迫的问题是要理顺思想政治教育治理与大学治理的关系，解决高校思想政治教育制度如何与高校教师职称评审、学生奖惩评价等制度配套的问题。例如，高校普遍存在过度依赖量化学术指标的评价体系的问题，使学术骨干承担党务工作的积极性下降，教师对"双肩挑"热情不足，有些导师甚至不支持自己的学生担任辅导员或从事学生工作。再比如，有些高校出台、落实指导性的，不涉及人、财、物的政策往往比较容易，但是有关提高学生工作队伍待遇、学生工作干部职称评审单列计划等涉及利益再分配的政策就容易打折扣甚至无法真正落实。

二、健全高校落实立德树人的长效机制

长效机制就是高校思想政治教育实效性的各影响要素在遵循一定规律和机理的基础上，相互作用而形成的能够长期发挥有效作用的比较稳定的关系及和谐运行的方式。当前高校思想政治教育中存在的很多问题，究其原因，都是因为立德树人的要求没有落实在体制机制上，没有完全反映在成熟定型的制度里。因此，推进高校思想政治教育治理体系现代化，在实践中就要面向服务立德树人根本任务健全落实立德树人的长效机制。

强化问题意识，健全各要素协同运行的长效机制。推进高校思想政治教育治理体系现代化，要解决的一个主要问题就是思想政治教育诸多要素不够协调和彼此孤立脱节，缺乏整体性和有效衔接的问题。要做到渠道协同，实现教学与管理相一致。充分利用教育工作、管理工作在育人功能上的互补性，理顺教管关系、完善规章制度、准确把握合作要义、统一考核标准，为大学生思想政治教育"主渠道""主阵地"融合发展、协同育人探索新思路、构建新机制；要做到课程协同，实现育人与育德相统一。课程协同的含义是完善课程体系，实现思想政治理论课与各类课程相互配合，即坚持课程的多元化与育人的全面性相统一。依据各课程门类的特征，发挥高校思想政治理论课与其他课程的同向效应，实现课程内容的学术性与育人目标的价值性的统一；要做到队伍协同，实现专职与兼职相配合。高校思想

政治教育工作者与专业课教师形成合力，实现理论教育与日常教育在方向上一致，在路径上协同，在效果上加倍。

强化质量意识，健全立德树人评价的长效机制。思想政治教育评价是思想政治工作的指挥棒，决定了工作的方向、资源的配置。推进高校思想政治教育治理体系现代化，就必须坚持破立结合，构建多方治理主体共同参与的立德树人评价长效机制。要变评价主体单一，改变评价仅由政府部门组织实施的方式，建立学生、教师、家长、用人单位等多方参与的评价综合体系，特别是要提高受教育者在评价中的地位；要变评价标准单一，破除只就思想政治工作本身展开评价的模式，在"双一流"评价指标体系中更加强化"立德树人"的评价导向；要变评价方式单一，破除只看重最终结果，探索建立思想政治教育过程性评价机制，贯彻新时代教育评价改革的要求和理念。

强化责任意识，健全高校思想政治教育监督的长效机制。党的十八届六中全会吹响了全面从严治党的号角，对强化党内监督进行了顶层设计。要通过营造高校风清气正的高校政治生态带动育人环境的持续优化。将思想政治工作测评结果纳入"双一流"建设和教学科研评估范围，并作为学科专业和质量评价、人才项目评审、教学科研成果评比的重要指标。将思想政治工作测评结果纳入落实全面从严治党主体责任情况监督检查和巡视巡察内容。按照党管干部的原则，将思想政治工作测评结果纳入党政领导班子、领导干部综合考核评价内容，并作为各级党组织和党员干部工作考核的重要内容。还要健全监督问责机制，强化高校思想政治教育督导考核，对履职尽责不力的加大追责力度。

三、实现高校思想政治教育治理体系现代化与人的现代化的和谐统一

培育和塑造人的现代观念是思想政治工作的价值诉求。因此，突出以培育"人的现代化"为基点推进治理体系的现代化是高校思想政治教育治理体系建设的重点和难点。

高校思想政治教育治理体系建设要"依靠人"。新时代高校思想政治教育治理体系，以不断推进思想政治教育治理现代化为目标指向，而治理现代化归根到底要依靠人的主体力量，也最终要落实到人的现代化（人的自由全面发展）上。如果人的思想认识不到位，即便社会管理及其制度设计得完美无缺，最终在落实环节也可能会流于空泛。美国社会学家英格尔斯在《人的现代化——心理·思想·态度·行为》一书中指出："一个现代国家，要求它的全体公民参与和关心国家事务和政治活动。一言以蔽之，那些先进的制度要获得成功，取得预期的效果，必须依赖运用它们的人的现代品格、现代品质。无论哪个国家，只有它的人民从心理、态度和行为上，都能与各种现代形式的经济发展同步前进，相互配合，这个国家的现代化才能够真正实现。"[1] 从思想政治教育发生的角度来看，思想政治教育是指一定社会或群体用规定的思想观念、政治观念、道德规范，对其成员施加有目的、有计划、有组织的影响，并促使其自主地接受这种影响，从而形成符合一定社会一定阶级所需要的思想品德的社会实践活动。因此，思想政治教育从诞生之日起，就必然和国家发展紧密结合。实现"两个一百年"奋斗目标和中华民族伟大复兴，归根结底要靠人才、靠教育。高校思想政治教育通过提升人的现代素质、塑造人的健全人格等方式，在促进人的现代化的过程中同时实现自身治理体系的完善，并为实现社会主义现代化提供政治素质合格的人才储备。

高校思想政治教育治理体系建设的目标是"为了人"。人的现代化是人的全面发展的新要求和新高度。不断完善高校思想政治教育治理体系，推动思想政治教育贯穿人才培养全过程和各方面，实现大学生德智体美劳全面发展，既体现了高校思想政治教育的初心，又是各项制度完善的依据。一方面，智育、体育、美育和劳动教育是思想政治教育的重要载体。2018年9月，习近平在全国教育大会上首次提出"德智体美劳全面发展"的要求，除强调"寓价值引导于知识传授之中"外，习近平还就体育、美育、劳动教育对价值观培养的作用进行了明确论述。关于体育，习近平强调学生要

---

① 英格尔斯：《人的现代化——心理·思想·态度·行为》，殷陆君编译，四川人民出版社1985年版，第5-6页。

在体育锻炼中享受乐趣、增强体质、健全人格、锤炼意志。关于美育，习近平强调要以美育人、以文化人，提高学生审美和人文素养。关于劳动教育，习近平强调要在学生中弘扬劳动精神，教育引导学生崇尚劳动、尊重劳动，懂得劳动最光荣、劳动最崇高、劳动最伟大、劳动最美丽的道理，通过劳动播种希望、收获果实，也通过劳动锤炼意志，锻炼自己。另一方面，强调培养德智体美劳全面发展的社会主义建设者和接班人，就是要回到思想政治教育的本质和初心，让思想政治教育在日常行为和活动中潜移默化地发挥作用，而不是让其成为一种"附加的"影响。无论是发现美、捕捉美、创造美，亲近劳动、热爱劳动，还是在赛场上拼搏流汗，学生可以通过个体的感知、经历、实践，并经过体会、揣摩、反思和体悟，自然而然地达到对教育内容的接受。这种对教育内容的体验往往伴随的是在教育过程中的主动投入和自我教育，虽然是不自觉的，但却是有效和持久的。

第八章

高校思想政治教育治理能力建设

高校思想政治教育治理现代化是国家治理现代化的重要构成，推进高校思想政治教育治理现代化是高校思想政治教育主体、客体等各要素动态调整的过程。高校思想政治教育治理现代化，具体包括高校思想政治教育治理体系现代化和治理能力现代化，两者缺一不可，前者为后者提供科学有效的制度保障，后者为前者提供坚强有力的能力保障。

第一节　高校思想政治教育治理能力的科学把握

高校思想政治教育治理，绝不是治理现代化概念的照搬或套用。早在1984 年思想政治教育学科诞生以来，党和国家不断加强和改进高校思想政治教育。党的十八届三中全会正式提出"治理现代化"命题，之后学界迅速行动起来，将治理思想引入高校思想政治教育领域，按照治理现代化的新任务新要求研究和推动高校思想政治教育高质量发展。按照事物认识规律，人们对高校思想政治教育治理现代化的认识和实践活动，经历了由浅入深、由表及里的过程。在治理现代化视域下，认识和理解高校思想政治教育治理现代化，科学把握高校思想政治教育治理能力的科学内涵，将是高校思想政治教育发展中的重大突破。

一、国家治理能力与思想政治教育治理能力

在治理现代化视域下，国家治理能力是推动国家治理体系运行能力的

集中反映，思想政治教育治理能力是国家治理能力在思想政治教育领域的集中反映。国家治理能力和思想政治教育治理能力存在必然的内在联系，主要体现在目标一致、内容包含、理念相通、意义互涉四个方面。

首先，目标一致。在新形势下，我国全面深化改革的总目标是完善和发展中国特色社会主义制度。在这一目标的指引下，当前我国所有领域的治理现代化都依照中国特色社会主义制度展开，包括高校思想政治教育治理现代化。在治理现代化视域下，国家治理能力现代化是完善和发展中国特色社会主义制度的前提基础。而在思想政治教育领域，推进高校思想政治教育治理现代化的目的是为党育人、为国育才。思想政治教育治理能力越强，就能培养出一批又一批符合党和国家需求的人才，进而为国家治理现代化提供坚实的人才支撑。可见，国家治理能力和思想政治教育治理能力现代化的最终目标高度一致。当前，高校思想政治教育治理能力与新任务新要求存在一定的差距，亟须通过加快提升高校思想政治教育治理能力，更好地肩负起为党育人、为国育才的使命担当。

其次，内容包含。思想政治教育治理能力现代化是国家治理能力现代化的重要构成，国家治理能力现代化离不开思想政治教育治理能力现代化，同时，思想政治教育治理能力现代化需要国家治理能力现代化的正确指引，两者是你中有我，我中有你的密切关系。就具体内容而言，国家治理能力既包含了政府治理能力、市场治理能力、社会治理能力，又包含了国家治理主体、客体、方式、手段、监管等方面的能力水平。思想政治教育治理是重要的国家治理手段，思想政治教育治理能力集中反映着国家治理能力的水平。思想政治教育治理能力现代化，就是以国家治理能力现代化为目标，整体提升思想政治教育治理的目标、方式、手段等全面创新和发展的能力，系统建构起现代化的思想政治教育治理理论体系和实践模式。可见，国家治理能力现代化的内容包含了思想政治教育治理能力现代化。当前思想政治教育治理能力现代化，亟须在中国特色社会主义制度下进一步规范和整合各种治理能力要素，提升思想政治教育制度体系的执行能力。

再次，理念相通。"治理"一词来源于西方治理理论。在西方国家，当时提出治理理论的主要目的是解决政府与社会之间的矛盾关系，重新调整政府权力和社会作用关系，即实现权力的再分配。在资本主义社会的发展进程中，一直伴随着政府、社会、公民之间的矛盾和对立问题。为了弥补以政府为主导的传统管理模式的低效问题，实现公共利益最大化，提出治理理论。西方国家的治理理论是基于西方国家政治制度、经济基础和社会结构，对于我国而言，绝不能照搬西方的治理理论，而是立足于我国社会主义政治制度和中国共产党领导，将治理理论中国化，提出"中国之治"理论，使治理理论服务于完善和发展中国特色社会主义制度。在西方政治制度语境下，治理理论强化去中心化，而在我国，要坚持和加强中国共产党的领导，要坚持维护最广大人民群众的根本利益，在此基础上，实现政府主导，社会、企业、广大人民多元主体参与的治理模式。另外，推动国家治理能力现代化和思想政治教育治理能力现代化，首先要根本改变治理主客体的思想观念，使人们从传统的管制、管理理念转向治理理念，这种人的观念的现代化，是持续推动治理能力现代化的前提基础。尤其对于思想政治教育而言，其治理能力现代化过程必然是多元主体、协同合作、高效务实等思想观念在人们头脑中"生根"的过程。

最后，意义互涉。国家治理能力现代化和思想政治教育治理能力现代化，两者互相作用、互相支撑，能够形成相得益彰的良性局面。国家治理能力的不断提升，有利于彰显中国特色社会主义制度优势，有利于增强思想政治教育的说服力和凝聚力。而拥有价值引领和凝聚人心作用的思想政治教育，随着其治理能力的不断提升，能够更好地为国家治理现代化、社会主义现代化画出更为广泛的同心圆。具体而言，随着思想政治教育治理能力的不断提升，建立起更具有说服力和凝聚力的话语体系，能够将党和国家的决策部署、制度体系更好地贯彻落实于人们日常的生活、学习和工作中，促进全社会成员思想观念的转变，组织动员广大人民群众积极主动参与国家治理、社会治理实践活动，实现思想政治教育治理能力现代化反哺国家治理能力现代化的效果。另外，国家治理能力本身就具有思想政治教育能力功能和意义，它直接影响人们的思维方式、行为习惯和价值观念，增强社会主义意识形态的吸引力，进而提升思想政治教育能力的实效性。

二、高校思想政治教育治理能力的基本意蕴

对于高校思想政治教育治理现代化，对于其基本意蕴的把握，可以有两种思路，一个是从中国教育现代化目标引出的高校思想政治教育现代化命题，另一个是从治理现代化目标引出高校思想政治教育治理体系现代化和治理能力现代化。我们要站在全面推进国家治理体系和治理能力现代化的战略高度，整体把握高校思想政治教育治理能力的基本意蕴。

高校思想政治教育治理能力是高校思想政治教育治理体系在贯彻落实中的应用化与主体化①。高校思想政治教育治理能力就是贯彻落实党的教育方针政策、执行制度及其相关配套措施的效能，它取决于高校思想政治教育治理主体的政治素质和业务能力。高校思想政治教育治理主体包括治理组织和治理个人，治理组织具体包括党委宣传部、马克思主义学院、党委研究生工作部、党委学生工作部、校团委等，它们需要通过不断解放思想，树立治理现代化理念，坚持为党育人、为国育才的初心使命，主动调整优化体制机制、组织架构、组织结构运行的现代化，进而推动高校思想政治教育治理组织的现代化；治理个人具体包括思想政治理论课教师、专兼职辅导员、专兼职组织员、班主任、宣传思想工作人员、团干部等，它们是各项决策部署、制度措施的实施者、组织者，是推动高校思想政治教育治理现代化的关键。要引导治理个人打破传统思维和做法，确立科学化、制度化、协调化、效能化的治理现代化理念，掌握和运用现代化治理手段，推动高校思想政治教育治理现代化实践。

相比于传统高校思想政治教育能力，高校思想政治教育治理能力突出强调以下四个方面的能力水平。一是科学化推进高校思想政治教育治理的能力水平。高校思想政治教育治理是否遵循了基本规律、科学理论、创新手段等，直接影响高校思想政治教育治理能力水平，高校思想政治教育治理能力主体要树立科学的思维，挖掘规律、尊重规律、运用规律，在针对规律性问题认识和理解的深化中，不断提高推动高校思想政治教育治理的

---

① 冯刚、徐先艳：《现代性视域中思想政治教育治理的生成逻辑、基本内涵及时代价值》，《教学与研究》2021 年第 5 期。

科学化。在治理现代化视域下，越是尊重高校思想政治教育规律，越能彰显治理理念和现代化目标，也就越有利于高校思想政治教育治理的理论构建、实践推进和目标达成。二是制度化推进高校思想政治教育治理的能力水平。制度化是推进高校思想政治教育治理现代化的关键。高校思想政治教育治理现代化程度，可以从高校思想政治教育制度体系是否系统完备、是否科学规范、是否运行有效等方面反映出来。一直以来，党中央高度重视高校思想政治教育领域的制度体系建构，出台了一系列配套措施，为加快推动高校思想政治教育治理现代化提供了强大的制度保障。制度化推进高校思想政治教育治理，就是要以宪法为基础，遵循高校思想政治教育规律，根据师生思想行为特点的变化，建立健全育人制度体系，同时，在确保政策持续性、稳定性的基础上，强调制度体系调整优化的及时性。实际上，一种制度体系的形成和完善是一个循序渐进的过程，高校思想政治教育制度体系需要逐渐完善和发展。三是协调化推进高校思想政治教育治理的能力水平。协调化是高校思想政治教育治理现代化的重要特征。高校思想政治教育治理既要协调主体、客体、方式、载体等内部要素之间的关系，又要协调高校思想政治教育整体与外部环境、资源之间的关系。只有高校思想政治教育治理内部结构的协调化和内外部的协调化同时实现，才能有力推动高校思想政治教育治理现代化，这一过程需要有高水平治理能力的支撑。目前，高校思想政治教育领域仍存在不协调的现象，比如在互联网思维影响下，高校思想政治教育碎片化、分散化严重，比如高校思想政治教育相关部门的工作职责界面不清晰，进而影响到多元协调共治格局的形成。四是效能化推进高校思想政治教育治理的能力水平。治理现代化，关注治理投入与产出之间的比例关系，强调治理过程的最大效率化和治理结果的最大效益化。高校思想政治教育治理现代化的目标十分明确，就是要最大限度地满足青年学生的成长成才需求。

三、高校思想政治教育治理能力的构成要素

在治理现代化视域下，高校思想政治教育治理能力的构成要素具体包

括制度执行能力、改革创新能力和科学发展能力①。其中，制度执行能力是高校思想政治教育治理能力现代化的前提基础，改革创新能力是高校思想政治教育治理能力现代化的内在动力，科学发展能力是高校思想政治教育治理能力现代化的价值指向。

首先，制度执行能力。高校思想政治教育肩负着为党育人、为国育才的神圣使命，不断提升执行系统完备、科学规范、运行有效的高校思想政治教育治理制度的能力，是高校思想政治教育更好地践行初心使命的重要保障。增强高校思想政治教育治理制度执行能力，是推进高校思想政治教育治理能力现代化的重要保障，是确保高校思想政治教育培养时代新人的应有之义。从高校思想政治教育现代化整体系统来看，制度体系是重要构成，同时，制度执行的能力也是重要构成，两者的紧密结合，才能加快推进新时代高校思想政治教育治理现代化。高校思想政治教育治理制度执行能力，要建立在系统思维和大局意识基础之上，既要整体性考虑高校思想政治教育治理制度体系系统，又要充分考虑高校思想政治教育治理制度体系与相关配套制度之间的关系。高校思想政治教育治理制度执行能力，具体包括制度解读能力、制度实施能力、制度监督能力、制度评价能力、效果反馈能力、制度调整能力等，每个环节的科学化与系统化至关重要，每个环节之间的紧密结合直接影响到高校思想政治教育治理制度执行能力水平。

其次，改革创新能力。改革创新精神是推动事物发展的内在动力，高校思想政治教育作为做人的工作的教育实践活动，其治理更需要改革创新精神。高校思想政治教育治理改革创新能力，就是指在高校思想政治教育治理进程中大力弘扬和运用改革创新精神的能力。高校思想政治教育治理现代化，实质上就是推动高校思想政治教育治理各要素与时俱进、推陈出新、去故更新的动态发展过程。在治理现代化视域下，高校思想政治教育治理实践过程，要改革不符合国家治理现代化要求的各类因素，改革阻碍高校思想政治教育治理现代化进程的思想、理念、方法、载体、手段、体制等。改革精神和创新精神是立与破的关系，要处理好两者关系，在改革

---

① 王学俭、阿剑波：《思想政治教育治理现代化的内涵、特征与发展路径》，《思想理论教育》2020 年第 2 期。

中寻求创新,在创新中推动改革,在推动改革能力与创新能力的协作发展中,发挥出改革创新的最大效益,进而推动高校思想政治教育治理能力现代化。不断提升高校思想政治教育治理改革创新能力的目标是推动新时代高校思想政治教育的高质量发展。新形势下,加快推动高校思想政治教育高质量发展的呼声越来越强烈。党中央明确提出,"十四五"时期我国已转向高质量发展阶段,我国"经济、社会、文化、生态等各领域都要体现高质量发展的要求"①,国家经济社会发展各领域的发展要始终彰显制度优势,作为肩负着为党育人、为国育才神圣使命的高校思想政治教育必然要按照时代要求,推动自身的高质量发展,在高质量发展中不断提升改革创新能力,在改革创新中不断实现高质量发展。

最后,科学发展能力。从国家层面来讲,发展是解决我国社会主义发展中遇到的各类困难和挑战的关键,同样,对于高校思想政治教育来讲,不断发展才是硬道理。而且,这种发展必须是科学发展,高校思想政治教育治理科学发展能力,就是要尊重"三大规律",按照国家治理现代化要求和人的自由全面的目标,推动高校思想政治教育治理现代化的能力。高校思想政治教育治理只有不断提升科学发展能力,才能有效把握人的思想行为特征和规律,增强高校思想政治教育治理效能。当前,提升高校思想政治教育治理科学发展能力,就是要贯彻落实新发展理念,将创新、协调、绿色、开放、共享的发展理念贯穿于高校思想政治教育治理现代化全过程。坚持把创新作为高校思想政治教育治理的第一动力;推动高校思想政治教育治理各要素的协调发展,提升高校思想政治教育的可持续发展能力;有效融合高校思想政治教育治理资源,避免重复治理、低效治理;推动高校思想政治教育治理现代化与各领域现代化的同向同行,坚持开放的立场,吸取一切有利于高校思想政治教育治理现代化的有益成果;坚持以人民为中心的发展理念,把人的自由全面发展作为高校思想政治教育治理能力现代化的价值旨归,全面提升高校思想政治教育治理科学发展能力。

---

① 习近平:《关于〈中共中央关于制定国民经济和社会发展第十四个五年规划和二〇三五年远景目标的建议〉的说明》,《人民日报》2020年11月4日。

第二节　高校思想政治教育治理能力的时代要求

习近平总书记要求思想政治工作要适应时代要求，做到"四个服务"，其中为社会主义现代化建设服务是重要内容之一。加快推进高校思想政治教育治理现代化，是国家治理现代化的必然要求，同时也是高校思想政治教育自身治理现代化转型的内在需求。党的十八大以来，习近平总书记关于如何加强和改进高校思想政治工作提出的一系列重要论述，是提升高校思想政治教育治理能力的根本遵循和行动指南。

一、落实习近平总书记提出的"六个要求"

习近平总书记在全国高校思想政治工作会议上强调，高校教师要"努力成为先进思想文化的传播者、党执政的坚定支持者"[1]。在学校思想政治理论课教师座谈会上习近平总书记进一步指出，"办好思想政治理论课关键在教师，关键在发挥教师的积极性、主动性、创造性"[2]，并就思想政治理论课教师素养提出"六个要求"，"六个要求"不仅是对思想政治理论课教师的要求，也是对全体思想政治教育工作者的要求。

第一，政治要强。推进高校思想政治教育治理现代化，是一项政治性很强的现代化实践活动，要求高校思想政治教育治理主体"政治要强"。一方面，坚定政治立场。立场是人们对待和解决问题时的态度。要让具备坚定政治立场的高校思想政治教育工作者引领青年学生的价值观念，引导青年学生的思想行为。高校思想政治教育工作者要坚定马克思主义政治立场，真学、真懂、真信马克思主义理论，用习近平新时代中国特色社会主义理论铸魂育人；坚定以人民为中心的政治立场，从青年学生成才成长的实际诉求出发，推动高校思想政治教育治理现代化；坚定拥护中国共产党领导的政治立场，引导青年学生拥护中国共产党领导和社会主义政治制度，不

---

① 《习近平在全国高校思想政治工作会议上强调：把思想政治工作贯穿教育教学全过程　开创我国高等教育事业发展新局面》，《人民日报》2016 年 12 月 9 日。

② 《习近平在学校思想政治理论课教师座谈会上强调：用新时代中国特色社会主义思想铸魂育人　贯彻党的教育方针落实立德树人根本任务》，《人民日报》2019 年 3 月 19 日。

断增强投身中华民族复兴伟大实践的自觉性。另一方面，扎实政治理论。读原著学原文悟原理，是高校思想政治教育工作者的基本功，这也是为什么近年来党和国家如此重视高校思想政治教育工作者的高层次培训和高学历教育的重要原因；在掌握马克思主义理论基础之上，还要不断扩大知识面，新知识、新材料、新方法能够有效提升高校思想政治教育治理的吸引力和说服力；围绕国内外形势和学生的思想困惑，说清楚时事热点问题、学生关心关注的问题，面对非马克思主义的谣言、诽谤、攻击，要敢于"亮剑"。

　　第二，情怀要深。立德树人是教育的根本任务。推进高校思想政治教育治理现代化，是为了更好地落实这一根本任务。首先要有家国情怀。家国情怀是最伟大的也是最为根本的情怀。随着我国迈入全面建成社会主义现代化强国新征程，家国情怀也发生了现代性转化。"两个大局"和"两个百年目标"是正确树立家国情怀的时代背景。推进全面建设社会主义现代化强国，是当前家国情怀的时代表达。高校思想政治教育工作者，要在爱祖国、观世界的过程中涵养家国情怀，凝聚实现中国梦的青年力量。其次要有传道情怀。传道是教师的第一职责。高校思想政治教育工作者要敬畏教育事业、敬畏育人岗位，倾情投入高校思想政治教育事业，脚踏实地、志存高远、执着追求，不被世俗利益所诱惑，不被一时功名所迷惑，专心育人、用心育人。最后要有仁爱情怀。"仁爱之心"是评判好老师的标准之一。无论在哪个国家，无论在何时，爱是教育的本质。育人过程不仅是教育主客体之间知识讲授和接收的知识传播过程，更是爱的付出与感受的情感互动过程。高校思想政治教育工作者心中要时刻装着学生，把对事业的热爱转化成育人效能。

　　第三，思维要新。推进高校思想政治教育治理现代化，前提是思维范式的转换。高校思想政治教育工作者首先要完成思维的现代性转化，其中，制度思维是关键。首先是制度自信。历史实践充分证明，中国特色社会主义制度具有明显的制度优势，依照中国特色社会主义制度形成的高校思想政治教育制度体系也在一次又一次地彰显着优于西方国家的制度优势和强大的育人功能。高校思想政治教育工作者，应该有足够的制度自信。其次是制度自觉。作为高校思想政治教育工作者，要坚决执行制度，全力维护制度的严肃性和权威性，不打折、不变通，不能仅仅是把制度挂在墙上、喊在嘴上，要用一系列制度规范高校思想政治教育治理实践活动。最后是制度创新。创新想法和做法往往来自于基层。高校思想政治教育工作者在育人过程中，要正确掌握党的决策部署、政策制度，根据实际工作，实现制度的创造性转化和创新性发展。就高校思想政治教育而言，制度创新就是作为制度使用者的高校思想政治教育工作者采用创新方法、创新手段、创新评价，实现高校思想政治教育制度的育人效能最大化。

第四，视野要广。高校思想政治教育工作者不仅需要掌握马克思主义基本原理，还要将马克思主义基本原理与实际问题结合起来，把青年学生关心的问题的本质、原因、趋势等讲清楚，进而引导青年学生培养独立思考能力、辨别能力、辩证思维、批判精神等，这就要求高校思想政治教育工作者具备完善的知识体系、宽广的视野。高校思想政治教育治理现代化，涉及政治学、社会学、传播学、信息技术学等多门学科，涉及经济、政治、社会、文化、生态文明等诸多领域，涉及世情、国情、党情、民情等内容。互联网时代，青年学生可以通过手机、电脑等获取大量的信息，而且，不同专业背景的学生思维、能力都存在一定的差异。为了做到言传身教、因材施教，高校思想政治教育工作者除了完善知识体系，还要不断开拓视野。习近平总书记强调的视野包括国际视野和历史视野。关于国际视野，高校思想政治教育工作者要根据国内外形势的变化，更新知识视野，不断调整和优化教育教学内容，及时回答青年学生关心的时代之问，增强育人时效性和说明力。掌握和运用互联网思维，丰富育人手段和方法，在批判中吸收和借鉴一切有利于育人效果的国内外教育实践成果，敢于、善于放眼全世界，通过国内外实践对比，讲述中国共产党领导和中国特色社会主义政治制度的优越性。关于历史视野，历史是最好的教科书。高校思想政治教育领域，要长期开展"四史"学习教育，做到现代与历史的高度统一，引导青年学生了解"四史"，学会遇到问题时能够用历史思维分析、判断和解决问题，而不是盲目地相信西方资本主义国家的资本逻辑下的民主、自由、人权相关观点和思潮。

第五，自律要严。高校思想政治教育工作者要做到言传与身教相统一、立德与立己相统一、网上和网下相统一，进而更好地引领青年学生的思想和行为，做到言行一致、知行合一。首先要践行社会主义核心价值观。对于青年学生而言，树立世界观、人生观、价值观，首先是从模仿老师的言行、感受老师的情感、学习老师的知识开始。老师的言行表现、情感表达、知识传授极为关键。育人先育己，高校思想政治教育工作者要自觉成为社会主义核心价值观的坚定践行者，肩负起立德树人根本任务，人前人后、线上线下一个样，身体力行，做好青年学生的引路人。其次要加强自我教育。活到老，学到老。高校思想政治教育工作者要坚持学习，确保学习的系统性、扎实性、持续性，不断提升适应青年学生成长成才需求的能力。最后要自觉接受监督。在治理现代化视域下，随着高校思想政治教育治理体系的完善和发展，依法办学、依法治教将不断深入，高校思想政治教育工作者要敢于接受学生、家长、社会的监督和批评，敢于承认和改进不足，避免按照传统思维，仍存在"只要出发点好，用什么教育方法都行"的错误思想，坚守教师职业道德，见贤思齐、严于以律，自觉向先进看齐、榜样看齐，做到"吐词为经、举足为法"。

第六，人格要正。人格是思想、情感、知识、道德、意志等的集中体现，对于高校思想政治教育而言，人格的重要意义在于以感性的形式作用于青年学生"扣好人生第一粒扣子"。高校思想政治教育工作者的人格来自于对马克思主义真理的不懈追求，对增强立德树人本领的不懈努力，为实现培养社会主义建设者和接班人的神圣使命不懈奋斗。首先要塑造追求真理之人格。马克思主义是中国共产党人孜孜以求的真理，也是指导高校思想政治教育治理现代化，指导高校思想政治教育工作者塑造高尚人格的根本遵循。高校思想政治教育工作者要准确掌握和熟练运用习近平新时代中国特色社会主义思想铸魂育人，能够切实将"四个意识""四个自信""两个维护"转化为为党育人、为国育才的坚定信念。不懈追求伟大的马克思主义真理，投身伟大的社会主义事业，才能塑立起真正高尚的人格。其次是塑造高强本领之人格。"人格要正"不仅是思想、信念层面的，也是能力、本领层面的。高强本领指的是，高校思想政治教育工作者自身通过学习知识，求得真学问、悟到真道理、明白真事理，并引导学生学习和掌握事物发展规律，丰富常识、增长见识，努力通晓天下道理。最后是塑造育人目标之人格。奋斗目标使人崇高。高校思想政治教育工作者要坚持立德树人根本任务，努力为党育人、为国育才，这一过程彰显着人格之美丽、人格之崇高、人格之伟大。

二、提升高校思想政治教育治理制度执行力

"制度的生命力在于执行。"[①] 高校思想政治教育治理制度执行力，是高校思想政治教育治理主体采用现代化手段实施一系列治理制度，最终有力推进高校思想政治教育治理现代化的过程。在这一过程中，治理主体所表现出来的行动力、效能就是制度执行力。就高校思想政治教育治理现代化而言，有效的制度执行力是坚守初心使命和高水平业务能力的高度统一，每一位高校思想政治教育工作者要坚守和践行为党育人、为国育才的神圣使命，高度的使命感和责任感会给制度执行力注入源源不断的内在动力。

制度体系建设和制度执行力推动着治理现代化进程，前者是推动治理现代化的前提，后者是推动治理现代化的根本，两者相互支撑，统一于治理现代化实践。因此，推动高校思想政治教育治理现代化，需要从建立健全制度体系和不断提升制度执行力两个方面下功夫。在我国，推动高校思想政治教育治理现代化，具有得天独厚的制度优势，如何将社会主义制度优势转化为治理效能，有效的制度执行力就是关键。制度执行力有广义和狭义之说，广义上讲，制度执行力是自上而下的层层传导和落实落细制度的过程，宏观治理主体需要做好制度的战略规划和顶层设计，中观治理主体需要根本当地的实际情况分解细化工作安排，微观执行主体需要将上级的精神转化为具体实践，这一过程中各环节传导有力、有效，就能确保制度体系的现代化转化。狭义上讲，制度势力就是指思政课教师、辅导员、班主任等具体的高校思想政治教育一线工作者执行制度的能力水平。这一群体是高校思想政治教育治理现代化的"最后一公里"，这一群体的制度执行力的不断提升，是确保高校思想政治教育治理体系转化为人才培养效能

---

① 《中共中央关于坚持和完善中国特色社会主义制度、推进国家治理体系和治理能力现代化若干重大问题的决定》，《人民日报》2019 年 11 月 6 日。

的关键力量，它们的制度执行力取决了政策解读能力、组织动员能力、踏实的工作作风、坚韧的意志品质等。信念、思想、观念、行为等任何一种素质的不足会影响到制度执行"最后一公里"的实际效果。制度是引导、约束事物发展和人的言行的规范系统，包括指导思想、任务、责任、目标等，要通过制度执行力，落实指导思想、完成任务、履行责任、达成目标。制度执行力越强，制度体系越能发挥预期效果；制度执行力越弱，制度体系将形同虚设。

再好的治理制度如果没有强大的执行力，很难转化为治理效能。目前，在高校思想政治教育领域一定程度上存在制度执行力不足的问题，主要表现为部分制度执行不畅、制度执行递减、制度执行异化等。分析其原因，在制度意识方面，在依法治国、治理现代化背景下，要求人们牢固树立法治观念、制度观念，但仍有个别高校思想政治教育工作者在惯性思维的影响下，思想观念没有完全转向治理现代化，制度意识薄弱，既不重视学习研究党的教育方针、决策部署、政策制度，也不重视立足于工作实际，用治理制度体系指导引领、规范、约束治理实践活动。还有个别高校思想政治教育工作者由于政治素养和业务能力有限，不能全面、准确掌握和运用一系列制度体系，导致党的决策部署、政策制度落实的不够实、不够细。在执行方法方面，制度的执行工具或方法，是制度执行取得效果的"利器"，用对用好了工具和方法，制度执行才能有事半功倍的效果。总体上，高校思想政治教育工作者往往使用刚性的行政命令的方式落实一系列制度，这是必要的方法，但不能是唯一方法。思想政治教育是一项系统性的科学育人实践活动，要充分考虑教育对象的特殊性。除了刚性的行政命令之外，还要辅以更多灵活多样的"润物细无声"的方法，比如主题宣讲、价值引领、选塑典型、总结推广、自我教育等柔性方法。刚性制度约束和柔性文化熏染的紧密结合，才能有效发挥制度在不同主体、客体之间调节利益关系、权力关系的功能，促进高校思想政治教育治理现代化的持续稳定发展。高校思想政治教育治理制度体系的完善和发展不是一朝一夕就能实现的，需要持续调整、优化和完善。虽然近年来，党中央高度重视高校思想政治教育治理体系建设，高校思想政治教育治理制度体系不断完善，但仍需要进一步解决个别制度体系模糊、行动指导不明确等问题，避免口号式、动员式、宣传式的文件模式，避免"上下一边粗"式落实上级文件精神的错误做法。高校思想政治教育工作者，也要充分发挥主观能动性，学懂弄通并立足工作实际，创造性转化和创新性发展相关制度。

三、能力要求与人的现代化的诉求紧密结合

人的现代化与国家治理现代化是对立统一的整体，人的现代化对国家治理现代化有一定的诉求。思想政治教育是引导人们思想观念和价值观念的重要手段，也是治国理政的基本方式。而且，思想政治教育是根据一定的规律，引领和变革社会，进而为国家治理现代化、人的现代化注入强劲的建构性力量。

现代化的本质是一个社会形态从农业文明转向工业文明，现代化的过程不是简单地推动 GDP 增长的过程，而是人的思想、观念、行为，包括国家和社会体制机制的整体性现代化。在现代化国家中，权利、义务、制度、公平、协调等理念成为整体国家和社会的基本准则。国家治理现代化是全面深化改革的迫切要求，也是总目标。在治理现代化视域下，多元主体为了一个统一的目标，共同参与国家和社会治理事务，使公共秩序最优化、公共利益最大化，整个国家和社会运行处于有序稳定健康发展的状况，即通过国家治理现代化，使国家进步、社会发展、人的自由全面发展与"现代化"进程相吻合。如前所述，国家治理体系和治理能力是有机整体，是国家治理现代化的两个方面，治理体系为治理能力提供基础，确保治理能力的有效发挥；治理能力是完善和发展治理体系的能力水平，确保治理体系运行的最大效能。因此，治理体系的完善和发展对治理能力提升有要求，反过来，治理能力提升也对治理体系的完善和发展有一定的诉求。人的现代化是国家治理现代化的核心标志，也是国家治理现代化的出发点和落脚点。一个国家，只有实现了人的现代化，诸多领域的"工作人员都获得了某种与现代化发展相适应的现代性，这样的国家才可真正称之为现代化国家"。[①]

---

① ［美］阿历克斯·英格尔斯：《人的现代化》，四川人民出版社 1985 年版，第 8 页。

人的现代化是一项复杂的系统工程。一是加快推进中国教育现代化。享受更加公平、高质量的教育是人民对美好生活的向往之一。制度作为刚性规定，对人的言行的约束和规范是有限的。人的现代化还需要通过润物细无声的教育，来引导和改变人们的思想观念、思维方式和行为习惯。教育现代化，就是完成这一过程的教育实践过程。二是加快推进社会主义先进文化建设。中国特色社会主义先进文化，能够为加快推进国家治理现代化提供强大的精神支撑，为人的现代化提供丰富的文化滋养。经过 40 多年的改革开放，我国文化价值观彰显开放、多元、合作等的特质，日趋符合当前尊重差异、开放包容、兼容并蓄的多元社会发展。与传统社会相比，国家治理现代化突出强调法治社会，法治文化建设也是中国特色社会主义先进文化的重要部分。人的现代化，需要人在法治文化的熏陶下，逐渐形成法治思维、法治观念、法治信仰，在遵崇和坚守法治精神中不断提升现代化素养和能力。三是加快推进社会主义民主法治建设。拥有正当权利、行使政治权利、维护正当权利，是人的现代化的重要标志。制度体系和治理能力是治理现代化的两个要素。而完善的制度体系需要充分体现民主化和法治化。我国随着全国深化改革的不断深入，民主、法治已深入人心，中国特色社会主义民主法治建设取得显著成效。当然，由传统的官本位思想所衍生出来的官僚主义、形式主义在现实社会中仍大量存在，并不断侵蚀着人们的民主意识、法治精神，进而影响甚至阻滞着国家治理现代化进程。人的现代化，呼唤各类民主法治建设体制机制、制度体系的不断完善和发展。因此，要用更为科学完善的社会主义民主法治建设来维护公民正当权利，维护最广大人民群众的根本利益，促进国家治理体系与人的现代化的良性互动。

第三节　高校思想政治教育治理能力的提升进路

在治理现代化视域下，不断提升高校思想政治教育治理能力，要依照中国特色社会主义制度展开，同时，要遵循思想政治教育规律，聚集当前制约高校思想政治教育治理能力提升的主要矛盾，实施具有针对性的措施。

重点包括促进理论与实践的融合、加强治理智库建设、注重交叉学科学理研究三个方面。

一、在理论与实践的融合中提升治理素养

高校思想政治教育兼顾理论性和实践性，理论研究与实践历练的有效融合是不断提升高校思想政治教育治理素养的方法论。因此，要在治理理论研究和实践历练的过程中不断提升治理素养。高校思想政治教育工作者要通过理论与实践的融合，一方面，将高校思想政治教育治理现代化进程中的感性认识上升至理性认识。人们认识事物的本质规律时，需要由表及里的认识过程，即感性认识到理性认识的过程。以抗疫精神为主要内容的思想政治教育为例，当人们听到、看到中美两国在"新冠"肺炎疫情中所表现出来的不同做法及其所产生的效果时，人们会对伟大祖国产生热爱之情，也会感激无数个默默无闻的抗疫英雄，这种情感是积极的感性认识。如果高校思想政治教育工作者将其进行有效的教育引导，可以将人们朴素的感性认识上升至认同中国共产党领导和社会主义制度的价值观认识层面。当前，泛娱乐化、碎片化思维在一定程度上消解人们深度思考、理性思考和对正确的价值观念的积极建构。为此，高校思想政治教育工作者要通过各类实践活动，引导青年学生认识事物的本质规律，在大是大非面前，能够立场坚定、明辨是非，做出正确的价值判断。另一方面，将高校思想政治教育治理现代化进程中的经验形态上升至科学形态。高校思想政治教育工作者的能力水平如果仅仅是停留在经验形态，很难全面而准确地把握具有普遍性的规律性问题。只有将经验形态上升至科学形态，才能对事物的发展进行科学指导，有效推动事物的完善和发展。高校思想政治教育工作者在实际工作中，通过对新情况新问题新变化的总结分析，可以全面了解到青年学生的思想动态、思维方式和行为习惯，再通过科学化、系统化的思考和研究，这些经验能够逐渐成为科学理论，并反过来，指导高校思想政治教育实践活动。

高校思想政治教育治理主体在育人过程中处于主导地位，其能力水平

直接影响着育人效果。然而高校思想政治教育主体中，有的经验有余，理论不足，有的理论有余，经验不足，需要通过理论和实践的融合不断提升治理素养。理论与实践的融合不是理论与实践的简单相加，而是实现理论性与实践性高度统一于高校思想政治教育治理现代化进程之中。一是强化马克思主义理论对育人实践活动的指导。在新形势下，推进高校思想政治教育治理现代化，面临许多新情况新问题，只有加强马克思主义理论的指导，才能迎刃而解。有一段时间里，高校思想政治教育领域出现了一味追求实践性，而忽视理论性的现象。比如，个别思政课教师为了增强课堂效果，不是系统地讲解理论，而是一味地追求形式上的所谓创新。一方面，思政课教师在主观上认为学生不愿意听理论性知识，讲理论影响课堂气氛和学生的听课效果，也影响学生对教学效果的评价结果。另一方面，个别思政课教师没有完善的知识结构，也不能充分掌握和灵活运用马克思主义理论，因此，选择用活跃氛围、创新形式来代替系统性、科学性的理论讲解。这就偏离了思想政治理论课的使命任务。一切实践活动要坚持和加强马克思主义的指导地位。二是促进育人理论与实践的相互作用和动态平衡。要避免理论而理论，实践而实践的错误做法，要始终运用好马克思主义的立场、观点和方法，坚持理论贯穿实践活动全过程，实践贯穿理论发展全过程，在同步推进理论和实践的过程中，保持两者的动态平衡。在促进理论和实践的融合中揭示和运用高校思想政治教育治理现代化的规律。社会发展所要求的思想道德水平与青年学生思想道德水平之间的矛盾运动，是推动高校思想政治教育高质量发展的内在动力①。要通过理论和实践的融合揭示这一矛盾运动规律，通过加快推动高校思想政治教育治理现代化，促进人的自由全面发展。揭示规律是为了运用规律，理论和实践的融合不能仅仅停留在揭示规律层面，还要将规律运用于育人实践活动中，促进育人形式、方法、话语、场域的现代化转向，实现高校思想政治教育高质量发展。三是发挥考核评价对理论和实践融合的引导作用。建立健全有利于促进理论和实践融合的考核评价体

---

① 冯刚、张欣：《深刻把握思想政治理论课理论性与实践性相统一的价值意蕴》，《新疆师范大学学报（哲学社会科学版）》2019年第5期。

系。改变过去更多注重理论成效忽视实践成效的考核评价，导致理论与实践的脱节，也不能一味地注重实践环节的考核，要科学合理地界定不同育人环节和时期中的理论和实践考核的比例问题。在治理现代化视域下，高校思想政治教育治理是多元协同综合治理，以往单一部门针对单一群体的考核评价方式需要改变。另外，针对理论和实践融合的考核评价，实际上是对高校思想政治教育治理现代化规律的检验或确证的过程，因此，无论什么形式的考核评价，都需要始终按照马克思主义基本原理，始终坚持理论联系实际、具体问题具体解决、实践是检验真理的唯一标准的总体原则。

二、加强高校思想政治教育治理智库建设

"加强中国特色新型智库建设"确定为我国"十四五"时期提升国家文化软实力的重要措施。智库（think tank）也称之为思想库或智囊团。高校思想政治教育治理智库是中国特色新型智库的重要组成部分，它可以从专业、客观的角度研究高校思想政治教育治理现代化进程中遇到的问题，并向相关部门提供政策建议、应对策略。推进高校思想政治教育治理现代化，事关意识形态领域形势全局性、根本性转变，亟须来自各方的"良方"。首先，高校思想政治教育治理现代化形势复杂。在治理现代化视域下，加快推进高校思想政治教育治理现代化是我国全面深化改革，促进高校思想政治教育高质量发展的必然要求。西方资本主义国家的意识形态渗透从未停止，在互联网时代，敌对势力试图通过互联网"扳倒"中国，作为中华民族伟大复兴生力军的当代青年学生思维方式、行为习惯、价值观念受到多种干扰和冲击。在如此复杂的形势下，推进高校思想政治教育治理现代化，需要新思想新理念新方法。其次，新形势下思想政治教育学科需要新诠释。思想政治教育学科自1984年成立以来，经过近40年的发展，学科体系日趋完善，队伍建设不断加强，人才培养效果显著。但新形势下高校思想政治教育治理亟须现代化转向。高校思想政治教育治理智库建设有利于促进思想政治教育学科的顶层设计、整体规划，建设协同创新平台、营造交叉

学科环境、促进理论与实践融合发展①。最后，新形势下思想政治教育队伍需要新向度。一直以来，高校思想政治教育职业化、专业化发展不断深入。新形势下，时代发展和人的自由全面发展要求高校思想政治教育队伍更加专业化。专业化是思想政治教育工作者适应新形势新任务新要求的动态发展过程，具体内容包括教育设计、内容、方法、手段、评价等全过程环节。智库是思想智慧的聚集地，也是人才队伍建设的重要平台和阵地，高校思想政治教育工作队伍，能够借助这一平台和阵地，获得创新、持续的专业化发展路径和平台。

在我国，智库建设开始于 20 世纪 90 年代。《全球智库报告 2020》显示，美国拥有 2203 家智库，是全球拥有智库数量最多的国家，我国以 1413 家位居第二。从智库影响力来看，我国有 8 家智库入选全球百强榜单，其中，高校智库仅有 2 家，其研究领域主要是国际关系研究，基本不涉及高校思想政治教育。目前，国内没有专门研究高校思想政治教育治理现代化的智库。可见，我国高校思想政治教育智库建设现状与高校思想政治教育治理现代化需求不相符，亟须采取有效措施，加强高校思想政治教育治理智库建设。

首先，明确功能定位。高校思想政治教育治理智库属于高校智库，它具有高校智库的一般性功能定位，同时，具有自身的独特定位和功能。具体包括，发挥高校得天独厚的理论团队优势，着眼于高校思想政治教育治理现代化的战略性基础理论研究，科学、客观地为高校思想政治教育治理现代化提供理论支撑；发挥思想政治教育学科近 40 年发展进程中积累的学科优势，着眼国内外、学科内外重大现实问题，开展学科交叉综合性研究，为高校思想政治教育治理现代化建言献策；发挥思想政治教育的思想引领和舆论引导功能，着眼我国经济社会发展中的难点问题和师生关注的热点问题，展开深入的研究和阐释，有效引导校园文化和社会舆论；发挥人才培养任务，建设培养思想政治教育学科理论工作者、教育工作者的创新平台，为高校思想政治教育治理现代化提供人才保障。总之，高校思想政治教育治理智库要进行全方位的功能定位现代化转型，进而满足高校思想政治教

---

① 冯刚：《不断探索思想政治教育学科建设与发展的科学路径》，《思想理论教育导刊》2014 年第 4 期。

育治理现代化的理论和实践需求。

其次，树立战略意识。智库不是一般意义上的理论研究组织，它更多的是一种战略性的基础理论、政策制度的研究机构。加之，高校思想教育事关立德树人根本任务，事关培养能够担当民族复兴大任的时代新人的重大使命。因此，高校思想政治教育治理智库不仅要树立问题意识，更要树立战略意识，坚持高、大、全的建设研究。"高"是指高度重视。要采取有力措施，切实把智库建设成为联系和团结高校思想政治教育治理问题理论研究者和实践工作者的思想库、智囊团。"大"是指树立"大思政"意识。高校思想政治教育治理不仅仅是辅导员队伍的工作，需要整合校内外资源，协同校内各部门、各群体的力量，要引导各类组织、部门、专家、研究人员、一线人员参与到智库建设中来，做到开放式建设。"全"是指构建全员、全过程、全方位体系。推进高校思想政治教育治理现代化，不是另起炉灶、另辟蹊径，而是对原有思路、方法、路径的加强和改进，构建"三全育人"体系是推进高校思想教育治理现代化的重要内容。高校思想政治教育具有广泛性和复杂性，在治理现代化视域下，智库要加强高校思想政治教育领域带有全局性、根本性、战略性、紧迫性的制度体系问题研究。

最后，聚集机制创新。高校思想政治教育治理智库要聚集高校思想政治教育治理内部运行机制和外部协同机制的问题。在内部运行机制方面，首先要理顺管理体制，智库建设需要完备的制度体系、完善的组织架构，确保智库运行的独立性和规范性。其次要有过程监督和效果评价机制，由政府、社会、学校、师生对智库运行过程和实际效果进行评价，并广泛采纳反馈意见，进而不断完善智库运行和效果。同时，还要建立健全包括发放奖励、绩效、评级等方式的激励机制，充分调动智库研究人员的积极性。最后要加强与各级各类研修基地、研究组织的合作，避免各组织之间的职能冲突，最大限度地形成组织合力。在外部协同机制方面，一方面要实现网络化协同，各级各类管理部门要给予智库建设更多的配套政策支持、经费支持等，让智库在良好的政策制度环境下，心无旁骛地开展独立研究。另一方面要实现国际化协同，解放思想，扩大视野，加强对外宣传与合作，多举办全国性、国际性高校思想政治教育治理智库建设会议，面向国内外实时发布最新智库成果。

三、注重交叉学科的学理研究与实践应用

高校思想政治治理现代化涉及马克思主义理论、政治学、社会学、传播学等多人学科，需要交叉学科的基础理论作为支撑。当前，推进高校思想政治教育治理现代化，遇到的困难和挑战需要在思想政治教育学科基础上，不断吸取不同学科的知识、方法和手段来破解。交叉学科，是指通过多学科的综合性研究，来实现不同学科门类学术思想的思维方式、研究方法、实践路径的创新学科[①]。思想政治教育学科自 1984 年成立以来一直在借鉴、引进、消化相关学科的有益之处。其主要表现大体可以分为三种，第一种是照搬概念。很多学科在发展初期，为了解决理论和实践中遇到的问题，简单搬用相关学科的概念，比如政治社会学、政治心理学都源于社会学概念。思想政治教育学科也是如此，比如思想政治教育学科发展初期，引用领导学、心理学、成功学的概念或观点来解决育人实践中的问题，为了丰富和发展思想政治教育学科概念，也常常引用政治学、教育学等学科的概念或观点来表述思想政治教育现象。第二种是嫁接理论。从其他学科角度，运用其他学科理论来研究本学科理论和实践问题。思想政治教育学科发展早期的理论大量来自于系统论、信息论、控制论的观点和理论。再比如，思想政治教育过程理论源自教学论观点和理论，之后逐渐形成了关于大学生政治价值观，再到大学生"三观"形成、过程和发展的思想政治教育学科理论。第三种是借鉴方法。就是借鉴其他学科的研究方法来研究思想政治教育学科的定性与定量相结合问题、逻辑方法与历史方法相结合问题等。思想政治教育环境生态研究、接受规律研究、实证案例研究等都属于这一类。当前，思想政治教育学科领域更多的是综合运用以上三类形态，既借鉴概念和观点，又吸引理论和方法。推进高校思想政治教育治理现代化，是一项综合性的理论研究与实践应用问题。为了提升高校思想政治教育治理能力，需

---

① 冯刚、曾永平：《学科交叉视野下思想政治教育创新发展的特点与趋势》，《思想政治教育研究》2018 年第 1 期。

要注重交叉学科的学理性研究。在推进高校思想政治教育治理现代化视域下，加强交叉学科学理研究和实践应用，"一定要在更为宏观的创新视野中审视思想政治教育学科创新问题。"[①]

当前，学科之间的界限日益模糊，单一学科的理念、知识、方法难以支撑一个学科的高质量发展。学科交叉融合研究能够开拓新的研究领域，突破新的重大问题。对于思想政治教育学科而言，推进高校思想政治教育治理现代化，就是一项重大课题，也很难以仅仅依靠本学科解决各类理论和实践问题。近年来，很多学者，把人工智能、大数据、云计算引入思想政治教育学科，但实质性融合还不够，学理性研究力度仍需加大。

首先，强化理论支撑。理论支撑解决指导思想和理论框架问题。思想政治教育学科与其他学科交叉研究时，尤其是在借鉴西方一些概念、观点、理论、话语体系时，必须坚持正确的指导思想。推进高校思想政治教育治理现代化，提升高校思想政治教育治理能力，必须坚持马克思主义指导思想和中国共产党领导。我国国家治理现代化要批判性吸收西方治理理论，西方国家现代化强调去中心化，而我国强调政府主导下的多元主体协同综合治理。另外，交叉学科是建立思想政治教育学科基础之上的交叉学科，交叉学科学理研究是思想政治教育学科主导下的交叉学科学理研究。也就是说，高校思想政治教育治理现代化视域下，交叉学科学理研究的理论框架以思想政治教育学科为核心。

其次，强化人才培养。加强交叉学科学理研究与实践应用，一方面是为了解决高校思想政治教育治理现代化进程中的实际问题，另一方面是为了提升高校思想政治教育治理能力，培养交叉综合型人才。随着治理现代化的深入推进，对专业化、综合型人才的需求日益增加。这也是衡量交叉学科学理研究与实践应用取得实质性成果的重要标准。为此，高校思想政治教育学科交叉研究既要重视专业性强的理论研究，又要重视专业性强的实践探索，进而促进高校思想政治教育治理主客体的自由全面发展。

再次，强化体制建设。从体制机制来看，当前思想政治教育领域，交

① 邱柏生、李敏：《交叉学科视野下的思想政治教育创新发展》，《思想教育研究》2014年第10期。

叉学科学理研究的力量不够集中，大多处于"单干"的状态，研究资源分散，研究人员分散，没有形成具有较强凝聚力的研究团队；研究方向不集中，大多处于自主状态，难以实现某一研究领域的重大突破，难以产出具有较大影响力的研究成果，更为严重的是由此产生的重复低水平研究的问题。治理现代化视域下，高校思想政治教育高质量发展的方向、方法、路径不够清晰，学理性研究、规律性不够；目前，很多高校撤销了思政部，成立了马克思主义学院，这有利于马克思主义理论学科、思想政治教育学科的持续稳定发展，但这也造成思想政治理论课教师局限于马克思主义理论学科，更多地关注本学科本专业的教学和科研，对不同学科的关注不多，与不同学院教师的交流有限。为此，要完善相关制度。通过制定和完善相关制度，鼓励引导开展交叉学科研究。比如，组建科研团队时要求必须有跨学科、跨专业、跨领域，如果条件允许还可以要求跨国界。其次要鼓励实证研究。鼓励引导高校思想政治教育治理研究者和工作者走出校园，深入社会、企业、政府，广泛开展各类调查研究，紧紧围绕社会热点和难点问题，为经济社会发展建言献策。

最后，构建评价体系。在"破五唯"的同时，积极构建交叉学科学理研究的评价体系，对于高校思想政治教育学科交叉研究的各环节全过程给予客观的评价和有力的政策支持，比如把高校思想政治教育学科交叉研究与国家战略的结合度和对经济社会发展的贡献度作为重要的评价指标，比如将成果转化率作为评奖评优的重要参考依据等。

第九章

高校思想政治教育治理的文化向度

　　文化是理解高校思想政治教育治理学理内涵和实践指向的一个重要向度。就一般意义而言，高校思想政治教育治理是人在劳动生产中创新的一种实践活动，具有文化的一般性生成逻辑；就特殊性而言，高校思想政治教育治理是运用科学文化创新和完善思想政治教育过程，具有文化的创新和发展逻辑。从文化的向度深化高校思想政治教育治理研究，既是它自在文化性的内在要求，也是增强高校思想政治教育治理文化蕴涵的客观要求。文化的向度具有广泛的内涵，从文化学、人类学、社会学、哲学等众多角度均具有独特的研究视角和研究方法。高校思想政治教育治理的文化向度研究，主要综合运用多学科视角，探讨文化在高校思想政治教育治理中的价值，理解高校思想政治教育的治理文化，加强高校思想政治教育的文化治理，探索文化视域下高校思想政治教育治理的发展路径。

第一节　文化在高校思想政治教育治理中的价值

　　文化天然的和高校思想政治教育治理发生着联系。文化是人在劳动生产生活实践中生成的对象化产品，和高校思想政治教育治理中的人、制度、活动等要素都具有深刻关联。在高校思想政治教育治理中充分发挥文化的力量，可以有效增进高校思想政治教育治理创新发展的动力，引领高校思想政治教育治理的方向，同时凝聚高校思想政治教育治理的合力。

一、文化是高校思想政治教育治理的"助推器"

高校思想政治教育治理的创新发展离不开必要的动力支撑。在高校思想政治教育治理过程中，人是其中一个重要因素。就高校思想政治教育工作者而言，自身的主动意识、综合素养、心理状态等要素都与高校思想政治教育治理实践密切相关。如果在高校思想政治教育治理实践中，思想政治工作者的主动性不强，没有教好的治理能力和治理素养，同时其中伴随着各种负面情绪和不良心态，必然会给高校思想政治教育治理的创新发展带来阻力。就高校思想政治教育对象而言，其自身的发展状况也同样与高校思想政治教育治理实践具有密切关联。高校思想政治教育一般将教师作为教育活动中的主体，学生作为教育实践中的客体，教师与学生之间是"管与被管""主动与被动"的关系。但是在这种教学关系中，学生的主体性在高校思想政治教育中容易被忽视。新时代思想政治教育治理体系必须有具有自治能力的教育环境和教育个体，体现在个体上就是高校思想政治教育对象具有较强的自主性和自律性，即进一步发挥大学生在思想政治教育实践中的积极性、主动性和创造性。然而，无论是高校思想政治教育工作者，还是高校思想政治教育对象，都具有自身成长发展的内在需求。无论在什么领域，供给与需求是同时存在、相互制约的，只有供需结构平衡，才能实现该领域的健康发展。同样，在高校思想政治教育领域中，只有实现供需结构平衡，才能更好地推进高校思想政治教育治理的持续创新。然而，就高校思想政治教育治理实践中的教育者和教育对象而言，成长成才和全面发展需求是共性存在的，同时在各自的学习、生活和工作实践中会有多元化的个性发展需要。如何理解需求、关切需求，同时寻求供需的平衡，同样也是影响高校思想政治教育治理创新持续发展的重要动力要素。

文化赋予高校思想政治教育治理以深厚的人文价值，使高校思想政治教育治理与一般的高校思想政治教育管理行为有所区别；文化赋予高校思想政治教育治理以较高的组织效能，促进社会主体间相互沟通和社会凝聚力的形成；文化赋予高校思想政治教育发展以更强的竞争力，先进文化与高校思想政治教育中最活跃的人的要素一旦结合，思想政治教育者和思想政治教育对象的素养会得到极大的提高,高校"立德树人"根本任务的完成,以及思想政治教育主客体的全面发展,都会成几何级数增长。因此,无论是外在需要还是自身发展,文化都在客观地激发着高校思想政治教育治理的创新发展。一方面要更加关注高校思想政治教育的文化环境。随着新时代高校思想政治教育工作的创新发展,实践中面对的环境更加开阔,同样也更加的复杂。不仅要理解文化环境,有效创建文化环境,使高校思想政治教育治理在文化环境中得到滋养,在文化环境中获取自身持续创新发展的助力;同时也要时刻注意文化环境的多样性,有效鉴别文化环境中的机遇和挑战,排除腐朽落后非科学的文化对高校思想政治教育治理的不利影响。另一方面要进一步把握高校思想政治教育的内在文化规律,不断提升高校思想政治教育治理创新发展的动力。文化的生成、变化、发展有其自在的规律,从文化的视角出发,高校思想政治教育治理实践同样也有其自在的规律。在文化的视角中增强对高校思想政治教育治理的规律性认识,是推进高校思想政治教育治理实践持续创新发展的重要助力。

二、文化是高校思想政治教育治理的"导航灯"

文化力量对政治制度、政治体制的导向和引领作用十分明显。在人类发展历史上,无论是人的管理活动,还是由管理活动而生成的包括制度、心理、情感在内的文化现象,都属于广义的文化范畴。它们与人的劳动生产生活实践相联系,既是劳动生活实践的产品,同时它们又反过来影响人类的劳动生活实践。在文化影响人劳动生产与生活实践的过程中,如果文化能够反映一定实践、一定群体、一定时代的人的类本质文化,即科学先进的文化,那么对促进人的劳动生产生活实践、满足人的物质和文化需求是具有意义的。但是,如果用以影响人劳动生产生活实践的文化是发生了异化的文化,即腐朽落后的文化,那么对人的劳动生产与生活实践,乃至人的生存、繁衍和发展都会产生负面影响。人,本质上就是文化的人,而不是"物化"的人;是能动的、全面的人,而不是僵化的、"单向度"的人。人类不仅追求物质条件、经济指标,还要追求"幸福指数";不仅追求自然生态的和谐，还要追求"精神生态"的和谐；不仅追求效率和公平，还要追求人际关系的和谐与精神生活的充实，追求生命的意义。[①] 文化即"人化"，"人化"与人的社会化又密不可分。也正是如此，一方面要充分认识到文化对人生存和发展的自在影响，认识文化育人、以文化人的内在规律；另一方面也要充分认识到用什么样的文化滋养人，用什么样的人去引领人更好地认识世界和改造世界，实现自身的全面发展。因此，文化在现代管理和社会生活中扮演着重要的角色，文化事业和文化产业也成为了养人心志、育人情操、引领生活、影响其他工作的重要因素。

先进文化滋养和引领高校思想政治教育治理的创新发展。一方面，先进文化引领高校思想政治教育治理的理论创新。从理论上讲，治理问题是现代政治学领域的一个重点论题，经过国内外学者的学理构建和理论创新，治理理论研究已经取得了较为丰硕的成果。但是，在思想政治教育领域，治理问题仍然是一个较新的论域。高校思想政治教育管理是思想政治教育相关主体，对思想政治教育资源进行有效整合，以达到教育目的和完成教育任务的过程。管理是思想政治教育各要素系统性和有序性的必然要求，也是现代社会组织有效运行的重要机制。管理也是一种文化，它具有教育的功能和意义。思想政治教育管理既具有管理的一般含义，有具有专业性特征。[②] 在思想政治教育学科的发展历程中，高校思想政治教育管理理论不断创新发展，生成着对高校思想政治教育管理的宝贵经验和规律性认识。但是，随着高校思想政治教育管理创新发展的实践需求出现新特点，高校思想政治教育管理理论有了新的前沿导向，高校思想政治教育管理理论必须要正视和面对现代治理理论。但是，高校思想政治教育治理理论如何深化，如何在以往管理理论的基础上进一步创新发展，这是相关理论深化和创新的一个现实问题。高校思想政治教育理论研究具有凸出的交叉学科特点，在其丰富和创新的过程中，充分吸收了人文社科领域相关科学理论的滋养。在新时代高校思想政治教育治理理论创新中，同样需要先进文化的滋养和

---

① 习近平：《之江新语》，浙江人民出版社 2007 年版，第 150 页。

② 冯刚、彭庆红、佘双好、白显良：《新时代高校思想政治教育学原理》，人民出版社 2021 年版，第 315 页。

引领，确保高校思想政治教育理论在正确价值导向和理论指引中实现创新。另一方面，先进文化引领高校思想政治教育治理的实践创新。高校思想政治教育治理不仅是一个理论论域，更是一个实践创新要点。高校思想政治教育治理实践的创新发展，离不开科学理论的滋养和指引。同时，高校思想政治教育治理的科学化发展也离不开实践的检验。因此，高校思想政治教育治理实践离不开先进文化，不仅需要借助先进文化的理论支撑和指导，同样也需要在与先进文化的互动中进一步实现内涵式发展。

三、文化是高校思想政治教育治理的"黏合剂"

文化在防范和化解社会矛盾的过程中扮演着重要作用。党的十九大报告指出："必须清醒看到，我们的工作还存在许多不足，也面临不少困难和挑战"，[1] 其中社会矛盾和问题交织叠加就是一个重要方面。随着社会主义市场经济的进一步发展，全面深化改革走向深水区，各种社会矛盾逐渐凸显。在社会改革和发展进程中出现社会矛盾是不可避免的，关键在于如何更加有效地防范和化解这些社会矛盾，使这些矛盾转换为社会进步与人民发展的助力。防范和化解社会矛盾是一项复杂的系统工程，其中在文化的滋养中提升人民素养，使人民在文化的感染和熏陶中表达诉求、调整心态、凝聚共识，是这一系统工程中的重要一环。[2] 这是因为，文化天然的和人以及人的实践活动发生着联系，它以润物无声的方式潜移默化地调节着人在现实生活中所触及的各类复杂矛盾。一定社会的文化环境，对生活其中的人们产生着同化作用，进而化作维系社会、民族的生生不息的巨大力量。要化解人与自然、人与人、人与社会的各种矛盾，必须依靠文化的熏陶、教化、激励作用，发挥先进文化的凝聚、润滑、整合作用。[3] 文化之所以具有这样的"黏合"力量，与它自在的特点密不可分。从文化的一般性来讲，文化

---

① 习近平：《决胜全面建成小康社会 夺取新时代中国特色社会主义伟大胜利——在中国共产党第十九次全国代表大会上的报告》，《人民日报》2017 年 10 月 28 日。

② 冯刚、王振：《以文化人在国家治理现代化中的价值意蕴》，《北京大学学报（哲学社会科学版）》2019 年第 6 期。

③ 习近平：《之江新语》，浙江人民出版社 2007 年版，第 149 页。

具有群体属性。文化是一定地域、一定群体在一定时期的生存方式。这种生存方式经由人的劳动生产与生活实践生成，同时也经由这些现实的实践活动所接受和认可。一旦它生成，也就会自觉地成为特定地域、特定群体、特定时期的群体规范。这种群体性不仅由文化的生成逻辑所影响，同时也由凝聚其中的民族心理和价值内核所影响。在文化哲学中，我们可以将文化划分为表层的文化现象、中层的文化心理和深层的文化价值内核。民族文化心理和民族价值内核不是一蹴而就的，是在长期的共同劳动、共同生活中逐渐生成的。它们凝聚着特定群体、特定民族对自然、人类社会的深刻思考，本身具有强烈的向心力和群体性。也正是由于文化群体性的存在，使人们处理各种复杂矛盾中有了凝聚力和感染力，这对理解和解决复杂矛盾具有重要意义。

高校思想政治教育治理同样要面对思想政治教育过程中的种种复杂矛盾，文化在化解复杂矛盾、凝聚治理主体共识方面具有重要意义。在高校思想政治教育治理过程中，一个突出的特点就是思想政治教育主体的多样化。在新时代高校思想政治教育中，主体的多样化具有深刻的内涵。高校思想政治教育者是高校思想政治教育活动的发动者、组织者、实施者，在高校思想政治教育活动中居于主体地位，发挥着主导性作用，是思想政治教育主要承担者。但是，从广义上讲，高校思想政治教育的主体具有更加丰富的内涵。在学校场域内，坚持"全员全过程全方位"育人原则，包括思想政治理论课教师、日常思想政治工作者、党务政工干部、专业课教师等人员都承担者思想政治教育的使命。在学校场域外，也存在诸多思想政治教育主体。2021 年，中共中央国务院印发的《关于新时代加强和改进思想政治工作的意见》中强调："要构建共同推进思想政治工作的大格局。完善领导体制和工作机制，完善党委统一领导、党政齐抓共管、宣传部门组织协调、有关部门和人民团体分工负责、全党全社会共同参与的思想政治工作大格局。"① 新时代背景下的高校思想政治教育工作,全党全社会都承担着一定的任务和使命。从构建大思政格局的角度来看，高校思想政治教育

_____

① 《中共中央国务院印发〈关于新时代加强和改进思想政治工作的意见〉》，《人民日报》2021 年 7 月 13 日。

治理的主体也是多样化的。面对高校思想政治教育治理主体的多样化，必须要面对各个战线、各个领域中治理主体的特点，以及由这些特点而产生的对推进高校思想政治教育工作中一些问题的认识分歧。如何求同存异、统一认识、凝聚共识，形成高校思想政治教育治理主体间的合力，是影响高校思想政治教育治理创新发展的客观因素。先进文化的内在吸引力、凝聚力和感染力，在团结和凝聚高校思想政治教育治理主体力量中就发挥着不可替代的作用。

第二节　高校思想政治教育治理的文化结构

就一般性而言，文化是人劳动生产生活实践中生成的对象化产品，其中既包括劳动生产与生活实践的产品（物质的和精神的），也包括在其中生成的主观心态和劳动生产生活实践本身。具体而言，这三个部分又具体地表现为物质文化、精神文化、制度文化和行为文化等重要内容。对于高校思想政治教育治理实践而言也是一样，在其过程中也形成着治理的物质文化、精神文化、制度文化和行为文化。这些文化现象既是作为高校思想政治教育治理的手段而存在，也是作为高校思想政治教育治理的产品而存在。

一、高校思想政治教育治理的物质文化

在文化学研究视域中，物质文化习惯上也称器物文化，是人类在满足自我生存并改造自然、战胜自然过程中创造的文化形态，它包括生产工具、生活工具的诸多要素或内容，包括动物的蓄养和植物的种植以及加工工具的形态、衣饰的材料及其加工和制作、居室的建造及其可以感知的形态和内容、交通工具等。[①] 在高校思想政治教育治理中，存在着丰富的物质文化，记录并滋养着高校思想政治教育治理实践。高校思想政治教育治理的物质文化包括两个类型，即作为治理手段的物质文化和作为治理结果的物质文化。

---

① 陈华文：《文化学概论新编》，首都经济贸易大学出版社 2016 年版，第 19 页。

作为手段存在的高校思想政治教育治理的物质文化。在高校思想政治教育治理实践中，高校思想政治教育治理离不开必要的物质文化支撑与物质文化滋养。在这一层面上，高校思想政治教育治理的物质文化内容丰富，校园生活中的各类建筑、基础设施、校园景观、教学用具、办公设备、学习用品等，这些与高校思想政治教育治理密切相关的物质实体，都属于高校思想政治教育治理的物质文化范畴。这些丰富多样的物质文化与高校思想政治教育治理实践的有效开展密切相关。高校思想政治教育治理中的环境治理和数据治理等内容，均需要一定的物质文化做支撑。在高校思想政治教育治理载体的运用和创新中，尤其是在传媒载体和文化载体中，同样也离不开必要的物质载体。运用"智媒体"推进高校思想政治教育治理智能化，需要优化整合校内媒体资源，量身打造高校特色校园"智媒体"，探索构建校级"智媒体"平台，这些都需要一定的物质文化做支撑。[1] 运用各种物质文化载体，充分展现高校思想政治教育治理的理念，宣传高校思想政治教育治理的特色，凝聚高校思想政治教育治理的共识，也是高校思想政治教育治理的物质文化的价值所在。

作为结果存在的高校思想政治教育治理的物质文化。高校思想政治教育治理实践活动，会客观地生成着一定的物质文化。比如，在高校思想政治教育环境治理中，发挥文化育人功能的自然景观、人文景观、文化景点等，以及代表校园文化育人品牌标识的建筑、雕塑、设施等；在高校思想政治教育治理能力建设中，通过总结提升治理能力经验、凝聚提升治理能力规律性认识而形成的书籍，创建的高校思想政治教育治理实践基地。作为高校思想政治教育治理的结果或产品，不仅可以彰显思想政治教育治理的成绩，为高校思想政治教育治理的评估和优选提供必要的支撑，同时也可以作为文化育人的重要物质实体，在潜移默化中传导高校思想政治教育治理理念，为高校思想政治教育治理的协同创新进一步凝聚共识。

---

①　冯刚、高山：《新时代高校思想政治教育治理论》，中国社会科学出版社 2021 年版，第 164 页。

二、高校思想政治教育治理的精神文化

精神文化具有丰富的内涵和表现形式。精神文化是一种看不见摸不着的文化，一方面，它通过人类所有的文化进行传达，如通过建造宏伟而又精美的建筑来展示王国的强大或财主的富有等，并通过这种展示获得某种精神上的慰藉；另一方面，它通过一些特殊的文化形态直接展示人类不同于其他动物的观念、意识、信仰、心理等需求，这就是我们常常称为的精神文化。精神文化的内容非常丰富，它包括宗教信仰层面的文化、娱乐层面的文化、文学与艺术层面的文化、语言层面的文化等。[①] 在高校思想政治教育治理中，存在着丰富的精神文化，它们既是高校思想政治教育治理实践的精神文化产品，同时也是高校思想政治教育治理实践中人的主观心态。就一般性而言，同样需要从手段和结果两个层面理解思想政治教育治理的精神文化。

作为手段存在的高校思想政治教育治理的精神文化。在高校思想政治教育治理过程中，离不开必要的先进的精神文化的引领、激励和滋养。一方面，在科学的治理理论中引领高校思想政治教育治理创新发展。20 世纪 90 年代以来，在政治学、行政学、管理学领域，治理理论成为探讨的热点，治理理论不断创新发展。正如联合国社会发展研究所副主任休伊特指出的："今天的国际多边、双边机构和学术团体以及民间志愿组织关于发展问题的出版物很难有不以它（治理）为常用词汇的。"[②] 西方的政治学家和管理学家之所以提出治理概念，主张用治理替代统治，是他们在社会资源的配置中既看到了市场的失效，又看到了国家的失效。[③] 经历多年的研究积累，多学科围绕权威主体的不同、权威性质的不同、权威来源的不同、权利运行的向度不同等方面，积累了丰富的治理理论。结合中国发展实际以及高校思想政治教育特征，这些治理理论对创新探索高校思想政治教育治理问题具有指引作用。另一方面，在科学的治理精神中激励高校思想政治教育治理

---

① 陈华文：《文化学概论新编》，首都经济贸易大学出版社 2016 年版，第 21 页。

② 辛西娅·休伊特·德·阿尔坎塔拉：《"治理"概念的运用与滥用》，《国际社会科学杂志（中文版）》1999 年第 2 期。

③ 俞可平：《治理和善治引论》，《马克思主义与现实》1999 年第 5 期。

创新发展。公共治理精神是在公共治理理论基础之上形成的现代治理价值导向，其实质是经公民参与使原来的单一治理主体（统治者）转变为现代的多元治理主体，并由此形成的向公民整体负责的公共管理民主化导向。[①]在高校思想政治教育治理中也同样存在着治理精神，这种精神对进一步凝聚高校思想政治教育多样治理主体的共识，增强高校思想政治教育管理民主化导向具有重要意义。

作为结果存在的高校思想政治教育治理的精神文化。在高校思想政治教育治理实践中，也在客观地生成着治理的精神文化，其中包括两个层面。一方面，作为高校思想政治教育治理实践对象化产品的精神文化。比如，在高校思想政治教育治理过程中生成的文学作品、绘画书法、音乐舞蹈、电影话剧、短视频等，都属于高校思想政治教育治理的精神文化。另一方面，作为高校思想政治教育治理实践中人的主观心态而存在的精神文化。在高校思想政治教育治理活动中，参与者会在实践的过程中产生一定的主观心态，比如关于高校思想政治教育治理理念的认知，关于高校思想政治教育治理心理的理解，关于高校思想政治教育治理价值的把握，关于高校思想政治教育治理评价标准的反思等。无论是作为对象化产品还是作为主观心态，高校思想政治教育治理的精神文化在凝聚共识、增进动力、活跃氛围等方面均具有一定意义。

三、高校思想政治教育治理的制度文化

制度文化是人类在劳动生产与生活实践中生成的一种重要文化形式。制度文化就是通过规范的习惯或文字文本形式固定下来的作为人们生产、生活典范的文化成果。一般来说，以文字规范形式出现的文化制度是制度文化最重要的组成部分，而习惯性规定的制度文化是文字性规定的制度文化的民间部分，二者的适应范围和对象是不同的，前者对应的是全体民众或国民或团体，后者仅仅在传统的社会或团体中起作用。制度文化既有强制性的形态，也有非强制性的形态，强制性的如国家法律，它对某些行为

---

① 刘琼莲：《试论公共治理精神的善变》，《中国行政管理》2009 年第 2 期。

方式作出硬性规定，违反了这些规定，将受到法律的制裁。这种制裁通过政府部门和强权机关等国家机器来完成。而非强制性的制度文化，包括一些习惯性的规定和道德性、舆论性的规定，它通过规劝、舆论压力等，对生存于其间的人们形成约束或规范。①在高校思想政治教育治理中，制度文化既是高校思想政治教育治理的手段支撑，也是高校思想政治教育治理的文化产品。

作为手段存在的高校思想政治教育治理的制度文化。高校思想政治教育治理不仅仅是一种理念，更重要的是由一套系统完整的制度保障构建起来的实践活动体系。为了避免高校思想政治教育治理活动的无序化、失范化，需要做到一切治理活动有章可循。邓小平曾强调："不是说个人没有责任，而是说领导制度、组织制度问题更带有根本性、全局性、稳定性和长期性。这种制度问题，关系到党和国家是否改变颜色，必须引起全党的高度重视。"②正是由于制度的重要性，高校思想政治教育治理的创新发展离不开必要的制度文化做支撑。党的十八大以来，以习近平同志为核心的党中央高度重视思想政治工作，先后下发了《关于加强和改进新形势下高校思想政治工作的意见》《关于深化新时代学校思想政治理论课改革创新的若干意见》《关于加快构建高校思想政治工作体系的意见》《关于新时代加强和改进思想政治工作的意见》等一系列重要文件，为高校思想政治教育治理的创新发展提供了制度支撑。党的十九届四中全会提出，坚持马克思主义在意识形态领域指导地位的根本制度，"加强和改进学校思想政治教育，建立全员、全程、全方位育人机制"③，从国家治理中制度保障的总体要求对高校思想政治教育治理制度建设提出要求。在高校思想政治教育治理过程中，需要的制度文化保障是多方面的，大学章程、科研教学制度、队伍建设制度、基层党建制度等内容，都是高校思想政治教育治理过程中不可或缺的制度文化。

作为结果存在的高校思想政治教育治理的制度文化。高校思想政治教

---

① 陈华文：《文化学概论新编》，首都经济贸易大学出版社 2016 年版，第 20-21 页。

② 《邓小平文选（第二卷）》，人民出版社 1994 年版，第 333 页。

③ 《中共中央关于坚持和完善中国特色社会主义制度　推进国家治理体系和治理能力现代化若干重大问题的决定》，《人民日报》2019 年 11 月 6 日。

育治理的创新发展，离不开必要的制度支撑，同时在其自身发展的进程中，为了解决治理中的种种问题与挑战，也会生成着新的治理制度。比如，为了更加客观地评价和反馈高校思想政治教育治理实际，为高校思想政治教育治理的改进创新和质量提升，会不断创新高校思想政治教育治理的评价制度；为了进一步增进高校思想政治教育治理的发展动力，增强高校思想政治教育治理合力，会不断完善高校思想政治教育治理的协同机制；等等。这些制度文化作为高校思想政治教育治理创新和完善的结果，本身蕴含着高校思想政治教育治理的价值导向，不仅彰显着高校思想政治教育治理的成效，同时也在制度发挥效用的过程中，潜移默化地滋养着高校思想政治教育活动。

四、高校思想政治教育治理的行为文化

劳动生产生活实践生成着文化，其本身也是文化的一个组成部分。行为文化主要是指通过日常生活中的各种行为方式进行表达的文化形态，人类是具有文化的动物，这些所谓的文化，表现在日常生活中，就是各国、各地区、各民族的人们在行为方式上存在的各不相同、差异巨大的习惯性规定。行为文化的内容非常丰富，涉及人类生活的方方面面，诸如人们的交往、生活、生产、婚姻、丧葬、喜庆等，它不以文字的形式记录，但它却是每一个生活于期间的人必须习得的知识。没有这种知识，人们不仅不能适应其所在地区、所在族群的生活，更不能融入该地区、该族群的生活，当然也无法被该地区、该族群的文化所接受。[①] 高校思想政治教育治理实践也是一样，在高校思想政治教育治理活动的各个环节，都存在着这种行为文化，一方面以不成文字的形式记录着高校思想政治教育治理，另一方面也在丰富和创新着高校思想政治教育治理实践。

高校思想政治教育治理过程中的行为文化。治理强调的是制度设计的科学性和制度执行的有效性，思想政治教育治理既包含了思想政治教育系统内部要素的治理，也包含了思想政治教育系统外部要素的治理。思想政

---

① 陈华文：《文化学概论新编》，首都经济贸易大学出版社 2016 年版，第 20 页。

治教育的实践发展既需要不断完善思想政治教育的制度设计，体现思想政治教育制度的系统性、整体性；也需要更加关注思想政治教育制度执行的有效性，更加聚焦思想政治教育运行的有效性，这就必然要求将治理的价值理念深层次地融入思想政治教育实践全过程、各环节之中。[①] 高校思想政治教育实践具有系统性环节设置。根据新时代高校思想政治教育的内涵、构成要素和特点，可以将新时代高校思想政治教育过程的基本环节划分为教育准备、信息交流、价值内化、观念外化和反馈调节等前后联系、相互衔接的五个环节。[②] 各个环节的有序推进和创新发展，与治理活动具有深刻的关联。比如高校思想政治教育信息治理活动、教学治理活动、环境治理活动等，这些治理行为本身也构成了高校思想政治教育治理文化的重要组成部分。这些高校思想政治教育治理行为文化让人们在参会的过程中，被活动感染，被活动激励，进一步增强高校思想政治教育治理能力。

第三节　文化视域中高校思想政治教育治理的重点内容

新时代高校思想政治教育治理具有丰富的内涵。在文化向度中，高校思想政治教育治理除了有丰富的文化视域和文化方法论外，同样有更加丰富的治理对象。高校思想政治教育具有丰富的文化蕴涵。就一般意义而言，思想政治教育作为人类文化活动的重要内容，应该遵循文化规律，运用一般性文化方式，使人类在自己的劳动生产与日常生活中实现自身认识能力和实践能力的提升，因此思想政治教育需要进行文化思考。[③] 然而，就文化的向度而言，高校思想政治教育的文化现象是丰富的，也是复杂的，其中包括意识形态工作、校园文化创建工作、大学文化建设等众多内容。加强高校思想政治教育的治理，离不开对这些文化现象的治理。

---

① 冯刚、高山：《新时代高校思想政治教育治理论》，中国社会科学出版社 2021 年版，第 119 页。

② 冯刚、彭庆红、佘双好、白显良：《新时代高校思想政治教育学原理》，人民出版社 2021 年版，第 215 页。

③ 王振：《增强新时代思想政治教育文化蕴涵的理论思考》，《思想政治教育研究》2019 年第 2 期。

一、文化视域中的高校意识形态治理

遵循意识形态工作规律，加强高校意识形态治理。2015 年，中办国办印发的《加强和改进新形势下高校宣传思想工作》强调指出，意识形态工作是党和国家一项极端重要的工作，高校作为意识形态工作前沿阵地，肩负着学习研究宣传马克思主义，培育和弘扬社会主义核心价值观，为实现中华民族伟大复兴的中国梦提供人才保障和智力支持的重要任务。[①] 正是基于对意识形态工作的重视，党的十八大以来，我国意识形态工作取得了长足发展。《中共中央关于党的百年奋斗重大成就和历史经验的决议》中指出："党的十八大以来，我国意识形态领域形势发生全局性、根本性转变，全党全国各族人民文化自信明显增强，全社会凝聚力和向心力极大提升，为新时代开创党和国家事业新局面提供了坚强思想保证和强大精神力量。"[②] 但是，面对世界范围内思想文化相互激荡、我国社会思想观念深刻变化的趋势、大学校园思想文化活跃等特点，仍然需要牢牢掌握意识形态工作领导权，把握高校意识形态工作的规律性认识，建设具有强大凝聚力和引领力的社会主义意识形态，巩固校内师生团结奋斗的共同思想基础。从文化治理的视角出发，需要壮大主流思想舆论，加强高校意识形态引导管理，牢牢掌握高校意识形态工作领导权、话语权。一方面，在文化力量中壮大主流思想舆论。就一般性上讲，主流思想舆论是一种思想文化的存在，主流思想舆论尤其生成和发展的自在规律，壮大主流思想舆论离不开对其规律性认识的把握。创新高校意识形态治理，需要聚焦主流思想舆论的规律性把握，凸显主流思想舆论的吸引力、凝聚力和感染力。另一方面，在文化力量中增强意识形态工作的领导权、话语权。增强对意识形态工作的领导权和话语权，不仅要坚持党的领导，同时也需要聚焦意识形态工作本身的文化特点，运用文化的力量引领社会思想，用党的创新理论的文化魅力来增强话语权。

进一步加强网络意识形态安全，创新网络意识形态治理。党的十九届

---

① 《加强和改进新形势下高校宣传思想工作》，《人民日报》2015 年 1 月 20 日。
② 《中共中央关于党的百年奋斗重大成就和历史经验的决议》，《人民日报》2021 年 11 月 17 日。

四中全会进一步要求建立健全网络综合治理体系，"建立健全网络综合治理体系，加强和创新互联网内容建设，落实互联网企业信息管理主体责任，全面提高网络治理能力，营造清朗的网络空间"①。新时代背景下，高校校园互联网建设取得了显著成绩，但这也给高校网络意识形态安全提出了挑战。网络意识形态治理就是针对网络领域进行的意识形态治理工作，是意识形态治理的网络化表征。网络意识形态治理的目的在于对内维护国家根本利益，巩固社会主义核心价值观在网络意识形态领域的引领作用，促进网民的政治认同，以维护网络治理秩序和构建"清朗网络空间"；对外坚决抵御资本主义软硬兼施的网络意识形态侵略，巩固马克思主义主流意识形态的指导地位，维护我国网络意识形态安全。②从文化的向度出发，加强高校网络意识形态治理，需要理解多样主体的文化特征和文化需求出发。一方面，理解多样主体的文化特征，促进多样主体及时参与、决策、执行和监督。在时代发展进程中，大学生铸造精英文化、融合大众文化、追求卓越文化，不同的思想文化特征是不同时期大学生生活方式的展呈。③把握大学生思想文化特征的变化，对增强大学生参与、执行和监督高校意识形态的积极性，有针对性地解决高校网络意识形态的挑战具有重要意义。同样，在高校网络意识心态领域，教师和管理者同样有着不同时代的不同文化特征，这些都是进一步提升高校网络意识形态工作质量需要关切的话题。另一方面，关切多样主体的文化需求，进一步提升多样主体参与、决策、执行和监督高校意识形态工作的动力。在不同时期，包括校内教师、管理者、学生以及校外社会群众都有着不同的文化需求，高校网络意识形态安全的维护，不仅仅是校内的职责，同样需要运用互联网思维，关切不同主体的文化需求，增强高校网络意识形态工作的多样主体的动力，加强不同主体间的工作协同，共同营造高校风清气正的互联网环境。

---

① 《中共中央关于坚持和完善中国特色社会主义制度　推进国家治理体系和治理能力现代化若干重大问题的决议》，《人民日报》2019 年 11 月 6 日。

② 付安玲、张耀灿：《大数据助力网络意识形态治理及提升路径》，《马克思主义研究》2016 年第 5 期。

③ 王振：《改革开放以来大学生思想文化特征的变迁——以校园民谣的演变为视角》，《高校辅导员学刊》2022 年第 2 期。

二、文化视域中的高校校园文化治理

高校校园文化建设的内涵式发展离不开对规律的把握。高等学校校园文化是社会主义先进文化的重要组成部分。加强校园文化建设对于推进高等教育改革发展、加强和改进大学生思想政治教育、全面提高大学生综合素养，具有十分重要的意义。[①]新时代高校校园文化建设的深入发展，离不开对其规律性的认识。校园文化建设在遵循一般文化建设规律的同时，充分展现着特有的规律。校园文化建设是一项复杂的系统性工程，是全体学校成员内在的思维方式、理想信念、规范标准，内在自我约束和制约力量的形成于同一的过程。校园文化建设的规律是指校园文化建设具体运作过程中的各基本构成要素之间、内部结构与外在环境之间，各发展阶段或各特定条件之下的建设内容之间的相互联系的本质概括。一是校园文化建设受教育规律的制约，具体表现在高校校园文化的运行要受大学生在中小学、家庭中所受的教育基础的制约；二是高校校园文化建设要受大学生身心发展规律的制约，大学生正处于情绪易冲动，心理开始成熟却又不够成熟，开始独立又不能完全独立的时期，其心理行为表现不甚稳定，须正确地加以教育引导；三是校园文化建设要受个高校的培养目标、办学条件的影响，校园文化创建一方面传承传统文化，另一方面又从现实中汲取文化营养，进行创造性转化和创新性发展，从而保证学校教育目标的全面实现。[②]新时代背景下，高校校园文化建设在理论深化与实践创新中，对规律性的认识更加深刻。习近平总书记指出："要更加注重以文化人以文育人，广泛开展文明校园创建，开展形式多样、健康向上、格调高雅的校园文化活动，广泛开展各类社会实践。"[③]理解校园文化建设中主客体思想文化特征的变迁，把握教育者和教育对象思想文化特征的生成与发展规律，认识文化对

[①]《加强和改进大学生思想政治教育重要文献选编（1978–2014）》，知识产权出版社2015年版，第275页。

[②]　张澍军、王占仁：《校园文化建设的基本原理与实践操作系统研究》，吉林人民出版社2013年版，第184–185页。

[③]《把思想政治工作贯穿教育教学全过程　开创我国高等教育事业发展新局面》，《人民日报》2016年12月9日。

人思想潜移默化的滋养规律，都是新时代高校校园文化建设创新发展的重要支撑。

高校校园文化建设的内在规律要求必须开展积极有效的治理。现代大学治理是一项系统工程，内在包含着权力的调整与文化的重塑两个方面，权力特别是决策权力的结构形式是现代大学治理的外在显性表征，文化塑造培育是大学治理的内在精神特质，校园文化作为校园的文化要素，同样也是由校园活动、管理模式、价值观、校风等构成的复杂体，其中，思想观念、精神风貌、价值取向是其核心与根本。在其属性层面，现代大学治理与校园文化具有内在的契合性，并在不断契合的实践中相互影响、彼此促进。① 遵循校园文化建设规律，创新校园文化治理，需要在把握大学治理与校园文化内在契合性的基础上，尊重校园文化创建主体多样化特点，坚持多样当中立主导，多元当中把方向，激发校园文化创建的积极性、主动性，同时不断加强对校园文化建设中目标、内容、主体、途径和方式、依赖基础和资源等要素的治理。从校园文化建设的内容上讲，充分增强多样主体的创新动力，在校风建设、人为素质和科学精神教育、组织校园文化活动、开拓校园文化建设载体等方面增进新活力；从校园文化建设的环境上讲，加强资源的协同与共享，校内外协同创新校园人文环境建设、文化设施建设、校园景观建设、校园治安综合治理工作；从校园文化建设的制度机制上讲，加强校园文化建设的监督与完善，完善校园文化建设中自下而上的信息反馈机制，进一步提升在校师生校园文化建设的获得感。

三、高校思想政治教育治理要坚持以文化人

以文化人体现高校思想政治教育治理理念。党的十八大以来，党和国家高度重视以文化人问题。习近平总书记在全国高校思想政治工作会议上强调"要更加注重以文化人以文育人"② 后，在全国宣传思想工作会议上他

---

① 王景荣：《现代大学治理与校园文化：契合性与互促之道》，《内蒙古社会科学（汉文版）》2015 年第 4 期。
② 《把思想政治工作贯穿教育教学全过程　开创我国高等教育事业发展新局面》，《人民日报》2016 年 12 月 9 日。

进一步强调："育新人，就是要坚持立德树人、以文化人"，^① 在全国教育大会上他再次要求："坚持以美育人、以文化人。"^②2021 年，中共中央国务院印发的《关于新时代加强和改进思想政治工作的意见》进一步强调："更加注重以文化人以文育人，深入实施文艺作品质量提升工程，深入实施中华优秀传统文化传承发展工程，推进城乡公共文化服务体系一体建设，更好满足人民精神文化生活新期待。"^③ 不断创新发展的以文化人，与高校思想政治治理具有密切关系。一方面，以文化人体现高校思想政治教育主体的多样化。文化是人在劳动生产与生活实践中生成的对象化产品，但是作为生成基础的劳动生产与生活实践一定是反映人类本质劳动的实践活动。高校以文化人就是用人民群众在自己的类本质劳动的基础上生成的，习以为常、喜闻乐见的生存方式进行潜移默化的教育。因此，高校思想政治教育视域下的以文化人，充分运用文化生成主体的多样化特征，发挥文化力量，增强高校思想政治教育中自我教育，凸显日用不觉的效果。另一方面，以文化人符合高校思想政治教育"全员、全过程、全方位"的育人理念。文化的生成主体是多样的，同样文化也存在于思想政治教育工作的全过程。从中共中央国务院印发的《关于加强和改进新形势下高校思想政治工作的意见》提出"教书育人、科研育人、实践育人、管理育人、服务育人、文化育人、组织育人"^④，再到中共教育部党组印发的《高校思想政治工作质量提升工程实施纲要》提出："充分发挥课程、科研、实践、文化、网络、心理、管理、服务、资助、组织等方面工作的育人功能，挖掘育人要素，完善育人机制，优化评价激励，强化实施保障，切实构建'十大'育人体系"，其中均涉及文化的要素和文化的力量。因此，高校思想政治教育治理离不开以文化人的创新发展。

---

　　① 《举旗帜聚民心育新人兴文化展形象　更好完成新形势下宣传思想工作使命任务》，《人民日报》2018 年 8 月 23 日。

　　② 《坚持中国特色社会主义教育发展道路　培养德智体美劳全面发展的社会主义建设者和接班人》，《人民日报》2018 年 9 月 11 日。

　　③ 《中共中央国务院印发〈关于新时代加强和改进思想政治工作的意见〉》，《人民日报》2021 年 7 月 13 日。

　　④ 《中共中央国务院印发〈关于加强和改进新形势下高校思想政治工作的意见〉》，《人民日报》2017 年 2 月 28 日。

　　高校思想政治教育治理要进一步推进以文化人创新发展。在高校思想政治教育中坚持以文化人，推动高校以文化人实践创新发展，需要结合时代条件、中国国情、高校实际和学生特点，不断加强和深化高校以文化人实践探索，提升高校以文化人实践质量。高校以文化人离不开科学有效的载体。只有不断丰富符合时代发展特征和青年学生特点的优秀文化载体，才能确保高校以文化人实践的有效开展。新时代背景下，高校以文化人载体具有十分丰富的内涵，其中知识文化载体、文体活动载体、网络文化载体等是重要着力点。理解青年学生是高校以文化人的基本前提。但是，准确把握青年学生的时代特征是一项复杂工作，需要选取一个科学的视角。青年学生的生存方式是一个切入点。在高校以文化人实践中理解青年大学生的生存方式，就是要从思想、行为、主观心态等多维度理解青年学生的时代特征。凸显以文化人的渗透性，使大学生在优秀文化中潜移默化地接受教育，需要加强思想政治教育内容与优秀文化的有效融合。思想政治教育内容与优秀文化的融合不是简单相加，它主要是指在二者内在一致性的基础上，通过知识文化、制度章程、文体活动等文化形式滋养、丰富和承载育人内容，使育人内容与大学生的生存方式紧密连接在一起，激发青年学生践行育人内容的内在动力。同时，在高校以文化人实践中，需要结合文化的优势和特点，不断创新育人实践的方式与方法，努力提升育人实践的吸引力、感召力、影响力。[①]

第四节　文化视域中高校思想政治教育治理的发展逻辑

　　在文化视域中，新时代高校思想政治教育治理具有凸出的文化价值，同时也表现着丰富的文化样态，存在多样的文化治理对象。也正是如此，高校思想政治教育治理的创新发展离不开文化的向度。从文化的向度出发，高校思想政治教育治理具有内在的发展逻辑。高校思想政治教育治理的生成具有一定的文化动因，高校思想政治教育治理的创新离不开文化的滋养，

[①]　王振：《深化新时代高校以文化人实践的路径研究》，《国家教育行政学院学报》2018年第12期。

高校思想政治教育治理的质量提升也离不开文化的动力。

一、文化视域中高校思想政治教育治理的生成与标准

高校思想政治教育治理具有深刻的文化生成逻辑。从文化的视角讲，高校思想政治教育治理论域的生成，与现代治理实践的创新与治理理论的发展是密切相关的。文化是劳动生产与生活实践的产品，是人在认识世界和改造世界的实践的结果，是人为了生存、繁衍和发展而探求的重要滋养。治理和文化生成具有密切联系，都具有鲜明的问题意识和实践导向。"治理"一词在英语国家作为日常用语使用已有很长历史，但它在 20 世纪 80 年代重新受到关注开始于国际金融领域。1989 年，世界银行在阐述自己对非洲援助成效极其微弱的原因时，使用了"治理危机"（crisis in governance）的概念，认为"非洲发展问题的反复出现"是治理的问题，非洲的"治理"危机造成了援助的失效。[①]治理论域不断走进政治学研究视域之中。詹姆斯·罗西瑙将治理概括为在没有强权利的情况下，各相关行动者客服分歧、达成共识，以实现某一共同目标，统治是依靠正式权利，而治理则是基于共同目标的协商与共识。[②]无论是经济学领域还是政治学领域，治理研究都有鲜明的问题意识和实践导向。对于高校思想政治教育治理而言，也是一样。中国共产党思想政治教育在百年发展历程中积累了丰厚的经验，高校思想政治教育实践也在这些经验的基础上创新发展。但是，新时代高校思想政治教育也存在着新的发展特点和需求。比如，新时代高校思想政治教育更需要全社会协同用力。习近平总书记在全国高校思想政治工作会议上强调："各门课都要守好一段渠、种好责任田，使各类课程与思想政治理论课同向同行，形成协同效应"，[③]中共中央国务院印发的《关于加强和改进新形势下高校思想政治工作的意见》强调："要强化社会实践育人，提高

---

① World Bank，"sub-Saharan Africa: From Crisis to Sustainable Growth"，1989，pp.60-61.

② ［美］詹姆斯·N·罗西瑙：《没有政府的治理——世界政治中的秩序与变革》，张胜军等译，江西人民出版社 2001 年版，第 5 页。

③《把思想政治工作贯穿教育教学全过程　开创我国高等教育事业发展新局面》，《人民日报》2016 年 12 月 9 日。

实践教学比重，组织师生参加社会实践活动，完善科教融合、校企联合等协同育人模式"，①中共中央国务院印发的《关于新时代加强和改进思想政治工作的意见》强调："统筹发挥社会力量协同作用，使思想政治工作真正深入到群众生产和生活中去。"②协同创新必然要求高校思想政治教育多样主体间的资源共享与协同用力。因此，高校思想政治教育治理的生成，具有深刻的实践导向，同时也是交叉学科治理理论的文化滋养的结果。作为一种文化现象，高校思想政治教育治理的生成具有深刻的实践支撑和理论基础。

高校思想政治教育治理具有文化评价标准。思想政治教育治理的质量评价是思想政治教育治理过程中的重要内容、环节和机制。高校思想政治教育治理的质量评价以思想政治教育治理相关工作的开展为前提，如果说高校思想政治教育治理对于思想政治教育共同体而言是一个新的知识领域，呈现新的工作内容，那么高校思想政治教育治理的质量评价就是这个新生知识领域的重要组成部分，也是新工作内涵的要素构成。要充分认识、深刻把握新时代高校思想政治教育的质量评价，必须要深入明晰高校思想政治教育治理的评价标准。关于高校思想政治教育治理的评价标准，是一个极为复杂的体系，需要在理论与实践的互动中逐渐清晰。但是，从文化的视域出发，可以给我们提供一些必要的思考。一方面，是否符合科学文化的发展方向。高校思想政治教育治理实践不仅在客观地生成和丰富着大学文化，同时本身也是大学文化的重要组成部分。高校思想政治教育治理是否符合中国特色社会主义文化的发展方向，是否符合中国大学文化的发展方向，是值得高校思想政治教育治理评价思考的问题。另一方面，是否符合文化的发展逻辑。文化的发展离不开文化的自觉、自信和自强。高校思想政治教育治理的评价是否有利于进一步提升高校思想政治教育治理的自觉、自信和自强，也是值得深刻思考的一个问题。

---

① 《中共中央国务院印发〈关于加强和改进新形势下高校思想政治工作的意见〉》，《人民日报》2017 年 2 月 28 日。

② 《中共中央国务院印发〈关于新时代加强和改进思想政治工作的意见〉》，《人民日报》2021 年 7 月 13 日。

二、文化视域中高校思想政治教育治理的创新与机制

高校思想政治教育治理的实践创新离不开文化的滋润。党的十九届四中全会提出："加强系统治理、依法治理、综合治理、源头治理。"① 高校思想政治教育是一项复杂的系统工程，既包括校内各部门、各单位之间的协同合作，又包括校内外家庭、学校、社会、政府之间的协同推进；既包括高校思想政治教育目标、主体、客体、内容等内部要素的调整与优化，又包括宿舍、班集体、社团、网络等的建设；既包括思想政治理论课教师队伍建设，又包括党务工作人员、辅导员、班主任队伍建设。在国家治理现代化视域下，高校思想政治教育治理要更加注重整体把握和系统治理，全面统筹各领域、各环节、各方面的资源和力量，推进理论武装体系、学科教学体系、日常教育体系、管理服务体系、安全稳定体系、队伍建设体系、评估督导体系、组织领导和实施保障等各个方面的系统设计。② 高校思想政治教育治理的系统设计离不开文化的滋养。首先，在文化的滋养中凝聚治理共识。高校思想政治教育治理虽然具有多样主体，但是他们劳动生活于中华文化之中，具有强烈的民族文化向心力。发挥文化的力量，求同存异、凝聚共识，共同贯彻落实立德树人根本任务，培育担当民族复兴大任的时代新人。其次，在文化的滋养中提升治理能力。高校思想政治教育治理作为一项系统工程，本身具有一定的专业性，其中不仅存在事实判断，也存在价值判断。提升高校思想政治教育治理的科学化水平，离不开治理主体的理论修养和文化底蕴。发挥文化的力量，提升高校思想政治教育多样主体的治理能力，同样是推进高校思想政治教育治理创新的应有之义。最后，在文化的滋养中增强治理动力。高校思想政治教育治理主体的治理行为，以及高校思想政治教育治理的监督反馈，都需要不断增进动力。理解高校思想政治教育治理主体的文化特征，关切高校思想政治教育治理主体的多样文化需求，有利于增强高校思想政治教育治理创新发展的动力。

---

① 《中共中央关于坚持和完善中国特色社会主义制度　推进国家治理体系和治理能力现代化若干重大问题的决定》，《人民日报》2019 年 11 月 6 日。

② 冯刚、高山：《新时代高校思想政治教育治理论》，中国社会科学出版社 2021 年版，第 314—315 页。

高校思想政治教育治理的机制创新离不开文化的支撑。高校思想政治教育治理的创新发展需要有系统的机制作保障，无论是对高校思想政治教育治理机制的理解，还是对高校思想政治教育治理机制的构建，文化都是一个重要的思维视域和力量支撑。一方面，从文化的视角理解高校思想政治教育治理机制。高校思想政治教育治理实践中，需要有协同机制、评价机制、队伍建设机制等众多机制。然而，无论是理论还是实践，高校思想政治教育治理尚是一个较新的论域。从文化的视角出发，借鉴不同的科学文化理论，对于理解不同机制的特点和规律具有一定意义。另一方面，从文化的视角创建高校思想政治教育治理机制。任何一种行为文化都有背后的作用机理，制度文化的背后也具有内在的机理支撑。高校思想政治教育治理机制蕴含着对人思想文化与行为活动之间关系的理解，具有知行转化的深层动因。发挥文化的力量，对创新高校思想政治教育治理机制具有支撑效用。

三、文化视域中高校思想政治教育治理的发展与质量

高校思想政治教育治理的发展需要持续创新、绵绵用力。文化对人的规范和滋养具有一定的特点，它潜移默化地发挥作用，让人在社会生活中日用不觉，这和文化的规范方式具有一定关系。文化对人的规范和滋养不求一世一时的效果，但求持续用力，绵延不断。没有时间的积累，没有不同文化生成主体的努力，没有必要的文化积淀，文化是不可能拥有厚重的力量的。高校思想政治教育治理的发展也是一样。高校思想政治教育治理的实现和发展，不是一朝一时的，它既需要有时间的支撑，也需要有必要的文化积淀。这就要求借鉴文化的发展逻辑，增强高校思想政治教育治理实践持续发展之力。首先，不断增强高校思想政治教育治理的文化自觉。高校思想政治教育治理的文化自觉具有两个方面的含义，一方面要不断增进对自身的理解，另一方面需要在与其他领域治理比较后反思自身的不足。也就是既要有对高校思想政治教育治理优势的认知，也要有对自身治理劣势的"自知之明"。在比较和反思中不断增强对高校思想政治教育治理实际

和规律的认识。其次，不断增进高校思想政治教育治理的文化自信。高校思想政治教育治理是有实践经验积累和科学文化支撑的，在高度自觉的基础上，我们是可以建立高校思想政治教育治理的文化自信的。其中既有对高校思想政治教育治理价值的自信，也有对高校思想政治教育治理方法论的自信，这是高校思想政治教育治理在理论与实践的创新发展中的必然趋势。最后，不断推进高校思想政治教育治理的文化自强。高校思想政治教育治理的发展离不开文化的自强，这种自强不仅是高校思想政治教育治理发展的动力，同时也是中国特色社会主义治理文化发展的必然结果。

高校思想政治教育治理的质量提升离不开文化的滋养。高校思想政治教育治理的创新发展本身是质量不断提升的过程，而在这一过程中，文化的滋养又会成为一个重要的动力。一方面，高校思想政治教育治理的质量提升，离不开交叉学科科学文化的滋养。从经济学到管理学，从政治学到哲学，在漫长的治理研究历史中，积累着丰厚的科学理论基础。高校思想政治教育治理的质量提升，离不开这些科学文化的滋养，为进一步理解高校思想政治教育治理规律提供理论借鉴和方法论指导。另一方面，高校思想政治教育治理的效能提升，离不开中国特色社会主义制度的有效滋养。高校思想政治教育治理不是封闭的治理活动，它存在于中国特色社会主义伟大实践之中，与国家改革发展的大势同向同行。党的十九届四中全会提出："把我国制度优势更好转化为国家治理效能，为实现'两个一百年'奋斗目标、实现中华民族伟大复兴的中国梦提供有力保证。"① 中国特色社会主义制度优势，尤其是中国特色社会主义教育制度优势，同样也可以转化为高校思想政治教育治理的重要效能。高校思想政治教育治理的效能提升，需要进一步理解中国特色社会主义制度优势和治理效能之间的关系，以此激发高校思想政治教育治理效能的持续提升。

---

① 《中共中央关于坚持和完善中国特色社会主义制度　推进国家治理体系和治理能力现代化若干重大问题的决定》，《人民日报》2019 年 11 月 6 日。

参考文献

一、著作类

［1］《马克思恩格斯选集》第 1–4 卷，人民出版社 2012 年版。

［2］《马克思恩格斯文集》第 1–10 卷，人民出版社 2009 年版。

［3］《列宁选集》第 1–4 卷，人民出版社 2012 年版。

［4］《列宁全集》第 55 卷，人民出版社 2017 年版。

［5］《毛泽东选集》第 1–4 卷，人民出版社 1991 年版。

［6］《毛泽东文集》第 1–2 卷，人民出版社 1993 年版。

［7］《毛泽东文集》第 3–5 卷，人民出版社 1996 年版。

［8］《毛泽东文集》第 6–8 卷，人民出版社 1999 年版。

［9］《邓小平文选》第 1–2 卷，人民出版社 1994 年版。

［10］《邓小平文选》第 3 卷，人民出版社 1993 年版。

［11］《江泽民文选》第 1–3 卷，人民出版社 2006 年版。

［12］《胡锦涛文选》第 1–3 卷，人民出版社 2016 年版。

［13］《习近平谈治国理政》第 1 卷，外文出版社 2018 年版。

［14］《习近平谈治国理政》第 2 卷，外文出版社 2017 年版。

［15］《习近平谈治国理政》第 3 卷，外文出版社 2020 年版。

［16］习近平：《之江新语》，浙江人民出版社 2007 年版。

［17］中共中央文献研究室，中央档案馆：《建党以来重要文献选编（1921–1949）》，中央文献出版社 2011 年版。

［18］中共中央文献研究室：《十六大以来重要文献选编》（中），中央文献出版社 2006 年版。

［19］中共中央文献研究室：《十七大以来重要文献选编》（下），中央文献出版社 2013 年版。

［20］中共中央文献研究室：《十八大以来重要文件选编》（上），中央文献出版社 2014 年版。

［21］中共中央文献研究室：《十八大以来重要文献选编》（中），中央文献出版社 2016 年版。

［22］中共中央文献研究室：《十八大以来重要文献选编》（下），中央文献出版社2018年版。

［23］中共中央文献研究室：《十九大以来重要文献选编》（上），中央文献出版社2019年版。

［24］中共中央文献研究室：《十九大以来重要文献选编》（中），中央文献出版社2021年版。

［25］《中共中央关于党的百年奋斗重大成就和历史经验的决议》，人民出版社2021年版。

［26］教育部思想政治工作司：《加强和改进大学生思想政治教育重要文献选编（1978-2014）》，知识产权出版社2015年版。

［27］陈秉公：《思想政治教育学原理》，辽宁人民出版社2001年版。

［28］陈华文：《文化学概论新编》，首都经济贸易大学出版社2016年版。

［29］陈万柏、张耀灿：《思想政治教育学原理（第三版）》，高等教育出版社2015年版。

［30］成仿吾：《战火中的大学——从陕北公学到人民大学的回顾》，人民出版社2014年版。

［31］董雅华：《思想政治教育哲学问题研究》，复旦大学出版社2019年版。

［32］范明林：《社会工作理论与实务》，上海大学出版社2007年版。

［33］冯刚、高山：《新时代高校思想政治教育治理论》，中国社会科学出版社2021年版。

［34］冯刚、彭庆红、佘双好、白显良：《新时代高校思想政治教育学原理》，人民出版社2021年版。

［35］冯刚、郑永廷：《思想政治教育学科30年发展研究报告》，光明日报出版社2014年版。

［36］冯刚：《大学生思想政治教育工作概论》，北京师范大学出版社2020年版。

［37］冯刚：《改革开放以来高校思想政治教育发展史》，人民出版社2018年版。

［38］贾永堂：《危境与对策：后大众化时代薄弱高校治理研究》，华中师范大学出版社2019年版。

［39］李彦宏等：《智能革命：迎接人工智能时代的社会、经济与文化变革》，中信出版社2017年版。

［40］卢家楣：《心理学与教育：理论与实践》，上海教育出版社2016年版。

［41］麻宝斌：《十大基本政治观念》，社会科学文献出版社2011年版。

［42］钱穆：《中国历代政治得失》，生活·读书·新知三联书店出版社2001年版。

［43］邱伟光、张耀灿:《思想政治教育学原理》,高等教育出版社 2002 年版。

［44］石凤妍、徐建栋:《党的思想政治工作方法新论》,天津社会科学院出版社 2006 年版。

［45］孙其昂:《思想政治教育现代转型研究》,学习出版社 2015 年版。

［46］王学俭、刘强:《新媒体与高校思想政治教育》,人民出版社 2012 年版。

［47］王作冰:《人工智能时代的教育革命》,北京联合出版公司 2017 年版。

［48］忻榕、陈盛如、侯正宇:《平台化管理》,机械工业出版社 2020 年版。

［49］俞可平:《治理与善治》,社会科学文献出版社 2000 年版。

［50］袁贵仁:《价值观的理论与实践——价值观若干问题的思考》,北京师范大学出版社 2006 年版。

［51］张澍军、王占仁:《校园文化建设的基本原理与实践操作系统研究》,吉林人民出版社 2013 年版。

［52］周雪光:《组织社会学十讲》,社会科学文献出版社 2003 年版。

［53］朱耀华、郝小芳:《高校网络思想政治教育理论与实践》,湖北科学技术出版社 2013 年版。

［54］［德］黑格尔:《历史哲学》,王造时译,商务印书馆 1963 年版。

［55］［法］埃得加·莫兰:《复杂性理论与教育问题》,陈一壮译,北京大学出版社 2004 年版。

［56］［法］皮埃尔·布迪厄:《布尔迪厄访谈录:文化资本与社会炼金术》,包亚明译,上海人民出版社 1997 年版。

［57］［古希腊］亚里士多德:《尼各马可伦理学》,苗力田译,中国社会科学出版社 1990 年版。

［58］［美］阿历克斯·英格尔斯:《人的现代化》,殷陆君译,四川人民出版社 1985 年版。

［59］［美］林南:《社会资本:关于社会结构与行动的理论》,张磊译,上海人民出版社 2005 年版。

［60］［美］罗伯特·平狄克等:《微观经济学》,王世磊等译,中国人民大学出版社 2006 年版。

［61］［美］托马斯·谢林:《选择与后果》,熊昆、刘永谋译,华夏出版社 2007 年版。

［62］［美］英格尔斯:《人的现代化——心理·思想·态度·行为》,殷陆君编译,四川人民出版社 1985 年版。

［63］［美］詹姆斯·N·罗西瑙:《没有政府的治理——世界政治中的秩序与变革》,

张胜军等译，江西人民出版社 2001 年版。

［64］［英］维克托·迈尔、肯尼思·库克耶：《大数据时代——生活、工作与思维的大变革》，周涛译，浙江人民出版社 2013 年版。

二、期刊类

［65］卜宪群：《中国古代"治理"探义》，《政治学研究》2018 年第 3 期。

［66］蔡如军、金林南：《试论现代社会的思想政治教育治理》，《思想教育研究》2018 年第 1 期。

［67］操菊华、康存辉：《大数据作用于思想政治教育引领力的内在机理与推进机制》，《学校党建与思想教育》2019 年第 6 期。

［68］陈良雨：《高等教育治理主体权责结构的历史嬗变及其评价——基于生态位的分析视角》，《河南师范大学学报（哲学社会科学版）》2017 年第 2 期。

［69］崔建西、白显良：《智能思政：思想政治教育创新发展的新样态》，《思想理论教育》2021 年第 10 期。

［70］董兴彬、吴满意：《网络思想政治教育视域下的网络空间治理思考》，《学术论坛》2018 年第 5 期。

［71］冯刚、曾永平：《学科交叉视野下思想政治教育创新发展的特点与趋势》，《思想政治教育研究》2018 年第 1 期。

［72］冯刚、成黎明：《治理视域下思想政治工作体系构建的逻辑与路径》，《思想理论教育》2020 年第 8 期。

［73］冯刚、金国峰：《新中国成立 70 年来高校思想政治教育的发展动力、经验和展望》，《思想教育研究》2019 年第 10 期。

［74］冯刚、王振：《以文化人在国家治理现代化中的价值意蕴》，《北京大学学报（哲学社会科学版）》2019 年第 6 期。

［75］冯刚、徐先艳：《现代性视域中思想政治教育治理的生成逻辑、基本内涵及时代价值》，《教学与研究》2021 年第 5 期。

［76］冯刚、严帅：《改革开放 40 年高校思想政治教育管理的发展历程》，《北京师范大学学报（社会科学版）》2019 年第 1 期。

［77］冯刚、张欣：《深刻把握思想政治理论课理论性与实践性相统一的价值意蕴》，《新疆师范大学学报（哲学社会科学版）》2019 年第 5 期。

［78］冯刚：《不断探索思想政治教育学科建设与发展的科学路径》，《思想理论教育导刊》2014 年第 4 期。

［79］冯刚：《在遵循规律中提升思想政治工作质量》，《思想教育研究》2017 年第 4 期。

［80］冯留建、刘国瑞：《新时代高校思想政治教育内容创新研究》，《学校党建与思想教育》2018 年第 14 期。

［81］付安玲、张耀灿：《大数据助力网络意识形态治理及提升路径》，《马克思主义研究》2016 年第 5 期。

［82］付安玲：《大数据时代思想政治教育评价的数字化变革》，《思想理论教育导刊》2019 年第 4 期。

［83］韩震：《推进德育一体化的时代背景、内涵要求与实践进路》，《思想政治课教学》2021 年第 3 期。

［84］侯勇：《论思想政治教育公共性困境与公共化转型》，《理论与改革》2015 年第 4 期。

［85］胡键：《治理的发轫与嬗变：中国历史视野下的考察》，《吉首大学学报（社会科学版）》2021 年第 2 期。

［86］李东坡：《思想政治教育复杂性及其创新发展》，《教学与研究》2018 年第 2 期。

［87］李森磊、周刚志：《论法治视域下的思想政治教育治理现代化》，《思想教育研究》2021 年第 5 期。

［88］李敏、吴华眉：《困境与突破：交叉学科视野下思想政治教育的创新发展》，《理论导刊》2014 年第 10 期。

［89］李颖、靳玉军：《网络空间视域下高校思想政治教育治理的创新发展研究》，《重庆大学学报（社会科学版）》2020 年第 3 期。

［90］刘国瑞：《我国高等教育发展动力系统的演进与优化》，《高等教育研究》2018 年第 12 期。

［91］刘兴平：《高校"大思政"格局的理论定位与实践建构》，《思想教育研究》2018 年第 4 期。

［92］卢进伟：《高校思想政治教育管理法治化路径探析》，《学校党建与思想教育》2016 年第 18 期。

［93］罗红杰、平章起：《大数据驱动：思想政治教育现代化的重要引擎》，《重庆大学学报（社会科学版）》2020 年第 4 期。

［94］骆郁廷、李俊贤：《思政课何以成为立德树人的关键课程》，《马克思主义理论教学与研究》2021 年第 1 期。

［95］马庆钰：《共建共治共享社会治理格局的意涵解读》，《行政管理改革》2018 年第 3 期。

［96］蒲蕊：《新时代学校治理的价值追求》，《中国教育学刊》2021 年第 4 期。

［97］邱柏生、李敏：《交叉学科视野下的思想政治教育创新发展》，《思想教育研究》2014 年第 10 期。

［98］沈丽丽：《加强大学生廉洁教育研究》，《当代中国马克思主义评论》2017 年第 1 辑。

［99］沈壮海、刘灿：《论新时代思想政治教育的高质量发展》，《思想理论教育》2021 年第 3 期。

［100］盛情：《大学生思想政治教育工作的现实问题与优化——以创新社会治理体制为视角》，《思想理论教育》2015 年第 11 期。

［101］唐晓燕：《思想政治教育动力辨析》，《思想政治教育研究》2015 年第 2 期。

［102］陶翀：《思想政治教育中"协同治理"的运用》，《学校党建与思想教育》2010 年第 1 期。

［103］王景荣：《现代大学治理与校园文化：契合性与互促之道》，《内蒙古社会科学（汉文版）》2015 年第 4 期。

［104］王留玉、赵继伟：《国家治理现代化促进思想政治教育创新发展的基本原理》，《学校党建与思想教育》2021 年第 11 期。

［105］王学俭、阿剑波：《思想政治教育治理现代化的内涵、特征与发展路径》，《思想理论教育》2020 年第 2 期。

［106］王振：《改革开放以来大学生思想文化特征的变迁——以校园民谣的演变为视角》，《高校辅导员学刊》2022 年第 2 期。

［107］王振：《增强新时代思想政治教育文化蕴涵的理论思考》，《思想政治教育研究》2019 年第 2 期。

［108］徐倩：《包容性治理：社会治理的新思路》，《江苏社会科学》2015 年第 2 期。

［109］徐艳国：《思想政治教育治理体系和治理能力现代化探析》，《清华大学学报（哲学社会科学版）》2014 年第 3 期。

［110］杨果、唐亚阳：《网上网下思想政治教育协同育人的三重维度》，《学校党建与思想教育》2017 年第 21 期。

［111］尹利民、万立超：《包容性治理何以可能——对中国基层信访治理形态嬗变的分析》，《管理科学》2017 年第 5 期。

［112］俞可平：《治理和善治引论》，《马克思主义与现实》1999 年第 5 期。

［113］虞崇胜：《将制度优势转化为治理效能——国家治理现代化的关键环节》，《理论探讨》2020 年第 1 期。

［114］张伟莉：《供给侧结构性改革对新时代高校思想政治教育内涵式发展的借鉴和启示》，《中国高等教育》2019 年第 6 期。

［115］张阳:《智媒时代高校思想政治教育:现实审视与创新路向》,《思想理论教育》2022 年第 5 期。

［116］钟一彪:《高校思想政治教育及其策略抉择》,《中国青年政治学院学报》2013 年第 3 期。

［117］格里·斯托克:《作为理论的治理:五个论点》,《国际社会科学杂志（中文版）》1999 年第 2 期。

［118］辛西娅·休伊特·德·阿尔坎塔拉:《"治理"概念的运用与滥用》,《国际社会科学杂志（中文版）》1999 年第 2 期。

三、报纸类

［119］《举旗帜聚民心育新人兴文化展形象　更好完成新形势下宣传思想工作使命任务》,《人民日报》2018 年 8 月 23 日。

［120］《庆祝中国共产主义青年团成立 100 周年大会在京隆重举行》,《人民日报》2022 年 5 月 11 日。

［121］《习近平在全国高校思想政治工作会议上强调　把思想政治工作贯穿教育教学全过程　开创我国高等教育事业发展新局面》,《人民日报》2016 年 12 月 9 日。

［122］《习近平在全国教育大会上强调　坚持中国特色社会主义教育发展道路　培养德智体美劳全面发展的社会主义建设者和接班人》,《人民日报》2018 年 9 月 11 日。

［123］《习近平在中国人民大学考察时强调　坚持党的领导传承红色基因扎根中国大地　走出一条建设中国特色世界一流大学新路》,《人民日报》2022 年 4 月 26 日。

［124］《习近平主持召开学校思想政治理论课教师座谈会强调　用新时代中国特色社会主义思想铸魂育人　贯彻党的教育方针落实立德树人根本任务》,《人民日报》2019 年 3 月 19 日。

［125］《中办国办印发〈意见〉深化新时代学校思想政治理论课改革创新》,《人民日报》2019 年 8 月 15 日。

［126］《中共中央关于党的百年奋斗重大成就和历史经验的决议》,《人民日报》2021 年 11 月 17 日。

［127］《中共中央关于坚持和完善中国特色社会主义制度　推进国家治理体系和治理能力现代化若干重大问题的决议》,《人民日报》2019 年 11 月 6 日。

［128］《中共中央国务院印发〈关于加强和改进新形势下高校思想政治工作的意见〉》,《人民日报》2017 年 2 月 28 日。

［129］《中共中央国务院印发〈关于新时代加强和改进思想政治工作的意见〉》,《人

民日报》2021 年 7 月 13 日。

［130］冯刚:《构建新时代高校思想政治教育治理体系》,《中国教育报》2021 年 9 月 13 日。

［131］冯刚:《推进新时代思想政治教育治理体系现代化》,《中国教育报》2020 年 3 月 19 日。

后 记

党的十九届四中全会审议通过的《中共中央关于坚持和完善中国特色社会主义制度 推进国家治理体系和治理能力现代化若干重大问题的决定》，总结了国家制度和国家治理体系的优势，强调要加强制度理论研究和宣传教育，指出"加强和改进学校思想政治教育，建立全员、全程、全方位育人体制机制"。高校思想政治教育要适应和契合国家治理现代化的总体要求。同时，《深化新时代教育评价改革总体方案》指出要"把思想政治工作作为学校各项工作的生命线紧紧抓在手上，贯穿学校教育管理全过程"，为高校思想政治教育治理提供了质量标准和评价依据。在治理现代化、教育现代化和教育评价改革多重背景下，高校思想政治教育治理的基础理论、重点内容、动力系统、评价方式需要进一步深化研究。为系统构建高校思想政治教育治理体系和治理能力的学理和实践体系，由北京师范大学思想政治工作研究院院长冯刚教授担任总主编，邀请高校思想政治教育领域的理论与实践专家，共同编撰了高校思想政治教育治理系列丛书。冯刚、吴满意、张小飞、吴增礼、徐先艳、严帅、王振等负责丛书总体策划和框架设计，丛书包括《高校思想政治教育治理引论》《高校思想政治教育治理能力研究》《高校思想政治教育数据治理研究》《高校思想政治教育治理生态研究》《高校思想政治教育治理评价研究》共五册。

其中，《高校思想政治教育治理引论》由冯刚、王振负责全书框架设计，作者分别是：绪论（冯刚）、第一章（史宏月）、第二章（钟一彪）、第三章（鲁力、徐荧松）、第四章（王春霞）、第五章（王楠）、第六章（徐先艳）、第七章（布超）、第八章（金国峰）、第九章（王振）。冯刚、王振、徐先艳等负责统稿。

王莹、徐硕、黄渊林、杨小青、王天玲等协助相关文献整理。

　　本书在撰写过程中，参考了经典著作、政策文献以及大量专家学者的研究论著和学术论文，在文中采用脚注方式进行了表明，同时将相关参考资料附在书后，在此深表感谢！因全书涵盖思想政治教育以及相关学科的理论研究、经验总结、比较分析、案例分析等多领域内容，限于时间、精力和篇幅，恳请专家同行和广大读者对本书的不足予以批评指导。

作　者

2022 年 5 月